中国特色高水平高职学校项目建设成果

New Energy Vehicle
Troubleshooting

新能源汽车故障检修

主　编　杨凤英
副主编　马国宾
参　编　黄秋菊　于海博　单忠梁　曹国栋　顾少云

机械工业出版社
CHINA MACHINE PRESS

本书分为 6 个项目，分别是整车电气系统检查、整车控制系统故障检修、动力蓄电池管理系统故障检修、充电系统故障检修、驱动电机控制系统故障检修和辅助控制系统故障检修。本书采用项目任务模式编写，每个项目均以企业一线的案例作为引例，增强了学习项目的针对性。本书所涉及的车型主要是北汽新能源、吉利帝豪和比亚迪等品牌新能源汽车主流车型，基于新能源汽车的主流控制技术及其检修方法，对新能源汽车的整车控制系统进行了全方位的讲解。

本书可作为职业院校新能源汽车相关专业的专业核心课教材，也可作为新能源汽车检测与维修岗位培训用书，还可作为相关技术人员的参考用书。

本书配有微课视频和精美电子课件。读者可通过扫描书中二维码观看视频。为方便教学，凡选用本书作为授课教材的教师均可登录 www.cmpedu.com 以教师身份注册、免费下载电子课件。

图书在版编目（CIP）数据

新能源汽车故障检修/杨凤英主编．—北京：机械工业出版社，2022.3
（2024.1 重印）
中国特色高水平高职学校项目建设成果
ISBN 978-7-111-70307-5

Ⅰ．①新… Ⅱ．①杨… Ⅲ．①新能源-汽车-车辆修理-高等职业教育-教材　Ⅳ．①U469.707

中国版本图书馆 CIP 数据核字（2022）第 040018 号

机械工业出版社（北京市百万庄大街 22 号　邮政编码 100037）
策划编辑：王海峰　谢熠萌　责任编辑：王海峰　谢熠萌
责任校对：樊钟英　张　薇　封面设计：张　静
责任印制：张　博
北京建宏印刷有限公司印刷
2024 年 1 月第 1 版第 2 次印刷
184mm×260mm・15.75 印张・361 千字
标准书号：ISBN 978-7-111-70307-5
定价：52.00 元

电话服务　　　　　　　网络服务
客服电话：010-88361066　机　工　官　网：www.cmpbook.com
　　　　　010-88379833　机　工　官　博：weibo.com/cmp1952
　　　　　010-68326294　金　书　网：www.golden-book.com
封底无防伪标均为盗版　机工教育服务网：www.cmpedu.com

中国特色高水平高职学校
项目建设系列教材编审委员会

顾　问：刘　申　哈尔滨职业技术学院党委书记、院长
主　任：孙百鸣　哈尔滨职业技术学院副院长
副主任：金　淼　哈尔滨职业技术学院宣传（统战）部部长
　　　　杜丽萍　哈尔滨职业技术学院教务处处长
　　　　徐翠娟　哈尔滨职业技术学院电子与信息工程学院院长
委　员：黄明琪　哈尔滨职业技术学院马克思主义学院院长
　　　　栾　强　哈尔滨职业技术学院艺术与设计学院院长
　　　　彭　彤　哈尔滨职业技术学院公共基础教学部主任
　　　　单　林　哈尔滨职业技术学院医学院院长
　　　　王天成　哈尔滨职业技术学院建筑工程与应急管理学院院长
　　　　于星胜　哈尔滨职业技术学院汽车学院院长
　　　　雍丽英　哈尔滨职业技术学院机电工程学院院长
　　　　张明明　哈尔滨职业技术学院现代服务学院院长
　　　　朱　丹　中嘉城建设计有限公司董事长、总经理
　　　　陆春阳　全国电子商务职业教育教学指导委员会常务副主任
　　　　赵爱民　哈尔滨电机厂有限责任公司人力资源部培训主任
　　　　刘艳华　哈尔滨职业技术学院汽车学院党总支书记
　　　　谢吉龙　哈尔滨职业技术学院机电工程学院党总支书记
　　　　李　敏　哈尔滨职业技术学院机电工程学院教学总管
　　　　王永强　哈尔滨职业技术学院电子与信息工程学院教学总管
　　　　张　宇　哈尔滨职业技术学院高建办教学总管

中国特色高水平高职学校和专业建设计划（简称"双高计划"）是我国为建设一批引领改革、支撑发展、中国特色、世界水平的高等职业学校和骨干专业（群）而推出的重大决策建设工程。哈尔滨职业技术学院入选"双高计划"建设单位，对学院中国特色高水平学校建设进行顶层设计，编制了站位高端、理念领先的建设方案和任务书，并扎实开展了人才培养高地、特色专业群、高水平师资队伍与校企合作等项目建设，借鉴国际先进的教育教学理念，开发中国特色、国际标准的专业标准与规范，深入推动"三教改革"，组建模块化教学创新团队，实施"课程思政"，开展"课堂革命"，校企双元开发活页式、工作手册式、新形态教材。为适应智能时代先进教学手段应用需求，学校加大优质在线资源的建设，丰富教材的载体，为开发以工作过程为导向的优质特色教材奠定基础。

按照教育部印发的《职业院校教材管理办法》要求，教材编写总体思路是：依据学校双高建设方案中教材建设规划、国家相关专业教学标准、专业相关职业标准及职业技能等级标准，服务学生成长成才和就业创业，以立德树人为根本任务，融入课程思政，对接相关产业发展需求，将企业应用的新技术、新工艺和新规范融入教材之中，教材编写遵循技术技能人才成长规律和学生认知特点，适应相关专业人才培养模式创新和优化课程体系的需要，注重以真实生产项目、典型工作任务、生产流程及典型工作案例等为载体开发教材内容体系，理论与实践有机融合，满足"做中学、做中教"的需要。

本套教材是哈尔滨职业技术学院中国特色高水平高职学校项目建设的重要成果之一，也是哈尔滨职业技术学院教材改革和教法改革成效的集中体现，教材体例新颖，具有以下特色：

第一，教材研发团队组建创新。按照学校教材建设统一要求，遴选教学经验丰富、课程改革成效突出的专业教师担任主编，确定了相关企业作为联合建设单位，形成了一支学校、行业、企业和教育领域高水平专业人才参与的开发团队，共同参与教材编写。

第二，教材内容整体构建创新。教材内容体系精准对接国家专业教学标准、职业标准和职业技能等级标准，参照行业企业标准，有机融入新技术、新工艺、新规范，构建基于职业岗位工作需要的体现真实工作任务和流程的内容体系。

第三，教材编写模式形式创新。与课程改革相配套，按照"工作过程系统化""项目+任务式""任务驱动式""CDIO式"四类课程改革需要设计教材编写模式，创新新形态、活页式和工作手册式教材三大编写形式。

第四，教材编写实施载体创新。依据本相关专业教学标准和人才培养方案要求，在深入企业调研、岗位工作任务和职业能力分析基础上，按照"做中学、做中教"的编写思路，以企业典型工作任务为载体进行教学内容设计，将企业真实工作任务、业务流程、生产过程融入教材之中，同时开发了与教学内容配套的教学资源，以满足教师线上、线下混合式教学的需要。教材配套资源同时在相关教学平台上线，可随时进行下载，也可以满足学生在线自主学习的需要。

第五，教材评价体系构建创新。从培养学生良好的职业道德、综合职业能力与创新创业能力出发，设计并构建评价体系，注重过程考核以及由学生、教师、企业、行业、社会参与的多元评价，在学生技能评价上借助社会评价组织的"1+X"技能考核评价标准和成绩认定结果进行学分认定，每种教材根据专业特点设计了综合评价标准。

为确保教材质量，组建了中国特色高水平高职学校项目建设系列教材编审委员会。教材编审委员会由职业教育专家组成，同时聘请企业技术专家指导。组织了专业与课程专题研究组，建立了常态化质量监控机制，为提升教材的品质提供稳定支持，确保教材的质量。

本套教材是在学校骨干院校教材开发的基础上，经过几轮修改，融入课程思政内容和课堂革命理念，既具积累之深厚，又具改革之创新，凝聚了校企合作编写团队的集体智慧。本套教材由机械工业出版社出版，充分展示了课程改革成果，为更好地推进中国特色高水平高职学校和专业建设及课程改革做出积极贡献！

哈尔滨职业技术学院
中国特色高水平高职学校项目建设系列教材编审委员会

前言

为深入贯彻落实国务院《国家职业教育改革实施方案》，深化"三教"改革，实现校企合作共同开发新能源汽车技术专业工学结合特色教材的目标，哈尔滨职业技术学院组织编写了本书。本书开发团队由校企人员共同构成。

本书根据新能源汽车检测与维修技术专业国家教学标准、新能源汽车检测与维修技术专业人才培养方案及新能源汽车故障检修课程的课程标准，结合电动汽车高压系统测评与维修职业技能等级证书，确定教学目标；以《高等学校课程思政建设指导纲要》为指导，以立德树人为根本，确定育人目标；从岗位需求出发，以典型工作任务为载体，基于工作过程、以"项目+任务"的方式组织内容，构建课程内容框架，实现素质目标、知识目标、能力目标的培养，力争达到最佳的教学效果。

本书体例新颖，且具有以下特色：

1. 落实立德树人的根本任务

坚持以习近平新时代中国特色社会主义思想引领职业教育汽车类专业教材建设，提升教材的思想性、科学性、时代性。融入职业素养，发挥教材培根铸魂的作用。

2. 突出高技能人才培养的教学理念

本书在编写过程中，充分考虑了目前高职高专教育的特点，力求从行业一线对专业人才知识、技能的需求出发，注重理论和实践技能的有机结合，在结构和内容安排上突出先进性、可操作性和主流针对性。

3. 配套资源丰富

本书双色印刷、图片清晰、内容新颖、知识面广、通俗易懂、易学好教。为方便教学，本书配套数字化教学资源，以二维码形式嵌入教材，方便学生随时观看，帮助实现线上、线下混合式教学。

本书由杨凤英任主编，马国宾任副主编，参加编写的人员还有黄秋菊、于海博、单忠梁、曹国栋（哈尔滨现代应用技术中等职业学校）、顾少云（哈尔滨宝汇观汽车销售服务有限公司售后经理）。编写分工如下：杨凤英编写了项目一、项目三、项目四，马国宾编写了项目六，单忠梁编写了项目二任务1、2，于海博编写了项目二任务3和实训项目，曹国栋编写了项目五任务1，黄秋菊编写了项目五任务2，顾少云编写了项目五实训项目。本书由于星胜担任主审。

　　本书在编写过程中使用了车识堂网络学习平台3.0网站资源和卓创至诚汽车服务教育平台的电子资源，在此表示感谢。读者在使用本书时发现任何问题，敬请拨打电话15204602106，我们期待您的批评指正。

编　者

二维码索引

序号	二维码名称	图形	页码	序号	二维码名称	图形	页码
1	车载充电机的认知		4	8	绝缘电阻测试仪的使用		99
2	高压电的上电控制		47	9	充电接口端子含义及检测		122
3	动力蓄电池内部结构解析		69	10	慢充充电原理及流程		128
4	动力蓄电池辅助元器件认知及检测		71	11	常规充电系统典型故障排除		134
5	动力蓄电池管理系统介绍		74	12	交流充电无法进行故障分析		134
6	高压互锁原理及检测方法		91	13	快速充电原理及流程		141
7	新能源汽车故障指示灯的认知		95	14	直流充电常见故障		145

目 录

编写说明
前言
二维码索引

项目一
整车电气系统检查 —————————————————— 1

任务1　整车低压电气系统检查 ······································· 2
任务2　整车高压电气系统检查 ······································· 22

项目二
整车控制系统故障检修 —————————————————— 32

任务1　整车数据流的读取 ··· 33
任务2　整车控制器的检查和更换 ····································· 44
任务3　整车控制系统 PDI 检测 ······································ 55

项目三
动力蓄电池管理系统故障检修 ———————————————— 68

任务1　动力蓄电池管理系统功能解析 ································· 69
任务2　动力蓄电池故障指示灯点亮故障检修 ·························· 94

项目四
充电系统故障检修 —— 107

任务1　高压配电箱的更换 …………………………………………… 108
任务2　交流充电系统故障检修 …………………………………… 128
任务3　直流充电系统故障检修 …………………………………… 140

项目五
驱动电机控制系统故障检修 —— 157

任务1　驱动电机的检修 …………………………………………… 158
任务2　电机控制器故障检修 ……………………………………… 176

项目六
辅助控制系统故障检修 —— 192

任务1　暖风与空调系统故障检修 ………………………………… 193
任务2　制动系统故障检修 ………………………………………… 222

参考文献 —— 242

项目一 整车电气系统检查

📋 项目导入

2021年7月18日—21日，河南郑州遭遇极端强降雨天气，累积平均降水量达到449mm，极端降水强度高达201.9mm/h，相当于一小时内有106个西湖的水被倒入了郑州。由此造成的积水增长速度让人始料未及，停放在路边以及地下车库的车辆大部分都因来不及转移而成了"水泡车"。郑州市拥有的约12万辆新能源汽车在特大暴雨灾害面前，受到了严重损害。新能源汽车维修服务站组织员工开展救援。作为一名救援队的成员，必须熟练掌握新能源汽车的基本结构。下面我们一起来学习电动汽车低压部件和高压部件的检查方法。

📝 学习目标

1) 能够识别电动汽车的基本结构组成，并能准确叙述各系统的组成及作用。
2) 能够准确阐述电动汽车电气系统的基本组成。
3) 能够准确阐述高低压电气系统的基本原理，能独立讲解系统的工作过程。
4) 能够准确阐述电动汽车电路图识读的基本方法，能够熟练读懂电路图。
5) 能够熟练进行整车低压电气系统的检查。
6) 能够熟练进行整车高压电气系统的检查。
7) 通过小组合作的学习方式，提高团队意识。

任务 1 整车低压电气系统检查

📖 **任务解析**

在本次任务中,要求学生能够识别电动汽车的基本结构,准确叙述各系统的组成及作用;掌握电动汽车电路图识读的基本方法,读懂电路图;能够识别电动汽车低压电气系统的基本组成,画出基本组成结构图。

📚 **知识链接**

一、电动汽车基本结构组成

传统燃油汽车由发动机、底盘、车身和电气设备四大部分组成。电动汽车与传统汽车相比,取消了发动机,底盘上的传动系统和制动系统以及电气设备中的空调系统发生明显的改变,增加了动力蓄电池和驱动电机等机构。由于以上系统功能的改变,电动汽车由新的四大部分组成:电源系统、驱动电机系统、整车控制器和辅助系统。纯电动汽车的动力传递路线:动力蓄电池→电机→减速器→差速器→半轴→驱动轮;燃油汽车的动力传递路线:发动机→变速器→减速器→差速器→半轴→驱动轮。纯电动汽车与传统燃油汽车动力传递路线对比如图1-1所示。

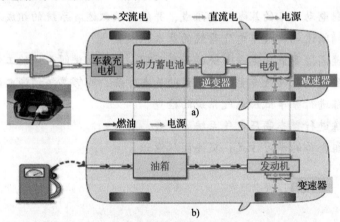

图1-1 纯电动汽车与传统燃油汽车动力传递路线对比
a)纯电动汽车 b)燃油汽车

来自加速踏板的信号输入整车控制器(VCU)并通过电机控制器(MCU)来调节电机输出的转矩或转速,电机输出的转矩通过汽车传动系统驱动车轮转动。充电枪通过汽车的充电接口向动力蓄电池充电。在汽车行驶时,动力蓄电池经电机控制器(MCU)向电机供电。当电动汽车采用电制动时,驱动电机运行在发电状态,将汽车的部分动能回馈给动力蓄电池为其充电,并延长电动汽车的续驶里程。纯电动汽车整车控制原理图如图1-2所示。

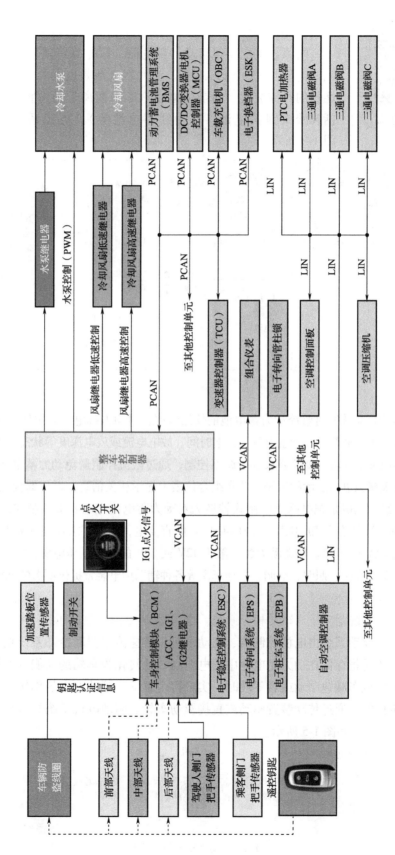

图 1-2 纯电动汽车整车控制原理图

车载充电机的认知

1. 电源系统

电源系统主要包括动力蓄电池、蓄电池管理系统（BMS）、车载充电机及辅助动力源等。动力蓄电池是电动汽车的动力源，是能量的存储装置。目前的电动汽车以锂离子动力蓄电池为主（包括磷酸铁锂蓄电池、三元锂蓄电池等）。电源系统工作简图如图1-3所示。

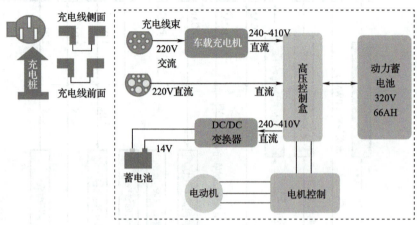

图1-3 电源系统工作简图

蓄电池管理系统实时监控动力蓄电池的使用情况，对动力蓄电池各单体蓄电池的电压、内阻、温度、电解液浓度、剩余电量、放电时间、放电电流或放电深度等状态参数进行监测，并按动力蓄电池对环境温度的要求进行调温控制，通过限流控制避免动力蓄电池过充电、过放电，对有关参数进行显示和报警，并在组合仪表上显示相关信息，以便驾驶人随时掌握车辆信息。车载充电机是把电网供电制式转换为对动力蓄电池充电要求的制式，即把交流电（220V或380V）转换为相应电压（240~410V）的直流电，并按要求控制其充电电流（家庭充电一般为10A或16A）。辅助动力源一般为12V或24V的直流低压电源，它主要给动力转向、制动力调节控制、照明、空调、电动车窗等各种辅助用电装置提供所需的能源。

2. 驱动电机系统

驱动电机系统是电动汽车的核心系统，也是电动汽车区别于内燃机汽车的最大不同点。一般地，驱动系统由电机控制器、驱动电机、转速传感器和冷却系统构成。驱动电机系统的功用是将存储在动力蓄电池中的电能高效地转化为车轮的动能进而推进汽车行驶，并能够在汽车减速制动或者下坡时，实现再生制动。驱动电机的作用是将电源的电能转化为机械能，通过传动装置驱动或直接驱动车轮。驱动电机系统结构简图和电气原理图分别如图1-4和图1-5所示。

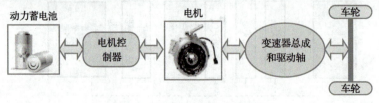

图1-4 驱动电机系统结构简图

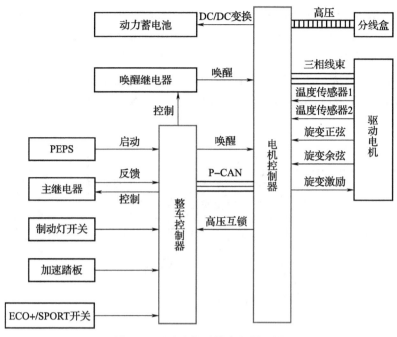

图 1-5　驱动电机系统电气原理图

3. 整车控制器

电动汽车整车控制器（VCU）是电动汽车整车控制系统的核心部件，是用来控制电动汽车的起动、运行、进退、加速、减速、停止以及其他电子器件的核心控制器件。它对所有的输入信号进行处理，并将电机控制系统运行状态的信息发送给整车控制器。VCU 作为电动汽车控制系统最核心的部件，承担了数据交换、安全管理、驾驶人意图解释、能量流管理的任务。整车控制器外观如图 1-6 所示。

4. 辅助系统

辅助系统包括空调系统、动力转向系统、制动系统、冷却系统、导航系统、车载信息显示系统、照明及除霜装置、刮水器和收音机等，这些辅助设备能提高汽车的操纵性和乘员的舒适性。辅助系统结构图如图 1-7 所示。

图 1-6　整车控制器外观

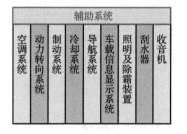

图 1-7　辅助系统结构图

二、汽车电路图识读

汽车电路图的表达方法仅仅是对目前各种汽车电路图从表达方式上的简单归纳，不同教材中的归纳方式不尽相同。由于各国各厂商有关汽车电路图绘制的技术标准、文字标注上的差异，使得各国各大汽车厂家在电路图的绘制、连接关系的表达、表示符号和文字标注等方面不尽相同,特别是各种进口汽车(含国产化进口车型)的一些图形符号还很不一致,有时候难以说清楚是接线图还是原理图或线束图。虽然不同汽车电路图的绘制风格各不相同,给识读带来许多不便,但是汽车电气系统的基本工作原理是相同的,因此,识读汽车电路图也不是毫无章法、全无规律的,仍然存在一些通用技巧和经验可以遵循。下面我们以吉利帝豪 EV300 汽车为例来介绍电路识图(图 1-8、图 1-9)的基本方法,见表 1-1。

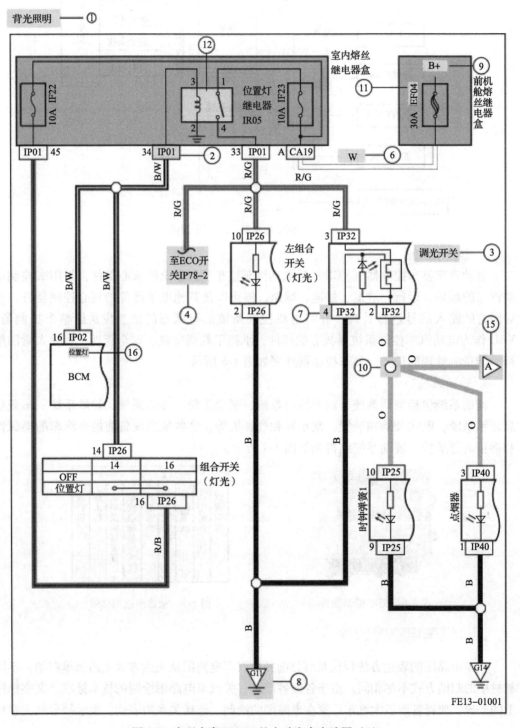

图 1-8 吉利帝豪 EV300 纯电动汽车电路图(1)

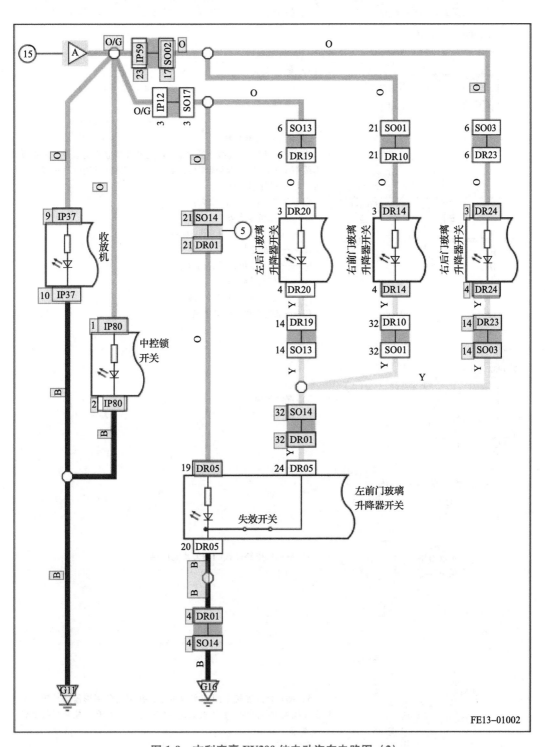

图1-9 吉利帝豪EV300纯电动汽车电路图(2)

表 1-1 电路图识图说明

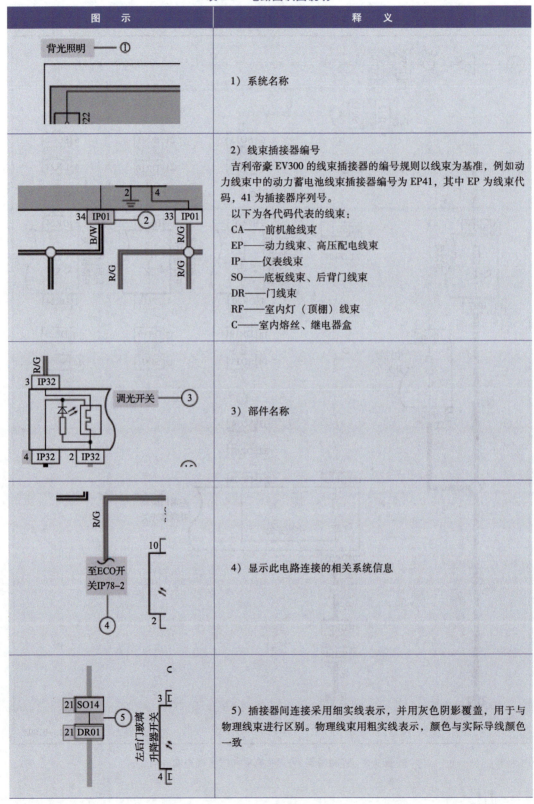

图 示	释 义
(背光照明 ①)	1) 系统名称
(连接器 IP01 图示)	2) 线束插接器编号 吉利帝豪 EV300 的线束插接器的编号规则以线束为基准，例如动力线束中的动力蓄电池线束插接器编号为 EP41，其中 EP 为线束代码，41 为插接器序列号。 以下为各代码代表的线束： CA——前机舱线束 EP——动力线束、高压配电线束 IP——仪表线束 SO——底板线束、后背门线束 DR——门线束 RF——室内灯（顶棚）线束 C——室内熔丝、继电器盒
(调光开关 IP32 图示)	3) 部件名称
(至ECO开关IP78-2 图示)	4) 显示此电路连接的相关系统信息
(左后门玻璃升降器开关 SO14/DR01 图示)	5) 插接器间连接采用细实线表示，并用灰色阴影覆盖，用于与物理线束进行区别。物理线束用粗实线表示，颜色与实际导线颜色一致

（续）

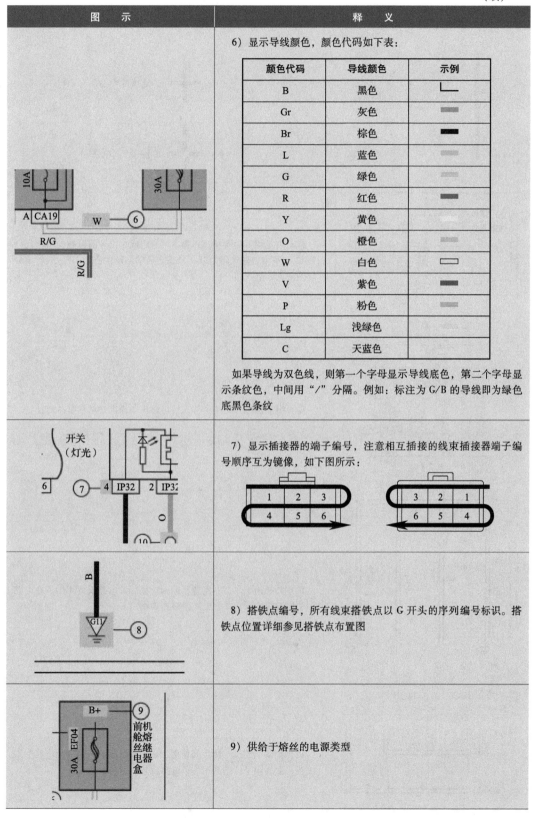

（续）

图　示	释　义
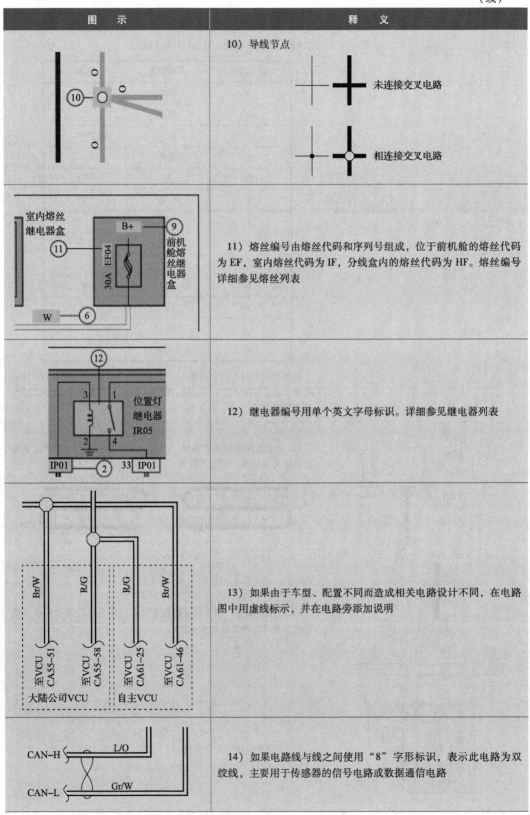	10）导线节点 未连接交叉电路 相连接交叉电路
	11）熔丝编号由熔丝代码和序列号组成，位于前机舱的熔丝代码为 EF，室内熔丝代码为 IF，分线盒内的熔丝代码为 HF。熔丝编号详细参见熔丝列表
	12）继电器编号用单个英文字母标识。详细参见继电器列表
	13）如果由于车型、配置不同而造成相关电路设计不同，在电路图中用虚线标示，并在电路旁添加说明
	14）如果电路线与线之间使用"8"字形标识，表示此电路为双绞线，主要用于传感器的信号电路或数据通信电路

（续）

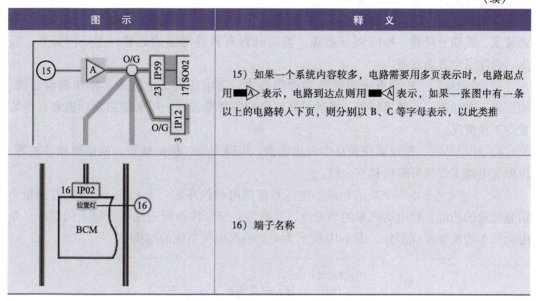

图　示	释　义
	15）如果一个系统内容较多，电路需要用多页表示时，电路起点用 ■▷ 表示，电路到达点则用 ■◁ 表示，如果一张图中有一条以上的电路转入下页，则分别以 B、C 等字母表示，以此类推
	16）端子名称

三、电动汽车低压电气系统原理

1. 电动汽车电气系统概述

电气系统是汽车的重要组成部分之一，其性能好坏直接影响汽车的动力性、经济性、可靠性、安全性、舒适性以及排放等性能。汽车电气系统的性能是现代汽车发展水平的一个重要标志，其科技含量已成为衡量汽车档次的重要指标之一。随着科技的发展，集成电路和 ECU 在汽车上得到广泛应用，电器的数量在增加、功率在增大，产品的质量、性能在提高，结构更趋于完善。

（1）传统汽车电气系统的组成　传统汽车所装备的电气系统，按其用途可大致归纳并划分为以下四部分。

1）电源系统。电源系统包括蓄电池、发电机及电压调节器。其中发电机和蓄电池并联工作，发电机是主电源，蓄电池是辅助电源。电压调节器的作用是在发电机转速升高时，自动调节发电机的输出电压使之保持稳定。

2）用电系统。汽车上用电系统大致可分为以下几类：

①起动系统，主要机件是起动机，其任务是起动发动机。

②点火系统，它是汽油发动机的组成部分，包括电子点火系统或传统点火系统的全部组件。其任务是产生高压电火花，按发动机的工作顺序点燃气缸内的可燃混合气。

③照明系统，包括车内外各种照明灯以及保证夜间安全行车所必需的灯光，其中以前照明灯最为重要。军用车辆还增设了防空照明。

④信号系统，包括电喇叭、蜂鸣器、闪光器及各种信号灯等，主要用来保证安全行车所必要的信号。

⑤电子控制系统，主要指由 ECU 控制的装置，包括电子控制点火装置、电子控制燃油喷射装置、电子控制防抱死制动装置、电子控制自动变速器等，分别用来提高汽车的

动力性、经济性、安全性、排气净化和操纵自动化等性能。

⑥辅助电器，包括电动刮水器、低温起动预热装置、空调器、收录机、点烟器、防盗装置、玻璃升降器、座椅调节器等。辅助电器有日益增多的趋势，主要向舒适、娱乐、保障安全方面发展。

3）检测系统。检测系统包括各种检测仪表，如电压表、电流表、冷却液温度表、油压表、燃油表、车速里程表、发动机转速表和各种警告灯，用来监测发动机和其他装置的工作情况。

4）配电系统。配电系统包括中央接线盒、电路开关、保险装置、插接器和导线等，以保证电路工作的可靠性和安全性。

(2) 电动汽车电气系统的组成　电气系统是电动汽车的"神经"，它承担着能量与信息传递的功能，对电动汽车的动力性、经济性、安全性和舒适性等有很大的影响，是电动汽车的重要组成部分。图1-10所示为电动汽车电气系统的结构。

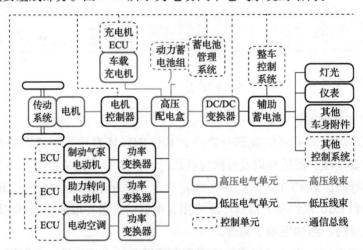

图1-10　电动汽车电气系统的结构

根据不同的电压等级和用途，电动汽车的电气系统分为低压电气系统和高压电气系统。低压电气系统采用直流12V或24V电源，一方面为灯光、刮水器等常规的低压电器提供电源，另一方面为整车控制器、高压电气设备控制器和辅助部件供电。高压电气系统主要由动力蓄电池、驱动电机和功率变换器等大功率、高电压的电气设备组成，根据车辆行驶的功率需求完成从动力蓄电池到驱动电机的能量转换与传输过程。

2. 电动汽车低压电气系统原理

电动汽车低压电气系统主要由DC/DC变换器、辅助蓄电池和若干低压电器设备组成。电动汽车的低压电器设备主要包括灯光系统、仪表系统和娱乐系统等。燃油汽车的蓄电池与发动机相连，由发电机来充电，而电动汽车的辅助蓄电池则由动力蓄电池通过DC/DC变换器来充电。电动汽车低压电气系统原理图如图1-11所示。

(1) DC/DC变换器　DC/DC变换器为转变输入电压后有效输出固定电压的电压变换器。DC/DC变换器分为三类：升压型DC/DC变换器、降压型DC/DC变换器以及升降压型DC/DC变换器。根据需求可采用三类控制。PWM控制型效率高并具有良好的输出

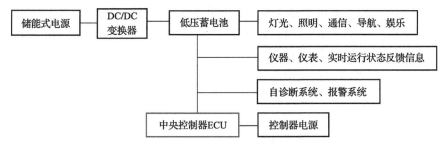

图 1-11　电动汽车低压电气系统原理图

电压纹波和噪声。PFM 控制型在长时间使用，尤其是在小负载时具有耗电小的优点。PWM/PFM 转换型在小负载时实行 PFM 控制，在重负载时自动转换到 PWM 控制。DC/DC 变换器广泛应用于手机、MP3、数码相机、便携式媒体播放器等产品，其在电路类型分类上属于斩波电路。

电动汽车的 DC/DC 变换器主要功能是给车灯、ECU、小型电器等车辆附属设备供给电力并向附属设备电源充电，其作用与传统内燃机汽车的交流发电机相似。传统汽车依靠发动机带动交流发电机发电，为附属电器设备供电。由于纯电动汽车和燃料电池电动汽车无发动机，因此电动汽车无法使用交流发电机提供电源，必须靠主蓄电池向附属用电设备及其电源供电，因此 DC/DC 变换器成了必要设备。

1）降压斩波电路。直流斩波电路简单，是使用广泛的直流变换电路。图 1-12a 是一个斩波基本电路，U_d 是输入的直流电压，V 是开关管，U_R 是负载 R 上的电压，开关管 V 把输入的 U_d 斩成方波输出到 R 上，图 1-12b 为斩波后的输出波形，方波的周期为 T，在 V 导通时输出电压等于 U_d，导通时间为 t_{on}，在 V 关断时输出电压等于 0，关断时间为 t_{off}，占空比 $D = t_{on}/T$，方波电压的平均值与占空比成正比。图 1-12c 方波为连续输出波形，其平

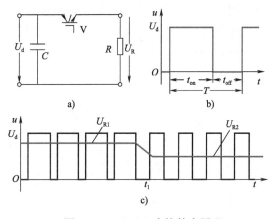

图 1-12　DC/DC 变换基本原理

均电压如折线所示。改变脉冲宽度即可改变输出电压，在时间 t_1 前脉冲较宽、间隔窄，平均电压 U_{R1} 较高；在时间 t_1 后脉冲变窄，平均电压 U_{R2} 降低。固定方波周期 T 不变，改变占空比调节输出电压就是 PWM 法，也称为定频调宽法。由于该电路输出电压比输入电压低，因此称为降压斩波电路或 Buck 变换器。

方波脉冲不能算直流电源，实际使用要加上滤波电路，图 1-13 是加有 LC 滤波的降压型 DC/DC 变换电路，L 是滤波电感、C_2 是滤波电容、VD 是续流二极管。当 V 导通时，L 与 C_2 蓄能，向负载 R 输电；当 V 关断时，C_2 向负载 R 输电，L 通过 VD 向负载 R 输电。输出方波选用的频率较高，一般是数千赫兹或几十千赫兹，故电感体积很小，输出波纹也不大。

该电路输出电压 $U_R = DU_d$，D 是占空比，值为 0~1。

2）升压斩波电路。通过电感元件，还可组成升压斩波电路，升压型 DC/DC 变换电路如图 1-14 所示。当开关管 V 导通时，电流通过电感时会在 L 中存储能量，此时负载上的电压由 C_2 提供，当开关管 V 关断时，电感 L 释放能量，输出电压为输入电压 U_d 与 L 产生的电压相加，故提高了输入电压。

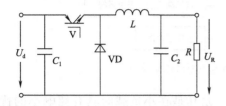

图 1-13　降压型 DC/DC 变换电路

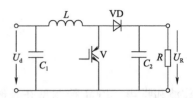

图 1-14　升压型 DC/DC 变换电路

该电路称为升压斩波电路或 Boost 变换器，输出电压 $U_R = U_d/(1-D)$，D 是占空比，值必须小于 1。

升压斩波电路在新能源汽车控制设备中应用很广，为了减小输出电压的波纹，通常采用多通道、多重化、并联升压型变换电路，图 1-15 是三通道多重化并联升压型 DC/DC 变换电路。L_1、V_1、VD_1 组成通道 1；L_2、V_2、VD_2 组成通道 2；L_3、V_3、VD_3 组成通道 3；这三个通道的电路、工作原理与单通道升压斩波电路相同。三个通道开关周期相同、通断时间相同，关键是三个开关管通断时间必须均匀错开才能起到降低输出波纹的作用。多通道并联电路可增大输出电流。

还有既可以降压又可以升压的斩波电路，在这里就不一一介绍了。图 1-16 是 DC/DC 变换器的实物图。

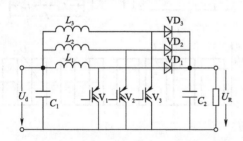

图 1-15　三通道多重化并联升压型 DC/DC 变换电路

图 1-16　DC/DC 变换器的实物图

(2) 辅助蓄电池　汽车低压电器的主要组成部分：蓄电池、DC/DC 变换器和其他低压用电器。其中 DC/DC 变换器为主电源，DC/DC 变换器正常工作时，由 DC/DC 变换器向全车用电设备供电，同时给蓄电池充电。蓄电池的主要作用是车辆起动时给各控制单元供电，同时辅助 DC/DC 变换器向用电设备供电。

铅酸蓄电池的发明距今已有 150 余年的历史，由于它以酸性水溶液为电解液，电极以铅及其氧化物为材料，故称为铅酸蓄电池。作为低压电源，其在传统车辆上和新能源车辆上都得到了广泛应用。

铅酸蓄电池外形各异，但主要构成部件相似，主要包括正极板、负极板、隔板、电解液、壳体、极柱、排气阀等，铅酸蓄电池的组成如图 1-17 所示。

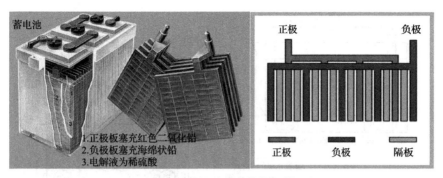

图 1-17　铅酸蓄电池的组成

未接负载时蓄电池电动势为 2.1V，主要是因为在正极板处，PbO_2 与硫酸作用使正极板具有约 2V 的正电位，在负极板处，铅离子和电子使负极板具有约 0.1V 的负电位。所以电动势 $E = 2V - (-0.1V) = 2.1V$，未接负载时蓄电池电动势如图 1-18 所示。

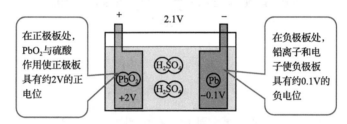

图 1-18　未接负载时蓄电池电动势

接上负载后，即放电时，蓄电池将化学能转化为电能供给外系统。随着放电的进行，正、负极板上生成硫酸铅，电解液中水分增加，电解液密度减小，接上负载后蓄电池内部化学变化如图 1-19 所示。

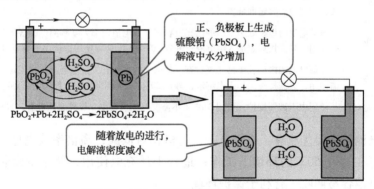

图 1-19　接上负载后蓄电池内部化学变化

接上电源后，即充电时，蓄电池将电能转化为化学能在蓄电池内储存起来，随着充电的进行，极板上的硫酸铅还原成氧化铅和铅，电解液中的水分还原成硫酸。电解液中硫酸的成分增加，电解液密度增大，外接电源后蓄电池内部化学变化如图 1-20 所示。

总的反应方程式为正极板上的 PbO_2、负极板的 Pb 和电解液硫酸，在放电时，正负极板均变成硫酸铅，并且生成水；当充电时，极板上的硫酸铅还原成氧化铅和铅，电解液中的水分还原成硫酸，化学反应方程式如图 1-21 所示。

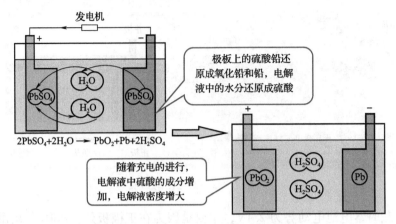

图 1-20 外接电源后蓄电池内部化学变化

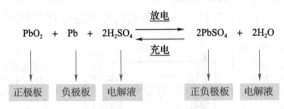

图 1-21 化学反应方程式

铅酸蓄电池又可以分为普通铅蓄电池、干荷电铅蓄电池、湿荷电铅蓄电池和免维护铅蓄电池。各类型铅酸蓄电池的特点见表 1-2。

表 1-2 各类型铅酸蓄电池的特点

类 型	特 点
普通铅蓄电池	新蓄电池的极板不带电,使用前需按规定加注电解液并进行初充电,初充电的时间较长,使用中需要定期维护
干荷电铅蓄电池	新蓄电池的极板处于干燥的已充电状态,蓄电池内部无电解液。在规定的保存期内,如需使用,只需按规定加入电解液,静置 20~30min 即可使用,使用中需要定期维护
湿荷电铅蓄电池	新蓄电池的极板处于已充电状态,蓄电池内部带有少量电解液。在规定的保存期内,如需使用,只需按规定加入电解液,静置 20~30min 即可使用,使用中需要定期维护
免维护铅蓄电池	使用中不需要维护,可用 3~4 年不需要补加蒸馏水,极桩腐蚀极少,自放电少

铅酸蓄电池的主要优点有:原料易得,价格相对低廉;高倍率放电性能良好;温度性能良好,可在 -40~60℃ 的环境下工作;适合于浮充电使用,使用寿命长,无记忆效应;废旧蓄电池容易回收,有利于保护环境。

缺点有:比能量低,一般为 30~40Wh/kg(比能量就是用蓄电池的总能量除以蓄电池的总质量,又称为质量能量密度);使用寿命不及 Ni/Cd 电池;制造过程容易污染环境,必须配备三废处理设备。

(3)低压用电器简介 电动汽车除了空调系统以外,与其他传统燃油汽车的低压用电器基本相同,包含车灯、刮水洗涤系统、除霜/除雾系统、停车距离控制系统、车辆防盗安全系统、影音可视系统、保护系统。下面分别对这几部分进行简要介绍。

1)车灯。车灯是车辆照明的工具,车灯根据安装位置和用途不同,一般可分为内部车灯、外部车灯,全车灯光布局如图1-22所示。

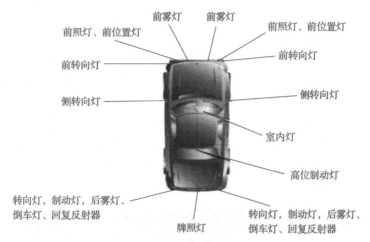

图1-22 全车灯光布局

①内部车灯。

前顶灯:给车内前部提供照明。

后顶灯:给车内后部提供照明。

②外部车灯。

前组合灯:主要起照明和信号作用。

转向信号灯:用来向其他道路使用者提示车辆转向。

雾灯:用于雨雾天气行车时的照明和提示。

制动灯:起车辆要减速或停车的提示作用。

倒车灯:起倒车提示作用。

牌照灯:给车辆牌照照明,方便在黑暗中辨别车辆牌照。

位置灯:用于在夜间显示车身宽度和长度。

日间行车灯:用于白天对外部行走人员及外部车辆进行警示。

2) 刮水洗涤系统。刮水洗涤系统是由车身控制器(BCM)控制的,并在接收驾驶人的指令后工作。所有的刮水或洗涤功能,是由安装在转向盘右手侧的刮水组件总成控制的,汽车刮水器开关如图1-23所示。刮水洗涤系统部件包括:前、后刮水器片,前、后刮水器臂,前、后刮水器电机(图1-24)及连杆机构,洗涤罐,前(后)风窗玻璃洗涤泵,前(后)风窗喷嘴总成。

图1-23 汽车刮水器开关

图1-24 汽车刮水器电机

3）除霜/除雾系统。

①后风窗玻璃除霜系统。后风窗玻璃除霜系统即后风窗加热系统，该系统在后风窗玻璃有霜、雾或水蒸气时，利用后风窗玻璃底部的加热丝加热玻璃，清除后风窗玻璃上的霜、雾或水蒸气，使视野更清晰。清洗玻璃或从玻璃上除去污物、贴纸或胶粘物时，应当小心，锋利的工具能够损坏或刮掉加热丝线，建议使用抹布或毛巾蘸玻璃清洗剂或热水清洗玻璃。

当点火开关置于 ON 档（车辆起动后）位置时，打开位于空调控制面板上的后风窗玻璃除霜开关，蓄电池供电给后视镜玻璃（若有）/后风窗玻璃加热丝，加热丝加热后视镜玻璃（若有）/后风窗玻璃，以帮助清除后视镜玻璃（若有）/后风窗玻璃表面的霜或雾，除霜开关如图 1-25 所示。

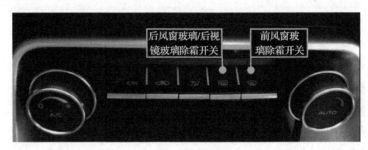

图 1-25　除霜开关

②后视镜加热（若有）。后视镜加热与后风窗玻璃除霜系统一起工作（图 1-26）。后视镜加热能够及时清除后视镜上的霜、雾、水蒸气，从而提供清晰的视野，进而提高行车安全性。

当点火开关置于 ON 档（车辆起动后）位置时，打开位于空调控制面板上的后风窗玻璃除霜开关，蓄电池供电给后视镜/后风窗玻璃加热丝，加热丝加热后视镜玻璃/后风窗玻璃，以帮助清除后视镜玻璃/后风窗玻璃表面的霜或雾。此外，也有后视镜加热单独工作的，如图 1-27 所示。

图 1-26　后视镜加热与后风窗玻璃除霜系统一起工作

图 1-27　后视镜加热单独工作

4）停车距离控制系统。

①倒车雷达系统。倒车雷达采用超声波检测技术，当驾驶汽车进行倒车时，通过声音和图像的方式可提示车后是否有不明障碍物及障碍物距离，从而辅助驾驶人安全停车，避免碰撞，倒车雷达系统如图 1-28 所示。

②倒车影像系统。倒车影像系统通过安装在汽车背门上的摄像头摄取车后方的图像，并将图像传递到车载显示器上显示出来，辅助驾驶人泊车。倒车影像系统在驾驶汽车后退以及在狭窄的车位泊车时，利用装在车后的摄像头摄取图像，使驾驶人通过显示器能清楚地看到车后的图像，从而辅助驾驶人安全、轻松地泊车，避免碰撞、刮伤车身，倒车影像系统如图 1-29 所示。

图 1-28　倒车雷达系统

图 1-29　倒车影像系统

5）车辆防盗安全系统。当用遥控钥匙进行锁车后，整车进入设防状态，所有的车门和前机舱盖及背门都处于被监控的状态。如果发现车门、背门或者前机舱盖被打开，例如有人强行打开汽车车门，警报会被激发。防盗警报激发后，所有的转向灯闪烁以及高低音喇叭鸣笛。

6）影音可视系统。影音可视系统由蓄电池经点火开关供电，点火开关置于 ON、ACC 档时，可以打开影音系统。智能互联车机系统（DA）主机/AUDIO 主机天线接收到 FM、AM 广播，传送到影音系统进行处理，然后由扬声器发出声音。

7）保护系统（安全气囊）。保护系统在发生严重撞击的时候能起到对车辆乘员的被动保护作用。此装置通常是建立在已经使用标准保护系统（座椅安全带）的基础上的，汽车上一般装有前乘员安全气囊和侧气囊。

①前乘员安全气囊。前乘员安全气囊置于仪表板右侧杂物箱上方标有 SRS/AIRBAG 盖板下的仪表板内。当车正面发生超过设定碰撞极限的碰撞时，安全气囊引爆，保护前乘员。气囊饰盖材料能保证气囊引爆时气囊饰盖沿撕裂缝断开，气囊袋体及时展开。

前乘员安全气囊是用来降低乘员在二次碰撞中车内饰对乘员头、胸部的伤害。前乘员安全气囊一旦打开能够有效保护前排乘客的头、胸部位。

②侧气囊。前排座椅侧气囊安装在座椅蒙皮下的座椅支架外侧，当发生侧面碰撞时，以保护肋骨、骨盆和上部的内脏器官。

当发生侧面碰撞时，侧面碰撞传感器检测到碰撞程度超过设定极限时，则由安全气囊控制器传来的一个控制信号，触发前排座椅侧气囊。

前排座椅侧气囊是否工作，不取决于车辆行驶速度，而取决于侧面碰撞的物体、碰撞的方向以及车辆加速度变化。因此，有些轻微的碰撞可能会因为前排座椅侧气囊没有展开而导致伤害。相反，一些相对来说小的结构的损坏会导致前排座椅侧气囊的展开。安全气囊安装位置图如图 1-30 所示。

图 1-30　安全气囊安装位置图

任务实施

本任务主要完成低压部件及各系统的认知。

一、电动汽车维修作业前检查及车辆防护

1. 维修作业前现场环境检查

环境检查（图 1-31）主要包括检查绝缘垫、设立隔离柱、布置警戒线、张贴警示牌。要求现场环境达标、隔离距离正常、警示标牌清晰。

2. 维修作业前仪表工具检查

工具检查主要是检查绝缘电阻测试仪（图 1-32）外观及性能，要求其外观良好、性能正常。

图 1-31　环境检查

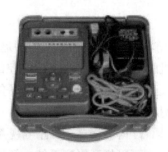
图 1-32　绝缘电阻测试仪

二、认知低压电气部件

1）蓄电池的主要作用是车辆起动时给各控制单元供电，同时辅助 DC/DC 变换器向用电设备供电，请同学们在车上找到蓄电池（图 1-33）的位置，并阐述其作用。

2）车灯（图 1-34）是车辆照明的工具，请同学们找准车辆上起到照明作用的车灯。

3）刮水器（图 1-35）的主要作用是除去风窗玻璃上的水、雪及沙尘，保证在不良天气时驾驶人仍具有良好的视线，请同学在车上找到刮水器的位置。

图 1-33　蓄电池

图 1-34　车灯

图 1-35　刮水器

4）汽车空调（图 1-36）是对车厢内空气进行制冷、加热、除湿、通风换气的装置，可提供舒适的乘车环境，缓解驾驶人的疲劳强度，提高行车安全。请同学们在车上找到汽车空调系统各部件的位置。

5）转向装置（图 1-37）的主要作用是按照驾驶人的意愿控制汽车的行驶方向，请同学们在车上指出转向器的位置。

6）仪表板（图 1-38）的主要作用是反映车辆各系统工作状况，为驾驶人提供所需的汽车运行参数信息。请同学们指出仪表板的位置。

图 1-36　汽车空调

图 1-37　转向装置

图 1-38　仪表板

三、检查低压用电设备

1. 低压蓄电池电压检测

1）将车钥匙置于 LOCK 档，断开所有用电器并拔出车钥匙，车钥匙交给保管人。

2）确认车内所有用电设备处于关闭状态。

3）打开低压蓄电池正极盖板，露出低压蓄电池正极（图 1-39）。

4）使用万用表测量低压蓄电池的静态电压，红表笔连接蓄电池正极，黑表笔连接蓄电池负极（图 1-40）。

5）将车钥匙置于 ON 档，关闭车辆所有用电设备，车辆上电。

6）使用万用表测量低压蓄电池的电压。

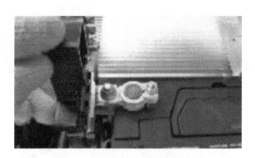
图 1-39　打开正极盖板

图 1-40　测量静态电压

2. 仪表板、组合开关检测

1）将车钥匙置于 ON 档。

2）检查仪表板是否正常显示（图 1-41）。

3）检查车灯是否正常工作（图 1-42）。

4）检查刮水器是否正常工作（图 1-43）。

5）检查门窗是否正常工作（图 1-44）。

6）检查门锁是否正常工作（图 1-45）。

7）检查后视镜是否正常工作（图 1-46）。

图 1-41 检查仪表板

图 1-42 检查车灯

图 1-43 检查刮水器

图 1-44 检查门窗

图 1-45 检查门锁

图 1-46 检查后视镜

任务 2　整车高压电气系统检查

任务解析

通过完成本任务，要求学生能够准确识别电动汽车各高压部件、准确阐述各高压部件的作用、准确阐述各高压部件接口的含义以及实车找到各高压部件之间的连接关系，并且树立高压安全防护意识。

知识链接

一、高压电气系统物理部件组成

根据不同的电动汽车动力系统构型，高压电气系统具有不同的电气部件。一般纯电动汽车的高压电气系统由动力蓄电池、高压控制盒、电机控制器、驱动电机、DC/DC变换器、车载充电机、电动空调、PTC、充电口和高压线束组成，如图 1-47 所示。

1. 动力蓄电池

动力蓄电池是新能源汽车整车能量储存部件，是车辆高压系统运行的唯一动力源，

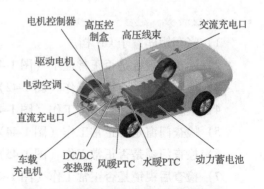
图 1-47 纯电动汽车高压电气系统组成

如图 1-48 所示。动力蓄电池通过动力蓄电池母线与高压控制盒连接。

图 1-48　电动汽车动力蓄电池

2. 高压控制盒

高压控制盒又被称为分线盒，如图 1-49~图 1-51 所示，是一个集成了用于电能分配的电气元件的箱体，其功能是完成动力蓄电池电源的输出及分配，实现对支路用电器的保护及切断。

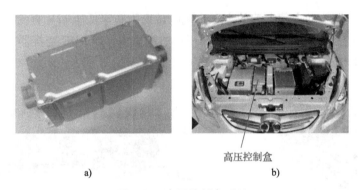

a)　　　　　　　　　　　　　b)

图 1-49　高压控制盒（1）

图 1-50　高压控制盒（2）

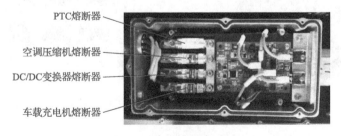

图 1-51　高压控制盒（3）

3. 电机控制器

驱动电机是动力系统的重要执行机构,是电能与机械能转化的部件,其自身的运行状态等信息可以被采集到电机控制器,电机及电机控制器如图 1-52 所示。

图 1-52　电机及电机控制器

4. DC/DC 变换器

DC/DC 变换器将动力蓄电池的高压直流电转换为整车低压 12V 直流电,给整车低压用电系统供电并在低压蓄电池亏电时给低压蓄电池充电,DC/DC 变换器实物图及各接口含义分别如图 1-53、图 1-54 所示。

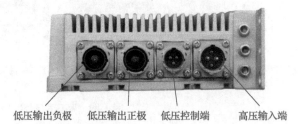

图 1-53　DC/DC 变换器实物图　　　　图 1-54　DC/DC 变换器各接口含义

5. 车载充电机

车载充电机(图 1-55、图 1-56)是指固定安装在电动汽车上的充电机,具有为电动汽车动力蓄电池安全、自动充满电的能力,车载充电机依据蓄电池管理系统(BMS)提供的数据,能动态调节充电电流或电压参数,执行相应的动作,完成充电过程。

图 1-55　车载充电机实物图　　　　图 1-56　车载充电机接口含义

6. 电动空调

电动空调压缩机是为新能源汽车(主要是电动汽车)开发的,它与传统汽车空调压缩机最大的区别是自带驱动和控制器进行控制，只需接入电源和控制信号就可以运行，其两大主要部件是电动压缩机和暖风 PTC，如图 1-57、图 1-58 所示。

图 1-57　电动空调压缩机

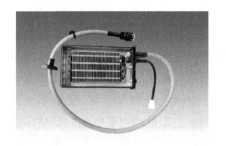

图 1-58　暖风 PTC

7. 高压线束

1）高压母线。高压母线指的是动力蓄电池电压的输出线束，一般与高压控制盒相连，如图 1-59 所示。

2）充电口及充电线。一般电动汽车分为快充和慢充两种充电方式，有的微型车则仅支持慢充。快充线束及慢充线束分别如图 1-60、图 1-61 所示。

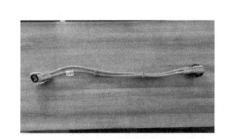

图 1-59　高压母线

图 1-60　快充线束

图 1-61　慢充线束

3）驱动电机线束。它是连接电机控制器与电机之间的线束（图 1-62）。驱动时，电机控制器将直流电转换为交流电驱动电机。制动时，驱动电机通过线束将直流电反向输送给电机控制器。

4）高压附件线束。高压附件线束是所有线束中最为复杂的一根线束，如图 1-63 所示。

图 1-62　驱动电机线束

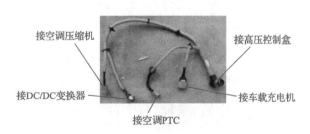

图 1-63　高压附件线束

二、高压电气系统基本工作原理

图 1-64 所示为电动汽车高压电气系统工作原理。它以高压控制盒为中枢，红色线束代表动力蓄电池耗电，绿色线束代表动力蓄电池充电。其中能量输入的三种形式，分别是慢充、快充和能量回收。能量输出主要包括整车高压用电器，包含驱动电机系统、空调系统和 DC/DC 变换器。高压控制盒上方是动力蓄电池，是整车能量存储以及向用电器供给高压直流电的装置。

在车辆行驶及加速过程中，由动力蓄电池组放电来提供驱动电机运转、电动空调运行及 DC/DC 变换器给辅助蓄

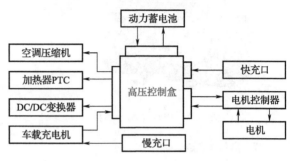

图 1-64　电动汽车高压电气系统工作原理

电池充电所需的能量。当车辆减速和制动时，驱动电机转变为发电机，将能量进行回收，储存到动力蓄电池组中。当车辆进行充电时，由慢充桩或家用 220V 交流电经过车载充电机整流、升压为 360V 左右的高压直流电为动力蓄电池充电；或者直接由 380V 的直流充电桩给动力蓄电池充电。

任务实施

本任务主要对高压部件各连接线束进行检查。

一、电动汽车维修作业前检查及车辆防护

1. 维修作业前现场环境检查

环境检查（图 1-65）主要包括检查绝缘垫、设立隔离柱、布置警戒线，张贴警示牌。要求现场环境达标、隔离距离正常、警示标牌清晰。

2. 维修作业前工具检查

工具检查主要包括检查绝缘胶带、绝缘手套、放电工装（图 1-66），要求外观良好，放电工装性能正常。

图 1-65　环境检查

图 1-66　放电工装

二、检查高压部件线束

1) 关闭点火开关,断开低压蓄电池负极(图1-67)。
2) 拆卸检修开关(图1-68),放进工具箱。
3) 举升车辆,并断开动力蓄电池高低压线束(图1-69)。

图 1-67　断开低压蓄电池负极　　图 1-68　拆卸检修开关　　图 1-69　断开动力蓄电池高低压线束

4) 检查动力蓄电池高低压线束(图1-70)是否有破损或者松动。
5) 检查车载充电机线束(图1-71)是否有破损或者松动。
6) 检查 DC/DC 变换器(图1-72)是否有破损或者松动。

图 1-70　检查动力蓄电池高低压线束　　图 1-71　检查车载充电机线束　　图 1-72　检查 DC/DC 变换器

7) 分别检查高压配电盒快充线束(图1-73)、高压附件线束(图1-74)和电机控制器电缆(图1-75)是否有破损或者松动。

图 1-73　检查高压配电盒快充线束　　图 1-74　检查高压配电盒高压附件线束

8) 检查电机控制器低压线束(图1-76)、高压线束(图1-77)和三相动力线束(图1-78)是否有破损或者松动。

图 1-75　检查高压配电盒电机控制器电缆　　图 1-76　检查电机控制器低压线束

图 1-77　检查电机控制器高压线束　　图 1-78　检查电机控制器三相动力线束

9）检查驱动电机三相（UVW）动力线束（图 1-79）是否有破损或者松动。

图 1-79　检查驱动电机三相（UVW）动力线束

● 项目总结 ●

本项目主要包括两个任务，分别是整车低压电气系统检查和整车高压电气系统检查。通过本项目的学习，学生不仅学到了知识，例如，能够识别电动汽车的基本结构，并能准确叙述各系统的组成及作用；能够准确阐述电动汽车电气系统的基本组成；准确阐述高低压电气系统的基本原理，能独立讲解系统的工作过程；准确阐述电动汽车电路图识读的基本方法，能够熟练读懂电路图；而且提高了实践操作技能，例如，可以准确熟练进行整车低压电气系统和高压电气系统的检查；更重要的是课堂通过小组合作的学习方式，能提高学生的团队合作意识。

● 实训项目 ●

实训　电动汽车高压部件的认知

近几年，新能源汽车在我国迅速发展，新能源汽车维修行业急缺人才。某新能源汽车维修服务站招聘了一批新员工，现要组织新员工开展电动汽车整车高压基础知识学习，汽车维修技师刘某利用新能源汽车及相关设备对新员工进行讲解。课中技师刘某布置实训任务，要求学员完成电动汽车高压部件的认知、高压部件结构识别和高压用电设备线束检测任务。假如你是新进员工，请完成实训任务，指定车辆为吉利帝豪 EV300（图 1-80）。

图 1-80　吉利帝豪 EV300

一、准备工作

1. 安全防护

按照工作规范，安装车内外防护用品。安装脚垫（图1-81）、安装座椅套（图1-82）、安装转向盘套（图1-83）。

图1-81　安装脚垫　　　　图1-82　安装座椅套　　　　图1-83　安装转向盘套

2. 高压断电

1）按下P档键（图1-84），拉起驻车制动器手柄或按下驻车制动按钮，关闭点火开关（图1-85），并将车钥匙妥善保管。

图1-84　按下P档键　　　　　　图1-85　关闭点火开关

2）断开辅助蓄电池负极（图1-86）并做好隔断，由于此车型上没有高压维修开关，此处无须断开，如果存在高压维修开关，就一定要断开高压维修开关，并妥善保管，放置高压作业维修标识（图1-87）。

图1-86　断开辅助蓄电池负极　　　　图1-87　放置高压作业维修标识

二、电动汽车高压部件的认知

1. 驱动电机系统

吉利帝豪EV300搭载永磁同步电机，其优点有结构简单、运行可靠、功率密度大、调速性能好等。驱动电机如图1-88所示，请同学们在实车上找到驱动电机的位置，并阐述其作用。

图 1-88 驱动电机

2. 动力蓄电池系统

动力蓄电池系统包括动力蓄电池和蓄电池管理系统。其中动力蓄电池是由若干个模组组成，模组是由单体蓄电池构成（图 1-89），请同学们在实车上找到动力蓄电池的位置并找到其基本信息。

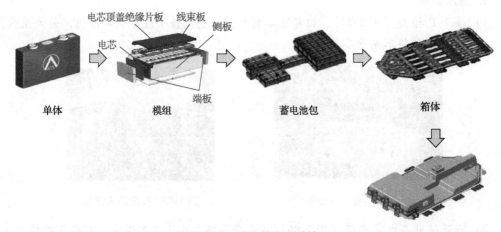

图 1-89 动力蓄电池系统

3. 驱动电机控制器系统

吉利帝豪 EV300 的驱动电机控制器系统（PEU 或 IPU）是一个高功率、高电压的功率电子模块，由 1 个电机控制单元和 1 个 DC/DC 变换器组成。

PEU 能够按照整车控制器（VCU）的需求，在四象限上对三相交流永磁同步电机进行转矩控制。PEU 和 VCU 之间采用 CAN 总线通信，具备 2 路硬线唤醒功能（钥匙 ON 档、充电使能信号），采用 12V 低压供电。DC/DC 变换器可将直流母线上的高压转化为低压供给车辆的用电设备。

请同学们认真观察图 1-90，在实车上找到相应的零部件，并阐述部件的作用。

4. 电动压缩机

电动压缩机的主要作用是通过高压直流电驱动，将压缩后的高温高压的冷媒输送到

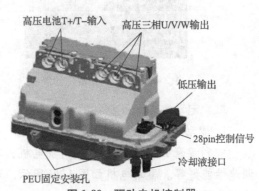

图 1-90 驱动电机控制器

冷凝器，保证制冷循环的正常工作，如图1-91所示。请同学们在实车上找到电动压缩机的位置，并阐述其作用。

5. PTC加热器

PTC加热器的主要作用是利用高压电，通过PTC电加热器的作用，将冷却液加热至需求温度，并通过空调鼓风机将热量输送至乘员舱，从而起到制热效果，如图1-92所示。请同学们在实车上找到PTC加热器的位置，并阐述其作用。

6. 车载充电机

车载充电机固定安装在电动汽车上，它将电网的交流电转变成直流电，给蓄电池包充电。它与BMS、VCU等控制器通信，实时上报充电状态，如图1-93所示。请同学们在实车上找到车载充电机的位置，并阐述其作用。

图1-91　电动压缩机

图1-92　PTC加热器

图1-93　车载充电机

项目二 整车控制系统故障检修

项目导入

新能源汽车整车控制系统是新能源汽车的"大脑"和"神经系统"，肩负着能量传输和信息传递的重任，对新能源汽车的动力性、经济性、安全性和舒适性有着重要的影响。通过本项目的学习，学习者应能准确说出整车控制系统的组成和功用，能使用解码仪确定车辆状态，能进行与整车控制系统相关的故障诊断与排除。

学习目标

1) 能够准确讲述整车控制系统的功能，能够详细讲述整车控制系统的控制策略，能够明确指出整车控制器所在位置。
2) 能够按照厂家技术要求检查更换整车控制器，并能处理简单故障。
3) 能够使用解码仪读取模块数据流并根据结果判断车辆状态。
4) 能够准确讲述整车 CAN 网络结构，能描述 CAN 网络的作用。
5) 能说出车辆静态 PDI 检测的目的和内容。
6) 能准确讲述仪表指示灯的含义。
7) 能进行新能源汽车整车静态 PDI 检测。
8) 能说出车辆运行状态 PDI 检测的目的和内容。
9) 能正确地进行车辆行驶功能检测。
10) 能正确地进行车辆换档功能检测。
11) 能正确地进行车辆转向性能检测。
12) 能够识读厂家维修手册，根据维修手册检修车辆，具备安全维修车辆的职业素养。
13) 能够根据厂家要求，独立且正确地完成车辆检查。
14) 能够与客户进行良好的沟通，具备良好的职业沟通素养。

任务 1 整车数据流的读取

📖 任务解析

通过本任务的学习，要求能够准确阐述控制系统的组成模块和整车控制器的作用，能准确讲述整车 CAN 网络结构和作用，并且能使用解码仪读取模块数据流，并根据结果判断车辆状态，能够与客户进行良好的沟通，具备良好的职业沟通素养。

📚 知识链接

一、整车控制系统的作用

1. 控制系统基本概念

控制系统一般包括传感器、控制器和执行元件。传感器采集信息并转换成电信号发送给控制器，控制器根据传感器的信息进行运算、处理和决策，并向执行元件发送控制指令以完成某项控制功能，控制系统组成如图 2-1 所示。

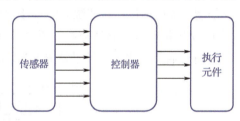

图 2-1 控制系统组成

汽车上电控装置的增多，使连接这些装置的电路越来越复杂，造成线束庞大、布线困难；电路和插接器的增加成为安全问题的巨大隐患；线束多难于维护。在这种情况下，减少线束成为一个必须要解决的问题，因此网络通信技术成为必然的选择。CAN 系统是一种基于总线传输的车载局域网络系统，具有在车辆小范围内数据交换、实现数据共享的优点。CAN 网络拓扑结构如图 2-2 所示。

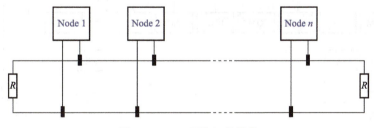

图 2-2 CAN 网络拓扑结构

图 2-2 中节点是控制模块，在传统内燃机汽车上节点可以是发动机管理系统、自动变速器控制模块、ABS 和安全气囊系统。在新能源汽车中，节点可以是蓄电池管理系统、电机控制器、VCU 等。在传统汽车控制系统中，这些控制系统是对等的、没有主次之分的。在新能源汽车控制系统中，一般会有一个主控制器，如整车控制器除了完成自

身一些控制功能外，还肩负着整个控制系统的管理和协调功能。整车控制采用分层控制方式：整车控制器作为第一层，其他各控制器为第二层，各控制器之间通过 CAN 网络进行信息交互，共同实现整车的功能控制，分层控制方法如图 2-3 所示。

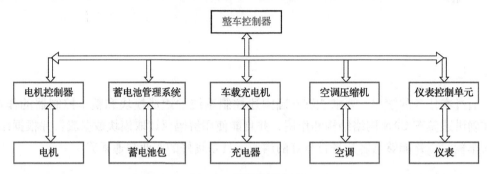

图 2-3 分层控制方法

2. 新能源汽车控制系统

新能源汽车整车控制系统是基于 CAN 总线的多个控制系统的集成系统，以整车控制器为管理核心，实现蓄电池管理控制、电机控制、冷却控制、空调控制、电动助力转向控制、制动控制等。吉利 EV300 纯电动汽车整车控制系统网络结构如图 2-4 所示，其主要控制系统均连接在新能源 CAN 总线上，实现控制系统之间的信息交互。仪表系统通过原车 CAN 和整车控制器连接，系统程序需要更新时，通过刷程序 CAN 与整车控制器 VCU 进行通信。快充口通过快充 CAN 与蓄电池管理系统及数据采集终端连接。

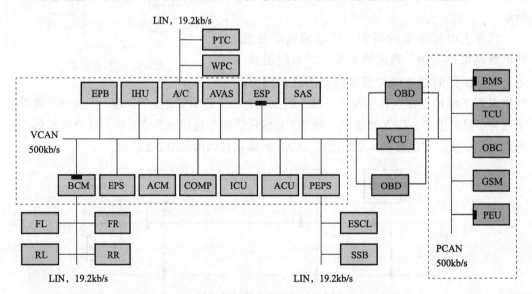

图 2-4 吉利 EV300 纯电动汽车整车控制系统网络结构

CAN 网络的连通是进行整车诊断的基础。其中，分为 VCAN 和 PCAN 两路 CAN 总线，均可通过 OBD 对两路 CAN 进行监控。PCAN 总线负责高压模块，分别包括 BMS、TCU、OBC、GSM 和 PEU，其中，BMS 与 PEU 各分布 120Ω 终端电阻。VCAN 总线负责低压模块，分别包括 EPB、IHU、ESP、ICU 和 BCM 等，其中，ESP 与 BCM 各分布 120Ω 终端电阻。

二、吉利 EV300 纯电动汽车整车控制系统的组成

纯电动汽车的整车控制系统结构如图 2-5 所示，按照各部件的功能，可以将整车控制系统分为高压电池系统、高压配电系统、充电系统、电机控制系统、驱动电机系统、冷却系统、减速控制系统、电动助力转向系统、制动系统等。该车的主要高压部件，都集中在了汽车前机舱内，如电机控制器、高压配电系统、车载充电机、驱动电机等。

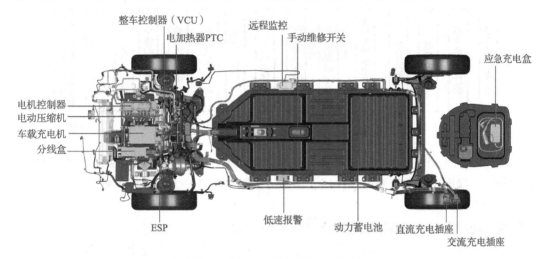

图 2-5　纯电动汽车的整车控制系统结构

1. 高压电池系统

动力蓄电池系统组成如图 2-6 所示，其主要由动力蓄电池模组、动力蓄电池箱体、蓄电池管理系统（BMS）及其他相应的辅助元器件组成。

（1）动力蓄电池模组　动力蓄电池模组一般是由多个蓄电池模块串联组成的组合体，如图 2-7 所示。蓄电池模块是由蓄电池单体并联组成。蓄电池模块的额定电压与蓄电池单体的额定电压相等，是蓄电池单体在物理结构和电路上连接起来的最小分组，当出现故障时，可以作为一个单元进行替换。动力蓄电池箱用来封装动力蓄电池模组。

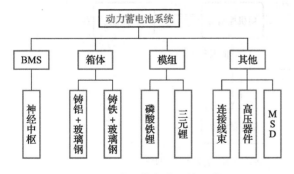

图 2-6　动力蓄电池系统组成

图 2-7　动力蓄电池模组

（2）蓄电池管理系统（BMS）　BMS 是动力蓄电池模组与整车控制器进行信息交换与控制交互的桥梁，它通过控制接触器来控制动力蓄电池组的充放电，同时向整车控制器上报动力蓄电池系统的实时状态及故障信息，保证动力蓄电池安全可靠地工作，并充

分发挥动力蓄电池的能力,有效延长动力蓄电池的使用寿命。蓄电池管理系统的主要功能如图 2-8 所示。

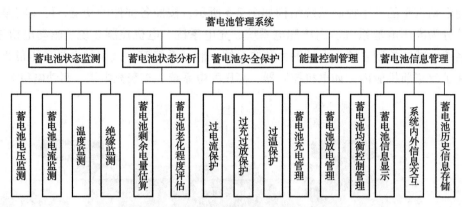

图 2-8 蓄电池管理系统的主要功能

(3) 辅助元器件　动力蓄电池系统的辅助元器件主要包括系统内部的电子元器件,如熔断器、继电器、分流器、插接器、烟雾传感器、维修开关、密封条和绝缘材料等。

2. 高压配电系统

纯电动汽车有一套高压供电系统。高压供电系统由动力蓄电池为电机控制器、驱动电机、电动压缩机、PTC 加热器等高压部件提供能量。此外动力蓄电池还有一套直流快充充电系统和一套交流慢充充电系统。这些所有的高压部件都由高压配电系统连接输送电能。高压配电系统主要包括以下部件：分线盒、直流充电接口、交流充电接口、直流母线、电机三相线。吉利 EV300 纯电动汽车的高压配电逻辑框图如图 2-9 所示。

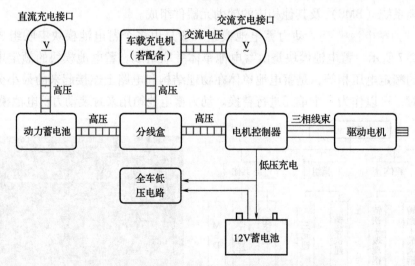

图 2-9 吉利 EV300 纯电动汽车的高压配电逻辑框图

(1) 分线盒（高压接线盒）　分线盒的作用类似于低压供电系统中的熔丝盒,高压接线盒功能包括：高压电能的分配和高压电路的过载及短路保护,分线盒将动力蓄电池总成输送的电能分配给电机控制器、空调压缩机和 PTC 加热器。此外,交流慢充时,充电电流也会经过分线盒流入动力蓄电池为其充电。分线盒内对电动压缩机电路、PTC 加热器电路、交流慢充电路各设有一个 30A 的熔断器。当上述电路电流超过 90A 时，熔断器会在 15s 内熔断；当电路电流超过 150A 时，熔断器会在 1s 内熔断，保护相关电路。分线盒的工作原理如图 2-10 所示。

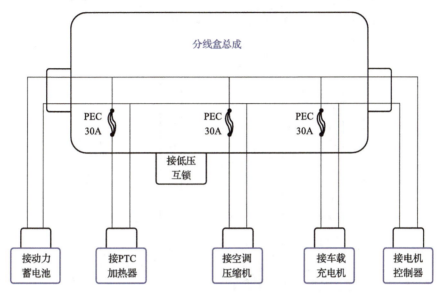

图 2-10　分线盒工作原理

（2）直流充电接口　直流充电接口能接收直流充电桩的电能，并通过高压线束将电能输送给动力蓄电池总成，为其充电。

（3）交流充电接口（如配备）、直流母线　交流充电接口能接收交流充电桩的电能，并通过高压线束将电能输送给车载充电机，车载充电机将交流电转化成直流电再传递给分线盒，分线盒经过直流母线将直流电传递到动力蓄电池，为其充电。交流充电能量传递路线图如图 2-11 所示。

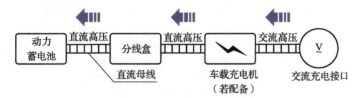

图 2-11　交流充电能量传递路线图

（4）电机三相线　车辆行驶时，电流从动力蓄电池依次经过，直流母线、分线盒、电机控制器高压线、电机控制器、电机三相线到达驱动电机，产生驱动力。车辆行驶时能量传递路线如图 2-12 所示（能量回收时传递路线相反）。

3. 充电系统

吉利 EV300 纯电动汽车的充电系统分为快充系统和慢充系统两部分，其系统结构简图分别如图 2-13、图 2-14 所示。由图可以看出，充电系统的关键部件主要包含高压控制盒、DC/DC 变换器及车载充电机。

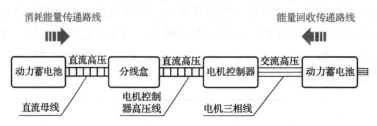

图 2-12 车辆行驶时能量传递路线

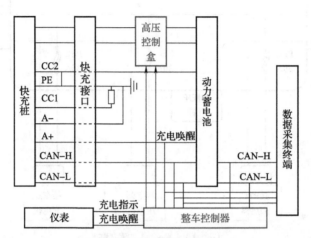

图 2-13 快充系统结构简图

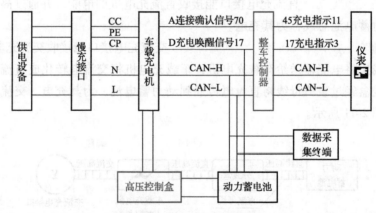

图 2-14 慢充系统结构简图

高压控制盒的主要作用是完成动力蓄电池电能的输出及分配，并实现对支路用电设备的保护；DC/DC 变换器的主要作用是将动力蓄电池的高压直流电转换为 12V 直流电，为整车低压用电系统供电，并在低压蓄电池亏电时为其充电；车载充电机的主要作用是将 220V 交流电转换为动力蓄电池的直流电，实现蓄电池电量的补给。

快速充电模式下，供电设备为快速充电桩提供的高压直流电通过快充接口，经高压控制盒进行高压配电后，为动力蓄电池充电；慢速充电模式下，供电设备一般为适配充电器，供电设备将获取的 220V 交流电直接提供给慢充接口，由车载充电机将交流电转换为高压直流电，再经过高压配电后才能为动力蓄电池充电。

4. 电机控制系统

电机控制系统是根据车辆驾驶人驾驶意图，通过控制电机转矩、转速等特性从而达到驾驶人的目的。其主要的构成部件有电机控制器、加速踏板位置传感器、制动踏板信号传感器。电机控制系统的控制原理如图 2-15 所示。电机控制系统控制电机的转矩。由于没有转矩传感器，转矩指令（由整车控制器发送）被转换成为电流指令，并进行闭环控制。转矩控制模式只有在获得正确的初始偏移角度时才能进行。

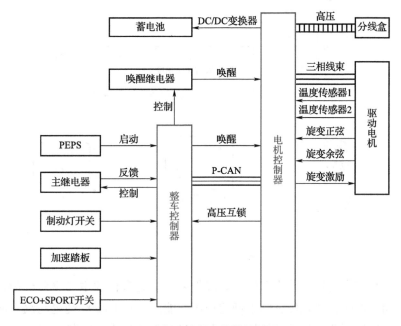

图 2-15 电机控制系统的控制原理

电机控制器安装在前机舱内，采用 CAN 通信控制，控制着动力蓄电池组到电机之间能量的传输，同时采集电机位置信号和三相电流检测信号，精确地控制驱动电机运行。电机控制器是一个既能将动力蓄电池中的直流电转换为交流电以驱动电机，同时还能将车轮旋转的动能转换为电能（交流电转换为直流电）给动力蓄电池充电的设备。车辆制动或滑行阶段，电机作为发电机应用。它可以完成由车轮旋转的动能到电能的转换，给蓄电池充电。DC/DC 变换器集成在电机控制器内部，其功能是将蓄电池的高压电转换成低压电，为整车低压系统供电。

加速踏板位置传感器作为系统安全性的保障之一，设计成双输出传感器。两个传感器的输出电压信号都随加速踏板的位置增加而增加。其信号输出特性曲线如图 2-16 所示。

制动踏板开关也是整车控制系统中非常重要的信号，当驾驶人踩下制动踏板，表现制动或减速意图时，该开关将踏板位置信号转换成电压信号，通过硬线传递给 VCU。制动踏板开关内部有两组开关，一组为常闭开关，一组为常开开关。VCU 通过两组开关输出电压的变化判断驾驶人的制动或减速意图。其信号传递路线如图 2-17 所示。

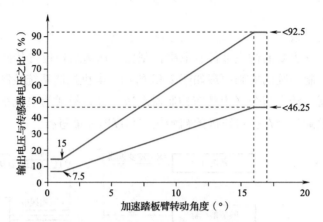

图 2-16 加速踏板位置传感器信号输出特性曲线

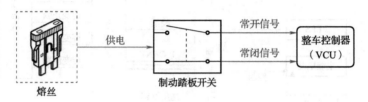

图 2-17 制动踏板信号传递路线

5. 驱动电机系统

驱动电机系统作为纯电动汽车的主要部件之一,是车辆的主要驱动机构,其特性决定了车辆的动力性能,并直接影响车辆的经济性能。吉利 EV300 纯电动汽车的电机驱动系统主要由电机控制器和驱动电机构成,并通过高低压线束、冷却管路与整车其他系统做电气和散热连接,吉利 EV300 电机驱动系统如图 2-18 所示。

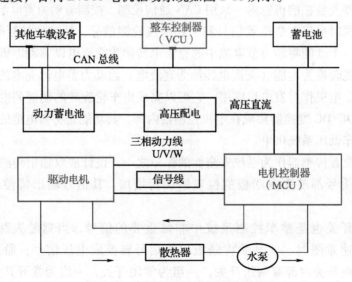

图 2-18 吉利 EV300 电机驱动系统

整车控制器根据驾驶人意图发出指令,由电机控制器响应并反馈,实时调整驱动电机的输出,以实现整车怠速、加减速、能量回收及倒车等工作状态。电机控制器还能够实时进行电机状态和故障检测,以保护驱动电机系统和整车安全可靠运行。

6. 减速系统

吉利 EV300 纯电动汽车的传动系统,电动机的速度-转矩特性非常适合汽车驱动的需求,纯电动模式下,汽车的驱动系统不再需要多档位的变速器,驱动系统结构得以大幅简化。减速器介于驱动电机和驱动半轴之间,驱动电机的动力输出轴通过花键直接与减速器输入轴齿轮连接。一方面减速器将驱动电机的动力传给驱动半轴,起到降低转速增大转矩作用;另一方面满足汽车转弯及在不平路面上行驶时,左右驱动轮以不同的转速旋转,保证车辆的平稳运行。EV300 采用单速比减速器,只有一个前进档、一个空档和一个驻车档。减速器的控制框图如图 2-19 所示。

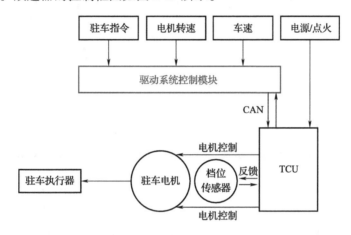

图 2-19 减速器的控制框图

驾驶人操作电子换档器进入 P 位,电子换档器将驻车请求信号发送到整车控制器(VCU),VCU 结合当前驱动电机转速及轮速情况判断是否符合驻车条件。当符合条件时,VCU 发送驻车指令到 TCU,TCU 控制驻车电机进入 P 位,锁止减速器。驻车完成后 TCU 将收到减速器发出的 P 位位置信号,并将此信号反馈给 VCU,完成换档过程。驾驶人操作电子换档器退出 P 位,电子换档器将解除驻车请求信号发送给整车控制器(VCU),VCU 结合当前驱动电机转速及转速情况判断是否满足解除驻车条件,当符合条件时,VCU 发送解除驻车指令到 TCU,TCU 控制电机解除 P 位锁止减速器。解除驻车完成后 TCU 将收到减速器发出的档位位置信号,并将此信号反馈给 VCU,完成换档过程。

7. 电动助力转向系统(EPS)

电动助力转向系统(EPS)由车速传感器、转矩传感器、电子控制单元及助力电机等组成。电动助力转向控制逻辑图如图 2-20 所示。在电动助力转向系统中,电子控制单元根据转矩传感器和车速传感器的信号计算所需的转向助力,控制助力电机的转动,电机输出的动力经过减速机构减速增矩后驱动齿轮齿条转向器产生相应的转向助力。目前,电动助力转向系统,按照助力作用位置的不同,可以分为管柱助力式、齿轮助力式和齿条助力式。助力电机的电源为 12V,由 DC/DC 变换器提供。

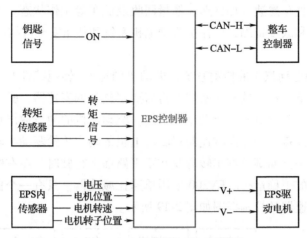

图 2-20 电动助力转向控制逻辑图

8. 制动系统

制动系统的作用主要有三个：使行驶中的汽车按照驾驶人的要求进行强制减速甚至停车；使已停止的汽车在各种道路条件下稳定驻车；使下坡行驶的汽车速度保持稳定。

吉利 EV300 纯电动汽车的制动系统采用了电动真空助力系统（图 2-21）进行助力。

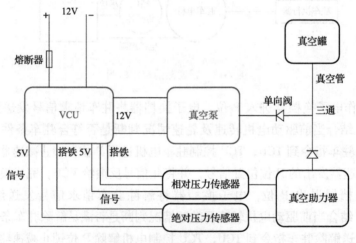

图 2-21 电动真空助力系统

当汽车起动后，整车控制器会自动进行真空压力检测，若真空罐中的真空度小于设定值，则真空压力传感器输出相应信号至整车控制器，整车控制器控制电动真空泵开始工作，当真空度达到设定值后，整车控制器控制真空泵停止工作。

当真空罐的真空度由于制动有所消耗时，同样由整车控制器控制真空泵工作。

此外，当汽车运行时，动力系统能够回收部分制动能量，并通过车辆对驱动电机进行反拖，将制动能量转换为电能为动力蓄电池充电。相比传统汽车的制动能量全部转化为热能消散，纯电动汽车制动能量回收功能能够有效地提高整车能量利用效率，并增加车辆续驶里程。

📝 任务实施

小李做维修接待才两周，今天接待了一位客户，该客户总感觉自己的车子跑不了多久就没电了，客户想让小李做个检查，小李连接好故障诊断仪，读取了 VCU 和 BMS 的相关数据流，并向客户说明了数据流的意义。下面我们和小李一起来完成读取吉利 EV300 数据流的任务。

一、安全提示

利用故障诊断仪读取整车控制器数据流时，应注意在进行仪器连接时需保证车钥匙置于 OFF 位置；完成仪器连接后，在进入诊断系统之前需要将车钥匙置于 ON 位置，此时应确保车辆档位处于 N 位，且驻车制动杆处于拉起位置；在进行相关动态数据流观测时，如加速踏板开度数据流的观测，需注意安全操作。

二、仪器连接

吉利 EV300 纯电动汽车配套的故障诊断仪如图 2-22 所示。

故障诊断仪连接步骤如下：

1）打开车门。
2）安装脚垫。
3）安装转向盘套。
4）安装座椅套。
5）车钥匙置于 OFF 位置。
6）将故障诊断仪连接端子一头插在车辆故障诊断接口上。
7）将端子另一头插在故障诊断仪计算机上。

图 2-22　吉利 EV300 纯电动汽车配套的故障诊断仪

完成连接后，需通过诊断仪上的指示灯观察故障诊断仪与车辆通信是否正常。若故障诊断仪无法正常连接车辆，应进行故障排查，排查方法如下：

①使用万用表检查整车控制器的供电是否正常；同时需检查低压电器盒中为整车控制器供电的各个供电熔丝是否正常。

②使用万用表检查 OBD 诊断接口与整车控制器（VCU）通信的 CAN 总线线束连接是否牢固，电路通断是否正常。

③若以上检查都正常，则需更换整车控制器。

三、数据流读取

连接好故障诊断仪后，进行整车状态数据流的读取。此时，诊断仪界面如图 2-23 所示。

图 2-23　诊断仪界面

具体操作步骤如下：
1）车钥匙置于 ON 位置。
2）运行故障诊断软件。
3）选择车型 EV300。
4）选择系统。
5）选择整车控制器。
6）选择数据流。选择整车控制器模块，进入该模块后，可选择相关数据，点击确定后，便可读取整车控制器相关数据流。VCU 内部数据流如图 2-24 所示。

图 2-24　VCU 内部数据流

任务 2　整车控制器的检查和更换

📖 任务解析

通过本任务的学习，要求学生能准确讲述整车控制系统的功能，能指出整车控制器所在位置；能按照厂家技术要求检查更换整车控制器，并能处理简单故障；能够讲述整车控制系统的控制策略；能够与客户进行良好的沟通，具备良好的职业沟通素养。

📚 知识链接

一、整车控制器简介

整车控制器（Vehicle Control Unit，VCU），是整个电动汽车的核心控制部件，它通过采集加速踏板信号、制动踏板信号及其他部件信号，进行相应的判断，然后控制各部件控制器动作，实现电动汽车的正常行驶。整车控制器通过 CAN 总线与相关部件控制器交换信息并对当前车辆运行状态进行管理、调度。整车控制器通过采集加速踏板位置信号对驾驶人意图进行解读，然后针对车辆的不同配置，进行相应的能量管理，通过 CAN 总线将控制指令传递给电机控制器，实现整车驱动及相应部件的控制。整车控制器实物图如图 2-25 所示。

图 2-25　整车控制器实物图

吉利EV300纯电动汽车整车控制系统采用了集中控制与分布式处理相结合的车辆控制系统结构，各部件都有独立的控制器，整车控制器对整个系统集中进行能量管理及各部件的协调控制。为满足系统数据交换量大、实时性、可靠性要求高的特点，整个分布式控制系统之间采用CAN总线进行通信。其整车控制原理如图2-26所示。吉利EV300纯电动汽车整车结构按照工作电压强度可以分为高压系统和低压系统；按照部件连接特性可以分为机械连接、电气连接及信号连接；按类型又可将信号分为输入信号、输出信号及通信信号。车辆的各个部件协同工作，受到整车控制器集中控制，因此，整车控制器作为电动汽车的"大脑"，在整车控制系统中起到至关重要的作用。

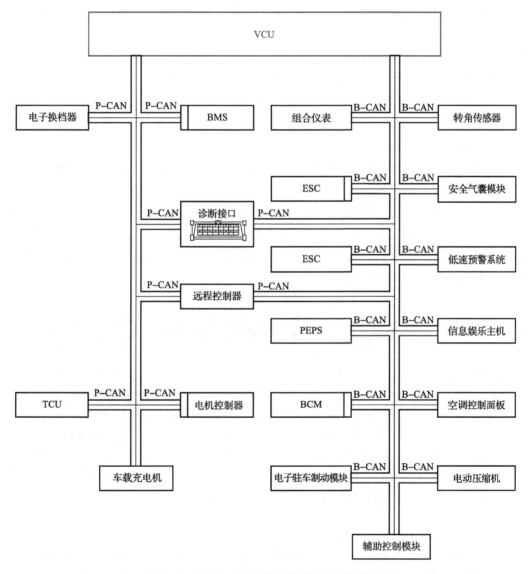

图2-26 吉利EV300纯电动汽车整车控制原理

二、整车控制器功能

整车控制器从功能上可以划分为转矩管理、驾驶人驾驶解释、车辆状态/控制模式管理、车辆部件/附件管理、安全保护（故障诊断）和智能维护功能。其中，由于计算与能量管理密切相关，可以将新能源汽车的能量优化部分整合到转矩管理中。

转矩管理负责整车转矩的传递优化，从驾驶人需求转矩开始，在逐级优化和限制中最终得到蓄电池和电机的目标输出转矩/功率。

驾驶人驾驶解释功能负责理解驾驶人的驾驶意图，为车辆控制模式的更新提供输入参数。

车辆状态功能是根据驾驶人及整车的状态情况，更新当前控制模式。不同的整车控制模式，整车能够实现的功能是不一样的。

部件管理的对象是整车的电动附件，其根据不同控制模式更新车辆附件状态，并结合能量优化的需求对附件工作状态进行限制，例如，打开/关闭电动空调。

安全保护功能负责监控控制器以及整车的故障状态，并进行故障滤波、确认、清除等工作，不同故障等级的处理机制不同，可实现模块替代功能、临时限功率处理、跛行保护、故障停车等多级处理。

智能维护功能为整车控制器提供数据标定服务，以满足不同的车辆运行指标要求，例如满足动力性、经济性指标。

整车控制器通过采集车辆加速踏板信号、车速信号、制动信号、档位信号等车辆状态信号并通过 CAN 通信得到驱动电机、动力蓄电池的状态信息，进而实现纯电动汽车的整车控制，实现车辆的上下电、行车与驻车、巡航、附件控制以及制动能量回收等功能，整车控制器的功能见表 2-1。

表 2-1 整车控制器的功能

序号	主要功能	序号	主要功能
1	驾驶意图分析	9	制动能量回收控制
2	驱动控制	10	整车 CAN 总线及网络化管理
3	整车能量控制	11	DC/DC 变换器控制，EPS 控制
4	高压电上下电控制	12	档位控制
5	充电过程控制	13	防溜车控制
6	电动辅助系统控制	14	在线匹配
7	车辆状态的实时检测	15	远程控制
8	故障诊断与处理		

1. 驾驶人意图解析

整车控制器根据加速踏板、制动踏板信号，解析驾驶人的驾驶意图（如加速、减速、制动等），即根据控制策略中的相关计算规则，将驾驶人发出的加速踏板信号和制动踏板信号转化为电机的转矩命令并通过新能源 CAN 总线传送给电机控制器。驱动电机对驾驶人操作的响应性完全取决于整车控制器对加速踏板解释的结果，并直接影响驾驶人的控制效果和操作感觉。

2. 驱动控制

纯电动汽车的驱动电机必须按照驾驶人意图输出驱动或制动转矩。当驾驶人踩下加速踏板或制动踏板时，驱动电机要输出一定的驱动功率或再生制动功率。踏板开度越大，驱动电机的输出功率越大。因此，整车控制器要接收、处理驾驶人的驾驶操作指令，合理解释驾驶人操作；接收整车各子系统的反馈信息，并向相关部件控制器（如电机控制器、蓄电池管理系统、发动机控制器等）发送控制指令，正确、可靠地执行驾驶人意图，为驾驶人提供决策反馈，使车辆按驾驶人期望进行上下电管理和完成行驶功能，以实现车辆的正常行驶。

3. 整车能量优化管理

在纯电动汽车中，蓄电池除了给电机供电以外，还要给电动附件供电，因此，为了获得最大的续驶里程，整车控制器将负责整车的能量管理，以提高能量的利用率。在蓄电池的 SOC 值比较低的时候，整车控制器将对某些电动附件发出指令，限制电动附件的输出功率，来增加续驶里程。

4. 高压上下电控制

纯电动汽车的点火开关有 OFF、ACC、ON、START 四个档位。

（1）上电顺序

1）低压上电。当点火开关由 OFF 转至 ACC 位时，VCU 低压上电。当点火开关由 ACC 转至 ON 位时，BMS、MCU 低压上电。当点火开关由 ON 转至 START 位时，仪表显示 READY 灯点亮。

2）高压上电。点火开关置于 ON 位，BMS、MCU 当前状态正常且在之前一次上下电中整车无严重故障，高压上电逻辑流程如图 2-27 所示。

高压电的上电控制

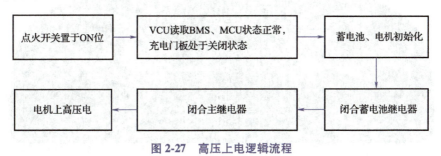

图 2-27 高压上电逻辑流程

①BMS、MCU 初始化完成，VCU 确认状态。
②闭合蓄电池继电器。
③闭合主继电器。
④MCU 高压上电。
⑤如档位在 N 位，仪表显示 READY 灯点亮。

（2）下电顺序

①纯电动汽车下电只需点火开关置于 OFF 位，即可实现高压电、低压电的正常下

电。点火开关置于 OFF 位，主继电器断开、MCU 低压下电。

②辅助系统停止工作，包括 DC/DC 变换器、水泵、空调、暖风。

③BMS 断开蓄电池继电器。

④整车控制器下电。

5. 充电过程控制

整车控制器接收充电信号后（如快充或慢充连接确认信号），配合蓄电池管理系统共同进行充电过程中的充电功率控制，禁止高压系统上电，保证车辆在充电状态下处于行驶锁止状态，并根据蓄电池状态信息限制充电功率，以保护蓄电池。

6. 电动辅助系统控制

电动辅助系统包括电动空调、电控制动、电动助力转向等。整车控制器将根据动力蓄电池及低压蓄电池状态，对 DC/DC 变换器和电动辅助系统进行监控。

7. 车辆状态的实时监测和显示

整车控制器应该对车辆的状态进行实时检测，并且将各个子系统的信息发送给车载信息显示系统，其过程是通过传感器和 CAN 总线，检测车辆状态及其各子系统状态信息，驱动显示仪表，将状态信息和故障诊断信息经过显示仪表显示出来。显示内容包括：电机的转速、车速、蓄电池的电量、故障信息等。EV300 纯电动汽车仪表显示情况如图 2-28 所示。

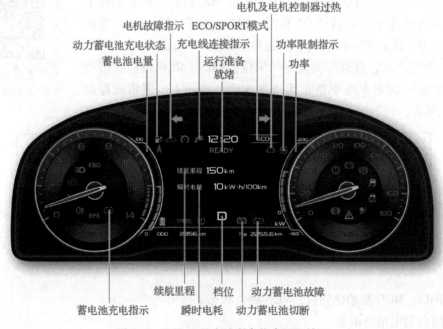

图 2-28 EV300 纯电动汽车仪表显示情况

8. 故障诊断与处理

可通过连续监测整车电控系统，进行故障诊断。故障指示灯指示出故障类别和部分故障码。根据故障内容，应及时进行相应安全保护处理。对于不太严重的故障，应能做到低速行驶到附近维修站进行检修。

9. 制动能量回馈控制

纯电动汽车以电机作为驱动转矩的输出机构。电机具有回馈制动的功能，此时电机作为发电机，利用电动汽车的制动能量发电，同时将此能量存储在储能装置中，当满足充电条件时，将能量反充给动力蓄电池组。在这一过程中，整车控制器根据加速踏板和制动踏板的开度以及动力蓄电池的 SOC 值来判断某一时刻能否进行制动能量回馈，如果可以进行，整车控制器向电机控制器发出制动指令，回收部分能量。

（1）能量回馈策略　阶段一是在车辆行驶过程中驾驶人松开加速踏板但没有踩下制动踏板开始；阶段二是在驾驶人踩下了制动踏板后开始。

（2）制动能量回馈的原则　制动能量回馈的原则是能量回收制动不应该干预 ABS 的工作。当 ABS 进行制动力调节时，制动能量回收不应该工作。当 ABS 报警时，制动能量回收不应该工作。当电驱动系统有故障时，制动能量回收不应该工作。

10. 整车 CAN 总线及网络化控制

在现代汽车中，有众多电子控制单元和测量仪器，它们之间存在着数据交换，如何让这种数据交换快捷、有效、无故障地传输成为一个问题，为了解决这个问题，德国 BOSCH 公司于 20 世纪 80 年代研制出了控制器局域网（CAN）。在电动汽车中，电子控制单元比传统燃油车更多更复杂，因此，CAN 总线的应用势在必行。整车控制器是电动汽车众多控制器中的一个，是 CAN 总线中的一个节点。在整车网络管理中，整车控制器是信息控制的中心，负责信息的组织与传输、网络状态的监控、网络节点的管理以及网络故障的诊断与处理。

CAN 与电机控制器、蓄电池管理系统、防抱死制动系统（Antilock Brake Systems，ABS）、电转向控制器、仪表等进行可靠通信。控制器局域网（Controller Area Network，CAN）总线进行数据的采集输入及控制指令的输出。

另外，整车控制器经常位于整车平台 CAN 和动力系统 CAN 两个网络中，整车控制器也起到网关的作用，这两个网络的信息可以通过整车控制器实现数据信息的相互传递，整车网络控制原理如图 2-29 所示。

11. 档位控制

整车控制器对驾驶人换档意图进行解析，识别车辆合理的档位，并在基于模型开发的档位管理模块中优化换档操作，在保证车辆正常行驶及驾驶人舒适性的同时，实现驾驶人换档意图。此外，整车控制器还需要在换档故障时进行相应的操作以保证整车安全，并通过显示仪表提醒驾驶人。

12. 防溜车控制

纯电动汽车在坡道上起步时，驾驶人从松开制动踏板到踩下加速踏板的过程中，会出现整车向后溜车的现象；在坡道行驶过程中，如果驾驶人踩下的加速踏板深度不够，则车辆会出现车速逐渐下降到 0km/h 后，再溜车的现象。

为了防止车辆在坡道上溜车，整车控制器中增加了防溜车功能。这一功能可以保证车辆在坡道上起步时，向后溜车距离小于 10cm，在坡道上的运行过程中，如果动力不足导致车速下降到 0km/h，则车辆将保持静止，不再向后溜车。

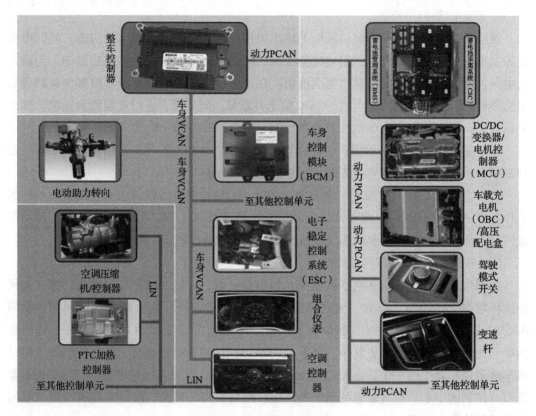

图 2-29 整车网络控制原理

13. 在线匹配

标定整车控制器时,能够在线监控和调整控制参数(包括 MAP、曲线及点参数等),并完成标定数据结果保存及离线数据处理等。完整的标定系统包括上位机 PC 标定程序、PC 与 ECU 通信硬件连接及 ECU 标定驱动程序三部分。

14. 远程控制

吉利 EV300 纯电动汽车具有便捷的远程控制功能,主要包括远程查询功能、远程空调控制和远程充电控制。用户可以通过手机 APP 进行远程控制。

1)远程查询功能:用户可以通过手机 APP 实时查询车辆状态,包括蓄电池 SOC 值、续驶里程、空调状态和蓄电池温度等。

2)远程空调控制:在夏季或冬季,用户可以在使用车辆前通过手机 APP 实现车辆空调系统远程控制,包括空调制冷、空调暖风和除霜等功能。

3)远程充电控制:用户离开车辆时,将充电枪插入充电桩,可以不立即充电,可以通过远程控制利用电价波谷进行充电操作。

三、整车控制器的控制信号

吉利 EV300 纯电动汽车整车控制器信号如图 2-30 所示。整车控制器左侧为各种输入信号,整车控制器右侧为控制输出信号。

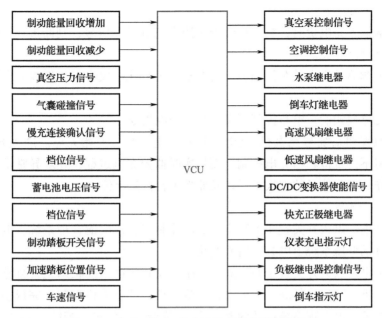

图 2-30 吉利 EV300 纯电动汽车整车控制器信号

四、整车控制策略说明

整车控制策略是指整车控制器根据车辆各部件运行状态及车辆的运行工况，充分协调和发挥各部件特性，完成车辆驱动要求，协调整车功能，并进行整车状态监测和故障管理。下面结合吉利 EV300 纯电动汽车整车控制器的功能，从整车状态获取、整车驱动控制、整车故障管理等方面介绍整车控制策略。

1. 整车状态获取

整车状态获取的方式主要有：通过车速传感器、档位信号传感器等检测整车的运行状态；通过 CAN 总线获得蓄电池管理系统、驱动电机系统等状态信息。吉利 EV300 纯电动汽车整车状态的相关内容主要有：点火开关状态（LOCK、ACC、ON、START）、充电监控状态（充电唤醒、连接状态、快/慢充门板开关信号）、档位状态（P、R、N、D、E）、加速踏板位置、制动踏板状态（制动、未制动）、蓄电池管理系统状态（继电器状态、电压、电流等）、电机控制器状态（工作模式、转速、转矩等）、组合仪表状态、防抱死制动系统状态等。

吉利 EV300 纯电动汽车整车工作模式主要有充电模式和行驶模式两种。充电模式根据充电唤醒信号及快/慢充电门盖信号进行判断；行驶模式下点火开关位于 ON 位，且无充电唤醒信号和充电门盖信号。整车控制器由低压唤醒后，将进行周期性的整车工作模式判断，其中充电模式将优先于行驶模式，即充电模式不能够切换到行驶模式，而行驶模式可以切换到充电模式。当车辆点火开关位于 ON 位时充电，关闭充电口后，车辆不能正常高压上电，此时需要驾驶人将点火开关置于非 ON 位，然后再次置于 ON 位，方可高压上电；车辆工作在行驶模式下，当检测到有充电需求时，整车控制器将先执行高压下电，然后再进行正常充电流程。正常充电流程和整车上电流程如下。

(1) 正常充电流程

①当车辆插入充电枪时，整车控制器检测到充电门盖信号，判断进入充电模式，仪表充电连接指示灯点亮。

②充电唤醒信号进入整车控制器、蓄电池管理系统、仪表等，仪表充电连接指示灯开始闪烁。

③进入充电模式后，整车控制器发出允许充电指令。

④蓄电池管理系统与充电机/充电桩建立充电连接，开始充电。进入充电过程后，整车控制器将不再直接参与充电控制，而是实时监控充电过程，并对异常情况进行紧急充电停止操作、部分信息的仪表显示以及监控平台信息上传。

(2) 整车上电流程

①低压上电。点火开关置于 ON 位，整车控制器、蓄电池管理系统、电机控制器等所有控制部件的低压系统上电并进行初始化。

②高压上电。点火开关置于 ON 位后，在各控制部件当前状态正常且整车不满足充电条件的情况下，开始执行高压上电。蓄电池管理系统及电机控制器完成初始化后，整车控制器检测蓄电池管理系统反馈的蓄电池正/负继电器状态，若继电器处于断开状态，则整车控制器先执行闭合高压主继电器，然后执行闭合其他高压系统继电器（如空调系统高压继电器），同时向蓄电池管理系统发出上电指令，进行预充电操作，然后整车控制器实时检测档位是否位于 N 位，且上电过程中驾驶人是否有将点火开关置于 START 位的操作，同时控制显示仪表 READY 灯点亮，水泵、DC/DC 变换器等部件开始正常工作。

2. 整车驱动控制

整车驱动控制即转矩控制，其核心内容包括工况判断、需求转矩计算和转矩输出等。工况判断主要是根据当前整车状态信息（如加速/制动踏板位置、当前车速及整车故障信息等）来判断当前需要的整车驾驶需求。由于加速/制动踏板信号受驾驶人操控，因此工况判断也包含了驾驶人意图的解析。

吉利 EV300 纯电动汽车运行工况主要划分为紧急故障工况、怠速工况、加速工况、能量回收工况、零转矩工况和跛行工况等，在不同工况下车辆运行的转矩需求不同。当判断出车辆运行工况后，整车控制器将根据工况，并结合动力蓄电池系统及驱动电机系统计算出当前车辆需求的转矩。

一般情况下，紧急故障工况下车辆为零转矩需求，并需要切断高压电；怠速工况目标车速为 7km/h，转矩需求也为零；加速工况的转矩需求根据加速踏板位置及车速等进行确定；能量回收工况下主电机反拖制动产生负转矩；跛行工况下将对电机输出功率及车速进行限制。整车控制器完成车辆需求转矩计算后，根据当前车辆的转矩输出能力，以及当前整车状态参数，最终计算出需要输出的转矩，然后控制驱动电机系统进行驱动力输出，实现整车的驱动控制。

3. 整车故障管理

对于车辆故障的处理，吉利 EV300 纯电动汽车整车控制器采用了综合判断、分级处理的方式。整车控制器根据驱动电机、动力蓄电池、DC/DC 变换器等部件故障，整车

CAN 网络故障及整车控制器硬件故障进行综合判断，确定整车故障等级，按照等级进行相应的控制处理。吉利 EV300 纯电动汽车对整车的故障等级进行了四级划分，故障分级见表 2-2。

表 2-2　故障分级

故障等级	名　　称	故障处理方式	故障列表
一级	致命故障	紧急断开高压	MCU 直流母线过电压故障、BMS 一般故障
二级	严重故障	零转矩	MCU 相电流过电流、IGBT、旋变等故障；电机节点丢失故障；档位信号故障
三级	一般故障	跛行模式	加速踏板位置信号故障
		降功率	电机超速故障
		限功率<7kW	跛行故障、SOC<1%、BMS 单体蓄电池欠电压、内部通信、硬件等二级故障
		限速<15km/h	低压欠电压故障、制动系统故障
四级	轻微故障	仪表显示能量回收故障，仅停止能量回收	MCU 电机系统温度传感器、直流欠电压故障、VCU 硬件、DC/DC 变换器异常等故障

任务实施

小张新入手一辆电动汽车，在悬挂了绿色新能源牌照行驶 2 周后，车辆无法上电工作，厂家派人现场检查发现车辆无法与厂家诊断仪连接，经厂家确认整车控制器出现了故障，需更换整车控制器，下面我们一起和小张来更换整车控制器。

整车控制器故障时，通常采用的维修方法是进行更换。拆下的故障整车控制器将作为旧件处理或返厂维修。下面以吉利 EV300 纯电动汽车为例，介绍整车控制器更换实践操作的注意事项和工作流程。

一、安全提示

在进行整车控制器更换时，应注意安全操作问题。由于整车控制器由低压供电系统进行供电，因此首先需要拆下低压蓄电池负极连接线束，并进行可靠搭铁；虽然整车控制器独立于整车高压系统，但为了避免误操作导致的高压触电，需要确保整车无绝缘故障。因此整车控制器的更换操作应在低压下电及无绝缘故障前提下进行。

二、整车控制器的更换

吉利 EV300 纯电动汽车的整车控制器由 4 个紧固螺栓固定于前机舱内部靠近驾驶室的位置，整车控制器上部有一个插接器，用于控制器供电、输入输出信号及与其他部件控制器进行通信。吉利 EV300 整车控制器的位置如图 2-31 所示。

整车控制器的更换步骤如下：

1）打开车门，安装车内三件套：转向盘套、座椅套、脚垫，如图 2-32 所示。
2）确保点火开关关闭，拉动前机舱盖拉手。
3）打开前机舱盖，安装防护三件套：翼子板布、前格栅布，如图 2-33 所示。

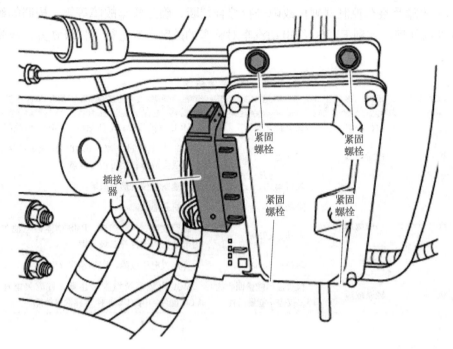

图 2-31 吉利 EV300 整车控制器的位置

图 2-32 安装车内三件套

图 2-33 安装防护三件套

4)取下蓄电池负极,可靠搭铁。

5)拔下整车控制器插接器。

6)拆下整车控制器 4 个紧固螺栓。

7)取下整车控制器。

8)更换新的整车控制器。

9)安装整车控制器 4 个紧固螺栓。

10)安装整车控制器插接器。插接时注意"一插、二响、三确认"。

11)安装蓄电池负极。

12)取下翼子板布、前格栅布。

13)关闭前机舱盖。

14)取下车内三件套。

三、整车控制器的匹配

完成整车控制器更换后，新的整车控制器需要与原车进行控制匹配和标定。对于不同车型，匹配的方式有所不同：有的车型需要厂家或维修店专业人员进行移动匹配和标定；而有的车型自身就能够进行自适应匹配和标定。

任务 3　整车控制系统 PDI 检测

任务解析

新能源汽车整车控制系统作为车辆的第一层控制系统，控制着全车的能源分配和车辆状态，对整车控制系统工作模式的 PDI 检测能直接判断车辆运行状态是否正常，是否满足售前要求。通过本任务的学习，学生应能够进行车辆静态 PDI 检测、运行状态 PDI 检测。

知识链接

一、车辆静态 PDI 检测

（一）车辆静态 PDI 检测的目的

车辆静态 PDI 检测是指车辆在静止状态上电后对相关用电设备进行的功能测试，以检查用电设备及相应控制按钮能否正常工作。通过静态测试，能够判断整车上电功能及整车控制器的部分功能是否正常。仪表、空调系统等子系统的正常工作是车辆 PDI 必要的检测项目，是车辆运行安全性和舒适性等的重要保证。

（二）车辆静态 PDI 检测的内容

车辆静态 PDI 检测的内容一般包括上电测试和下电测试两部分。上电测试主要是指点火开关位于 ACC 和 ON 位时，对整车控制器相应的控制部件功能进行测试；下电测试一般是上电测试时检测出故障后，将点火开关置于 LOCK 位，对相应故障点进行电路检测。由于整车高压部件及线束可能有残余电能存在，在进行下电测试时，需要注意进行绝缘防护。下面以吉利 EV300 纯电动汽车为例，介绍车辆静态 PDI 检测的具体内容。

在吉利 EV300 纯电动汽车上，点火开关有 LOCK、ACC、ON 及 START 四个档位。当点火开关位于 LOCK 位时，汽车转向盘锁止，整车处于下电状态；当点火开关位于 ACC 位时，转向盘解锁，中控屏幕点亮，个别电器和附件可用（如收音机、电动车窗等）；当点火开关位于 ON 位时，车辆空调可用，所有仪表、警告灯、电路可用，高压系统上电，进入行车准备；点火开关的 START 位为车辆起动信号，踩下制动踏板并将点火开关置于

START 位，此时车辆仪表会显示 READY 绿色字符，更换车辆档位，车辆将根据档位行驶。

将点火开关置于 ON 位，可进行车辆的静态上电测试。在进行车辆静态上电测试时，注意换档旋钮应置于 P 或 N 位，并维持驻车制动杆拉起。点火开关置于 ON 位后，整车电气系统完成上电，仪表点亮说明车辆上电正常。

纯电动汽车静态测试的内容主要包括仪表板指示功能测试、中控信息娱乐系统功能测试及其他辅助用电设备功能测试。

1. 仪表板指示功能测试

车辆仪表板的主要作用是为驾驶人提供车辆状态信息及车辆故障信息。

车辆状态信息主要包括整车动力系统状态，例如动力蓄电池剩余电量、车辆续驶里程等；车辆行驶状态，例如档位信号、车速、车辆灯光系统工作情况等。

车辆故障信息主要包括系统故障灯和部件故障灯等。除上述之外，仪表板还具有驾驶人提示功能，它不仅能以指示灯的形式进行提示，例如充电提醒灯、室外温度提示灯、安全带未系指示灯等，还能够在必要的时候进行声音报警和文字报警提示。与纯电动汽车动力系统相关的各指示灯及其名称，见表 2-3。

表 2-3 指示灯及其名称

灯符号	指示灯名称	颜色	灯符号	指示灯名称	颜色
EBD	EBD 故障指示灯	黄色	(!)	制动系统故障指示灯	红色
	动力蓄电池充电状态指示灯	黄色	(P)	驻车制动指示灯	红色
	系统故障指示灯	红色		ESP 故障指示灯	黄色
	充电线连接指示灯	红色		功率限制指示灯	黄色
READY	READY 指示灯	绿色		安全气囊故障灯	红色
	电机及电机控制器过热指示灯	红色	(P)	驻车系统故障指示灯	黄色
	蓄电池充放电指示灯	红色	(ABS)	ABS 故障警告灯	黄色
	动力蓄电池故障灯	红色			

显示仪表板给出的信息不仅能用来提示驾驶人正确操纵车辆，还可以用来进行车辆故障的初步判断。

吉利 EV300 纯电动汽车的仪表板下方设置了两个按钮（TRIP、RESET）（注意：只有点火开关处于 ON 档，调节按钮才能使用），如图 2-34 所示。

RESET 按钮在调节时间时，短按时间循环自减；不在调节时间时，短按清除小计里程。

TRIP 按钮在调节时间时，长按时选中时间的小时，再短按小时循环自加，再长按选中时间的分，短按分循环自加，最后

图 2-34 TRIP 和 RESET 按钮

再长按恢复正常;不在调节时间时,短按可循环切换仪表的界面:续驶里程和平均电耗界面→平均车速和瞬时电耗界面→能量流界面。

按键时间定义:长按为大于 2s;短按为 0.3~2s;小于 0.3s 视为干扰信号,不予响应。

点火开关 ON→OFF→ON 时,显示界面显示上一次 ON 时最后的显示界面。

2. 中控信息娱乐系统功能测试

吉利 EV300 纯电动汽车的中控信息娱乐系统能够为驾驶人提供更丰富的车辆状态信息,并带有方便实用的功能,如蓝牙、导航等。吉利 EV300 纯电动汽车采用了搭载 WinCE 操作系统的数码设备作为中控信息娱乐系统,该设备由一个 800×480 的电阻式单点触摸屏、多个触摸式按键和多种扩充接口(USB、AUX、SD)组成。

中控信息娱乐系统的开关具有三个状态:关机、开机和待机。系统由蓄电池进行供电,只有当点火开关置于 ON 位后才能正常开关机和运行。在关机状态下,短按电源键即可开启系统;在开机状态下,短按电源键,可使系统进入待机状态,而长按电源键,可以进行关机;在待机状态下,短按电源键可以唤醒系统。

中控信息娱乐系统的主要功能有收音机功能、蓝牙功能、机屏互联功能及能量流指示功能。中控信息娱乐系统结构如图 2-35 所示。

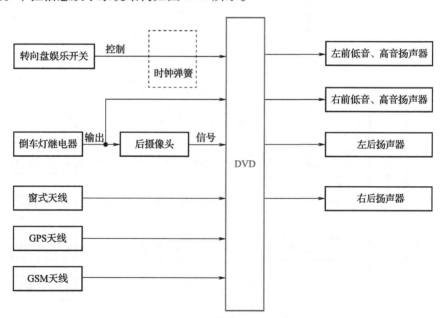

图 2-35 中控信息娱乐系统结构

机屏互联是指利用 HDMI 技术及 MHL 接口实现手机与屏幕的通信,HDMI 是一种数字化视频/音频接口技术,适合影像传输的专用型数字化接口,能够同时传送视频和音频信号;MHL 是一种连接便携式消费电子装置的影音标准接口,它运用现有的 MicroUSB 接口,实现手机输出的 MHL 信号到 HDMI 信号的转换,同时支持为手机充电。

3. 辅助用电设备功能测试

辅助用电设备主要包括车辆照明系统(图 2-36)、车辆空调系统、刮水器、点烟器、电动车窗等其他设备。辅助用电设备多受控于车身控制器和其他子系统控制器，如空调控制器，这些控制器通过与整车控制器的通信，协调完成相应的控制功能。辅助用电设备虽然与车辆动力性能的好坏无太大联系，但直接关系着车辆驾驶人的安全和驾驶舒适性，因此保证辅助用电设备的功能完好具有重要意义。

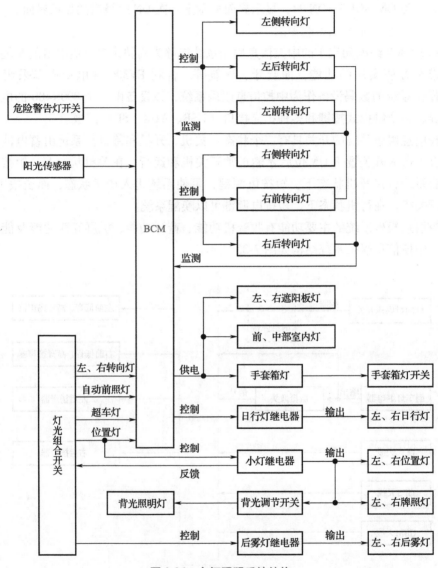

图 2-36　车辆照明系统结构

4. 下电测试

车辆的下电测试主要是对上电静态测试中检测到的故障，在下电的情况下进行故障原因排查。在纯电动汽车的整车控制系统中，出现的故障除极个别的机械故障外，大多是电气故障，因此在进行故障排查时，需要进行的工作主要有下电情况下的电路通断测试和上电情况下的控制信号测试。此外，还可以在上电情况下通过电动汽车专用检测仪进行故障检测。

(三)车辆静态 PDI 检测方法

在整车静态上电正常的情况下,可进行相应功能的测试。

1)仪表板指示功能主要通过显示信号对应的操作进行。

2)对于照明系统的显示,可以通过操作相应的照明开关来进行。

3)中控信息娱乐系统功能的测试则是通过相关的按钮来实现娱乐功能和信息查看等。

4)辅助用电设备功能的测试主要通过操纵相应开关来观察执行器功能完成的效果来评价,如对于车辆照明系统,应确保车辆远近光灯、雾灯、示廓灯、制动灯及车内的内饰灯光照强度及闪烁频率正常;车辆空调系统应保证空调制冷、采暖、通风换气等功能的正常,空调压缩机无异响;对于刮水器相关装置,需要测试刮水器动作是否连续,起停位置是否准确以及清洗装置功能是否完好,必要时应调整清洗剂喷嘴位置;测试电动车窗及电动天窗能否正常开启和关闭,并注意其极限位置是否正常。

二、车辆运行状态 PDI 检测

(一)车辆运行状态 PDI 检测的目的

车辆运行状态 PDI 检测主要是对车辆的驾驶性能进行测试,功能完好的车辆应能够较好地实现起停、前进、倒退、换档、转向等操作。车辆运行状态 PDI 检测是进行车辆控制系统故障诊断的基础性检查工作之一。

(二)车辆运行状态 PDI 检测的内容

在整车控制系统中,对车辆运行状态 PDI 检测主要是测试车辆是否能够按照驾驶人意图,完成车辆的换档、行驶、转向等功能。整车控制器的驱动控制策略的核心主要包括工况判断、需求转矩计算、转矩输出等内容。整车驱动控制示意图如图 2-37 所示。

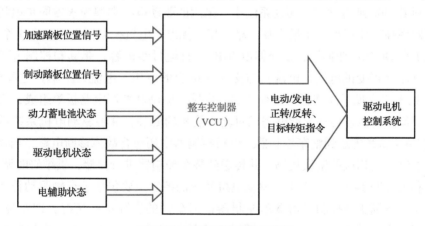

图 2-37 整车驱动控制示意图

下面具体介绍吉利 EV300 纯电动汽车的运行状态 PDI 检测的主要内容。

1. 车辆行驶测试

吉利 EV300 纯电动汽车的驱动系统主要由驱动电机系统和减速器组成。驱动电机是整车控制器的主要执行机构,其特性决定了车辆的主要性能指标,影响车辆动力性、经济性和用户驾乘感受。

驱动电机系统输出的动力通过主减速器及半轴传递到车轮上驱动车辆行驶,对于车辆行驶的测试,主要是测试驱动电机系统的功能是否完好。

驱动电机系统主要由电机控制器和驱动电机构成,通过高低压线束、冷却管路与整车其他系统做电气和散热连接,如图2-38所示。整车控制器根据驾驶人意图对电机控制器发出各种指令,电机控制器响应这些指令,并实时调整驱动电机的输出,以实现整车的怠速、前进、倒车、停车、能量回收及驻坡等功能。此外,电机控制器还实时进行驱动电机系统的状态和故障检测,以保护系统和整车的安全可靠运行。

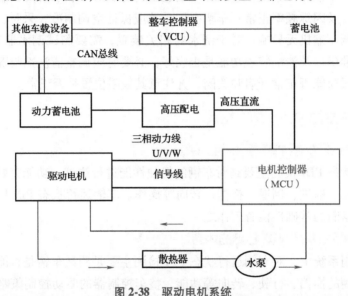

图2-38 驱动电机系统

在吉利EV300纯电动汽车驱动系统中,采用的驱动电机类型为永磁同步电机,这种电机具有效率高、体积小、质量小及可靠性高等优点,电机控制器内部包含1个DC/AC逆变器和1个DC/DC变换器,逆变器由IGBT、直流母线电容、驱动和控制电路板等组成,实现直流(可变的电压、电流)与交流(可变的电压、电流、频率)之间的转变。DC/DC变换器由高低压功率器件、变压器、电感、驱动和控制电路板等组成,实现直流高压向直流低压的能量传递,能够完成对输入信号的处理,并将驱动电机系统运行状态信息通过CAN总线传送到整车控制器。电机控制器中还包含故障诊断电路,当诊断出问题时,它能够产生相应的错误代码,并传送到整车控制器进行存储,供维修时调用。

在吉利EV300纯电动汽车中,驱动电机系统的控制主要包括了车辆驱动控制和系统上下电控制。车辆驱动控制是指整车控制器根据车辆的实际运行情况,即车速、档位、蓄电池SOC值等状态信息,来决定主驱动电机的输出转矩/功率。当电机控制器接收整车控制器发出的转矩输出指令后,就将动力蓄电池提供的直流电转化成三相交流电,驱动电机输出转矩,为车辆提供动力。

吉利EV300纯电动汽车驱动电机系统的上下电控制逻辑图,如图2-39所示。该系统采用了基于整车State机制的控制策略,通过约束电机控制器(MCU)在整车上下电过程的各State中应该执行的动作、需要实现的逻辑功能和允许/禁止诊断功能等,来进行驱动电机上下电控制。

项目二 整车控制系统故障检修

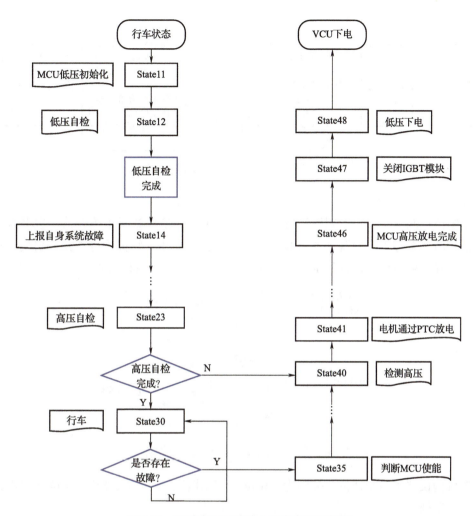

图 2-39 驱动电机系统的上下电控制逻辑图

由图 2-39 可知，驱动电机系统上下电控制主要包括低压上下电、低压自检、高压上下电和高压自检、故障诊断与上报。驱动电机高压上、下电流程分别如图 2-40、图 2-41 所示。

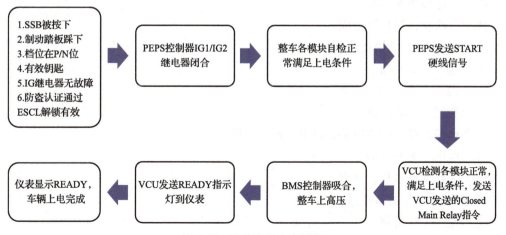

图 2-40 驱动电机上电流程

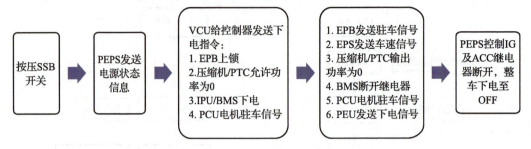

图 2-41 驱动电机下电流程

2. 车辆换档测试

车辆换档测试主要是检测换档机构能否将驾驶人的换档意图正确解读，以及能否将换档信号传递至整车控制器。吉利 EV300 纯电动汽车采用了复位式电子换档机构，换档后会自动弹回初始位置，吉利帝豪 EV300 电子变速杆如图 2-42 所示。

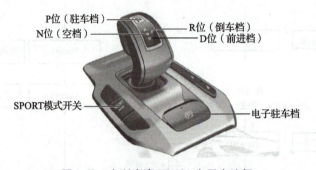

图 2-42 吉利帝豪 EV300 电子变速杆

该机构设置了四个档位，分别为：R 位（倒车档）、N 位（空档）、D 位（前进档）、P 位（驻车档）。

(1) 驻车换档驻车条件

① 无普通编码器故障。

② 无电机开路、搭铁短路、对电源短路故障。

③ 供电电压为 9~16V。

④ 上一次换档过程已完成。

⑤ 接收到 VCU 的锁止请求。

⑥ 车速小于 5km/h。

(2) 驻车换档解除驻车条件

① 无普通编码器故障。

② 无电机开路、搭铁短路、对电源短路故障。

③ 供电电压为 9~16V。

④ 上一次换档过程已完成。

⑤ 接收到 VCU 的解锁请求。

⑥ 车轮未发生滑移。

3. 车辆转向性能测试

车辆转向能力直接关系车辆的行驶性能，功能完好的车辆应能够按照驾驶人意图完成车辆在行驶过程中的转向动作。吉利 EV300 纯电动汽车采用了电动助力转向系统（EPS），低速时转向轻便，高速时转向助力逐渐减小，路感不断增强，同时要求转向盘手感良好。

（三）运行状态测试的方法

1. 车辆行驶测试的方法

车辆的行驶测试主要进行车辆的起步、换档、加减速、停车等功能测试。测试时应注意，不同运行状态下，整车仪表的相应显示是否正常。车辆起步时，观察车辆起步响应是否迅速，车辆起动过程中是否出现抖动异响等情况；车辆行驶过程中，踩下加速踏板，感觉踩下踏板所需力度是否正常，以及车辆加速响应是否迅速，车速提升是否明显；车辆制动时，制动力是否足够，是否出现抖动异响等。

2. 车辆换档测试的方法

在进行车辆换档功能测试时，需要注意以下几点：当选择空档或倒档时，需确保车辆处于静止状态；车辆静止时，要求驾驶人先踩下制动踏板才能换档成功，若未踩下制动踏板，仪表将显示当前换档旋钮的物理档位，并闪烁，以提示驾驶人换档无效，此时驾驶人需要换至空档，然后重新进行换档操作；当选择前进档时，需要在换档前先踩下制动踏板，否则档位选择将被视为无效，仪表将显示当前档位并闪烁，此时整车不响应加速踏板的需求。

车辆换档功能最常见的故障为在进行档位切换时，仪表板上不显示对应的档位。此时，应拆下仪表板，在车辆上电正常的状态下，用万用表分别测量插接器上的引脚电压，并与对应接口的标准电压对照。通过比较，判定换档旋钮是否故障，若换档旋钮出现故障，则需拆下旋钮送回厂家进行返修，若无故障，则应检查其他电器元件或线束。

3. 车辆转向测试的方法

在车辆转向功能测试中，首先应对车辆转向盘功能进行测试，检测转向盘左右转向的平顺性及转向盘旋转的极限位置。在转向盘功能完好的情况下，重点测试车辆转向系统的转向助力功能：在车辆静止时，转动转向盘，测试转向盘转动时的阻力是否过大，并观察转向轮转动位置是否合适；在道路试车过程中，低速行驶中转向，检测转向时转向盘是否沉重，转向助力是否足够，转向效果是否能够满足驾驶人意图；将转向盘分别向左右打至极限位置，检测是否有转向盘抖动、转向机异响等故障。

（四）非正常换档测试

为了保证车辆在行驶过程中的安全性，驾驶人需按照一定的规则进行车辆的操作，如车辆起动时档位应处于空档位置；车辆前进过程中不能将档位直接由前进档切换至倒档等。这些驾驶规则被存储于整车控制器中，驾驶人按照这些规则进行车辆操作能够保证车辆行驶的安全性，但是由于车辆操作由驾驶人主动完成，因此当驾驶人存在误操作时，就需要整车控制器能够识别其误操作，并给出合适的解决办法，以保证安全性。

例如，对于吉利 EV300 纯电动汽车，在进行上电操作时，若电子换档器处于非空档位，车辆将无法上电和正常行驶，且中控系统会提示驾驶人车辆存在微度故障。下面以吉利 EV300 纯电动汽车为例，通过实践操作来体验车辆行驶过程中，驾驶人非正常换档操作后整车控制器对于车辆的控制。该项目需要在空旷的场地，由经验丰富的驾驶人进行操作，操作时仍需注意安全。非正常换档操作试验的具体步骤如下：

1) 打开车门，驾驶人上车。
2) 关闭车门，系好安全带。
3) 驾驶人踩下制动踏板，松开驻车制动杆。
4) 将点火开关置于 ON 位。
5) 将换档旋钮由 N 位旋至 D 位。
6) 逐渐松开制动踏板，车辆开始行驶，踩下加速踏板加速车辆。
7) 在车辆正常前进过程中，将换档旋钮从 D 位旋至 R 位。
8) 车速逐渐下降，倒车影像与倒车雷达逐步开始工作，然后车辆向后行驶。

通过实践操作能够发现，当驾驶人进行非正常换档操作时，车辆受整车控制器控制，将不会立刻按照现有的档位倒车，而是车辆会首先慢慢减速，然后才开始倒车，整车控制器根据车辆运行状态，结合驾驶人操作意图，对控制进行了优化处理，防止损坏车辆的情况发生。

任务实施

一辆 4S 店在售吉利帝豪 EV300 车辆，在打开点火开关后，车辆无法正常上电，仪表板上无法显出 READY 指示灯，请对该故障进行检查。

一、仪表的静态 PDI 检测

1) 拉起驻车制动器手柄，档位置于 N 位。
2) 把点火开关置于 ON 档，观察仪表板是否显示"READY"，并做好记录。
3) 观察仪表板是否有故障灯点亮，并做好记录。
4) 记录续驶里程、剩余电量 SOC、平均电耗。
5) 踩下制动踏板，档位置于 D 位，观察仪表板档位显示情况是否正常，并做好记录。

二、中控信息娱乐系统 PDI 检测

1) 测试收音机功能是否正常，并做好记录。
2) 测试蓝牙功能是否正常，并做好记录。
3) 测试机屏互联功能是否正常，并做好记录。

三、空调系统 PDI 检测

1) 测试空调制冷系统是否工作正常，并做好记录。
2) 测试空调暖风系统是否工作正常，并做好记录。
3) 测试风量大小是否可以正常调节，并做好记录。
4) 测试风向是否可以正常调节，并做好记录。

5）测试温度是否可以正常调节，并做好记录。
6）测试循环模式是否可以正常调节，并做好记录。

四、车辆行驶测试

1）车辆起动时，观察车辆起步响应是否迅速，并做好记录。
2）车辆起动过程中是否出现异动、异响等情况，并做好记录。
3）车辆行驶过程中，踩下加速踏板，感觉加速能力是否良好，并做好记录。
4）车辆行驶过程中，踩下制动踏板，感觉制动性能是否良好，并做好记录。

五、车辆换档测试

1）将车辆档位保持 D 位不变，改变驾驶模式由 ECO 变为 SPORT，观察车辆运行是否平稳，并做好记录。
2）行驶中将档位由 D 位换至 R 位，观察车辆运行状态变化，并做好记录。

六、车辆转向测试

1）车辆低速行驶转向时，观察转向助力效果是否良好，并做好记录。
2）踩下加速踏板，观察车速提高时转向助力效果是否良好，并做好记录。
3）保持转向时，观察转向盘有无抖动现象，并做好记录。

● 项目总结 ●

本项目包括三个任务，分别是整车数据流的读取、整车控制器的检查和更换以及整车控制系统 PDI 检测。在任务 1 中，我们学习整车控制系统的功能，要求学生能够详细讲述整车控制系统的控制策略，能够准确讲述整车 CAN 网络结构，能描述 CAN 网络的作用等，能够使用解码仪读取模块数据流并根据结果判断车辆状态。在任务 2 中，我们对整车控制器进行了细致的讲解，并要求同学们能够明确指出整车控制器所在位置，能够按照厂家技术要求检查更换整车控制器，并能处理简单故障。在任务 3 中，我们对新能源车辆整车静态和运行状态的 PDI 检测进行了学习，要求学生们能够根据厂家要求，独立且正确完成车辆检查等，更高的要求是学生能够识读厂家维修手册，根据维修手册检修车辆，具备安全维修车辆的职业素养并能够与客户进行良好的沟通，具备良好的职业沟通素养。

● 实训项目 ●

实训一　电动汽车静态上电异常

一、故障现象

某驾驶人按照正常操作流程进行北汽 EV160 纯电动汽车驾驶时，发现车辆无法正常上电，并观察到仪表板上的 READY 灯未点亮，档位指示灯显示为 D 位，且档位指示灯不断闪烁，如图 2-43 所示。

图 2-43 仪表显示

二、故障诊断

(1) 安全提示　故障诊断仪与车辆和计算机连接时需注意车辆点火开关的状态；试车时注意安全操作。

(2) 读取故障码　经检测，发现车辆不存在故障码。

(3) 故障排除　通过仪表观察到档位指示灯显示为 D 位，且指示灯不断闪烁，根据所学内容可知，此故障产生的原因可能是档位信号错误，此时应关闭点火开关，检查电子换档旋钮。

(4) 故障修复　关闭点火开关，将电子换档旋钮旋至 N 位，重新打开点火开关置于 ON 位，此时发现，仪表板 READY 灯点亮，档位指示灯显示 N 位，且不再闪烁。

(5) 试车　驾驶人重新试车，发现车辆能够正常行驶，说明上电异常故障已排除。

三、故障分析

当北汽 EV160 电动汽车点火开关置于 ON 位时，显示仪表板上的 READY 指示灯未点亮，说明整车存在上电异常故障。此时应继续观察仪表是否显示有其他故障灯点亮。当档位指示灯持续闪烁时，说明车辆档位信号错误，此时应检查是否存在档位误操作及换档器功能是否正常。当驾驶人存在换档误操作时，整车控制器将不能控制车辆正常行驶，并提醒驾驶人进行车辆维修，以保证车辆驾驶人安全。

实训二　比亚迪 e5 无法上低压电故障检修

一、故障现象

踩下制动踏板，起动按钮绿色指示灯未点亮，按下起动按钮后，车辆无法上电，仪表黑屏，仪表显示一段文字"踩制动踏板"，起动车辆，制动灯未点亮。

二、故障分析

(一) 车辆低压正常上电需要满足的条件

1) 智能钥匙系统检测到智能钥匙在车内并处于起动就绪状态，通知 BCM 就绪信息。

2) BCM 感知到起动信息进行下步动作。

3) BCM 打开 IG2 并发送 CAN 起动报文，通过网关转发给 BMS。

4) BCM 同时发送 CAN 解锁报文给 ECL 转向轴锁控制器，ECL 判断信息后返给 BCM。

5) BCM 返回应答报文给 BCM 并接通蓄电池负极、预充以及正极接触器。

（二）车辆起动前提条件

1）智能钥匙进入车辆，按下点火开关后，仪表未显示"检测不到钥匙"，说明 I-KEY 正常工作，智能钥匙与车辆匹配。

2）正常情况下，踩下制动踏板，制动灯点亮，BCM 接收制动信号之后配合起动按钮上电。如果 BCM 没有接收制动信号，仪表会提示"请踩下制动踏板"，制动灯无法点亮。

三、故障初步诊断

连接诊断仪，进入车辆系统，读取故障码，未发现故障码。进入车身控制模块，踩下制动踏板读取数据流，制动信号状态：踩下无效，异常。

确认故障范围：结合仪表现象、诊断数据和电路图（图 2-44）分析，基本上可以锁定故障方向在制动灯开关及相关电路。

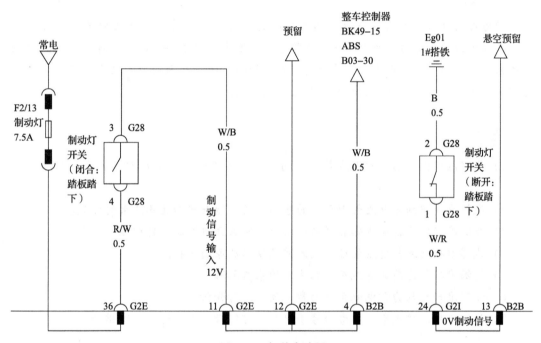

图 2-44 相关电路图

四、部件/电路测试，故障验证

先检查 BCM 制动信号输入线束，关闭起动按钮，断开蓄电池负极，踩下制动踏板，测量电路 F2/13 熔丝下游至 G2E/11 电阻（<1Ω），正常。不踩制动踏板测量电路电阻无穷大，说明制动开关正常，下一步连接蓄电池负极，测量 F2/13 熔丝上游对车的电压：12.36V，正常。测量 F2/13 熔丝下游对车的电压：0V，异常，拔出熔丝，发现熔丝熔断。

五、故障确认

F2/13 熔丝熔断，经测试熔丝输出端不存在对搭铁短路现象，并且无其他设备加装现象造成熔丝过载，因此熔丝熔断是由本身质量原因造成。

六、故障修复

更换熔丝重新上电，仪表 OK 灯点亮，正常上电。

项目三　动力蓄电池管理系统故障检修

 项目导入

　　动力蓄电池的能量储存与输出都需要通过模块来进行管理，即动力蓄电池管理系统。掌握动力蓄电池的内部组成部件与蓄电池管理系统的主要功能，理解两者之间的相互关系，理解动力蓄电池为何要进行能量管理和热管理，掌握动力蓄电池的安全管理与通信管理才能更加深入地了解动力蓄电池管理系统，并对其进行维修。

学习目标

1) 能够准确识别动力蓄电池箱内部的主要组成部件，能准确叙述各系统的组成及作用。
2) 能够准确识别蓄电池管理系统的基本组成，能准确阐述各线束的含义。
3) 能够准确阐述蓄电池热管理系统功能，能独立讲解其工作过程。
4) 能够准确阐述蓄电池管理系统的常见故障及原因分析。
5) 能够准确阐述新能源汽车故障诊断的基本思路。
6) 能够准确对动力蓄电池系统的常见故障进行分析。
7) 能够根据故障现象，参考维修手册，制订维修方案并进行故障排除。

项目三　动力蓄电池管理系统故障检修

任务 1　动力蓄电池管理系统功能解析

📖 任务解析

通过本次任务的学习，要求能够识别动力蓄电池包内部主要部件，准确阐述各部件的组成及作用；能准确阐述动力蓄电池管理系统的主要功能，要求能够对蓄电池管理系统出现的故障进行分析。

📚 知识链接

一、动力蓄电池系统基本组成

在电动汽车中，动力蓄电池与其管理系统（图 3-1）、驱动电机及其控制系统（图 3-2）、整车控制器是三个最重要的核心部件，即通常所说的"大三电"。电控空调系统（图 3-3）、电控转向系统、电控制动系统是新能源汽车的三个主要辅助系统，即"小三电"，这 6 个电气系统作为新能源汽车的关键部件，对整车的动力性、经济性、可靠性和安全性起着决定性的作用。

动力蓄电池
内部结构解析

图 3-1　动力蓄电池与其管理系统

图 3-2　驱动电机及其控制系统

图 3-3　电控空调系统

电动汽车动力蓄电池系统主要包括动力蓄电池储能系统、动力蓄电池管理系统和动力蓄电池充电系统三大部分。动力蓄电池是新能源汽车的核心，为整车提供驱动车辆行驶的电能。

动力蓄电池系统的很多零部件通常集成在一个密闭的箱体内，称为动力蓄电池箱或蓄电池包，安装在车身底部的前后桥与两侧纵梁之间，北汽 EV160 车型动力蓄电池箱如图 3-4 所示。将动力蓄电池安装在该位置具有较高的碰撞安全性，还可以降低车辆的重心，简化车身结构。

特斯拉主要采用的是 ICR 18650 型三元锂离子蓄电池，特斯拉 Model S 的蓄电池总成质量大约为 900kg，上面标示着 85kW·h，即指 85 度电的容量。蓄电池箱体由 16 个蓄电池模组连接，每个蓄电池模组里面有 444 节锂蓄电池，其中每 74 节串联到一起，所以，整个蓄电池箱体是由 7104 节 18650 锂蓄电池组成。蓄电池箱体位于车辆底盘正下方，沉重的蓄电池箱体所带来的低重心让特斯拉行驶起来更加稳定，坚硬的蓄电池箱体外壳也给车辆的驾乘人员增加了一层保护措施，特斯拉动力蓄电池箱如图 3-5 所示。

图 3-4　动力蓄电池箱

图 3-5　特斯拉动力蓄电池箱

1. 动力蓄电池箱

动力蓄电池箱内主要包括动力蓄电池模组、蓄电池管理系统、辅助元器件以及动力蓄电池箱体等部件，动力蓄电池箱内部结构如图 3-6 所示。

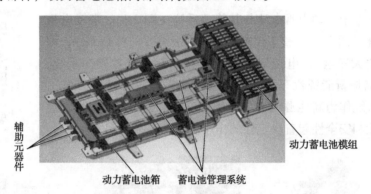

图 3-6　动力蓄电池箱内部结构

动力蓄电池箱是用来支撑、固定和包围动力蓄电池系统的组件，具有承载保护动力蓄电池模组及电气元件的作用。新能源汽车的蓄电池箱体大都是通过螺栓固定在车身底板下方，其防护等级为 IP67。当进行整车维护时需观察蓄电池箱体螺栓是否有松动，箱体是否有破损变形，密封法兰是否完整。蓄电池箱体表面不得有划痕、尖角、毛刺、焊缝及剩余油迹等外观缺陷，北汽 EV160、比亚迪 e5、长城 WEY P8、吉利帝豪 EV300 动力蓄电池内部结构分别如图 3-7~图 3-10 所示。

图 3-7　北汽 EV160 动力蓄电池内部结构

图 3-8　比亚迪 e5 动力蓄电池内部结构

图 3-9　长城 WEY P8 动力蓄电池内部结构

图 3-10　吉利帝豪 EV300 动力蓄电池内部结构

2. 单体蓄电池

单体蓄电池即电芯，是构成动力蓄电池模组的最小单元，如图 3-11 所示。单体蓄电池按正极材料来分，主要有钴酸锂、锰酸锂、磷酸铁锂以及镍钴锰酸锂三元材料等类型；按形状来分，有圆柱形和长方体形等类型；根据壳体材料不同，又有金属外壳和软包外壳等类型。

3. 蓄电池模组

蓄电池模组是指单体蓄电池经过串联或并联的方式进行组合，并设置保护电路板及外壳后能够直接提供电能的组合体，一个蓄电池模组如图 3-12 所示。蓄电池模组的组合方法主要有先并后串、先串后并和混联三种，是组成动力蓄电池系统的次级结构之一，连接在一起的蓄电池模组如图 3-13 所示。

图 3-11　单体蓄电池

图 3-12　一个蓄电池模组

图 3-13　连接在一起的蓄电池模组

4. 辅助元器件

动力蓄电池箱内部的辅助元器件按照作用分类，主要有高压控制盒、继电器组件、信息采集元件（温度传感器）、温度调节元件（电加热膜）、分流器以及高低压连接线束等部件。以北汽 EV160 为例，辅助元器件见表 3-1。

动力蓄电池辅助元器件认知及检测

表 3-1 辅助元器件

名称	图示	名称	图示
高压控制盒		高压继电器	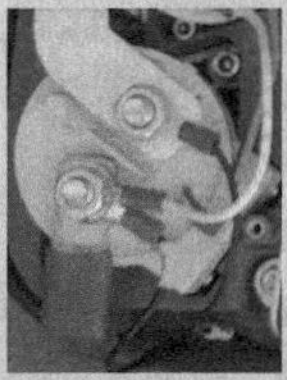
维护插接器	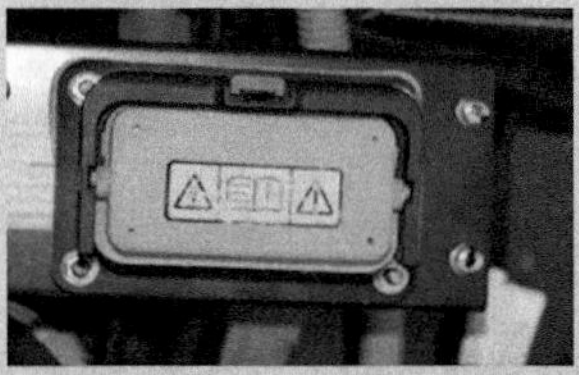	高压断路器	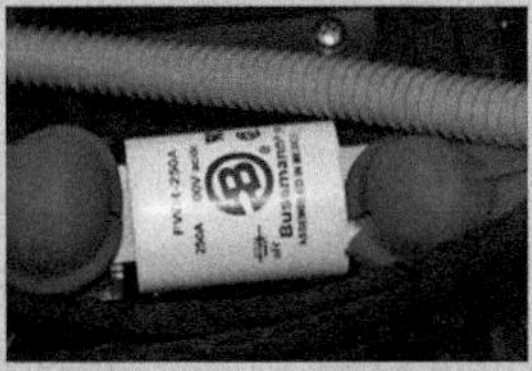
电加热膜		温度传感器	
预充电阻		加热断路器	
分流器	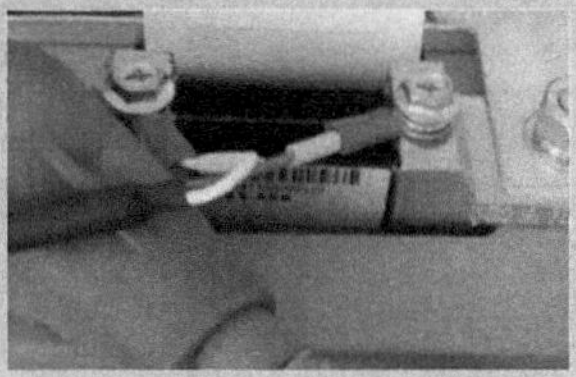	连接线束	

（1）高压控制盒（器） 高压控制盒的主要作用是采集总电压、电流、检测高压绝缘情况等，然后通过 CAN 总线传输给主控盒。

（2）高压继电器 蓄电池包内通常设有多个高压继电器，也称为断路器或继电器。蓄电池管理系统要完成对继电器的驱动与状态进行检测，通过与整车控制器通信协调后进行控制。蓄电池包内的继电器一般有总正、总负、预充以及加热继电器等。

（3）维护插接器 维护插接器也称为维修开关或紧急开关，在特定时刻能够实现高压系统的电气隔离，是保证电动汽车高压电气安全的关键部件。在车辆维修或存在漏电危险等特殊情况时，使用维修开关可人工切断高压电路。

（4）高压断路器 高压断路器也称为熔断器或动力蓄电池主保险，它串联在被保护电路中,用来保护电气设备免受过载和短路电流的损害。

(5) 电加热膜 动力蓄电池的电加热膜外表为一层绝缘硅胶,因此又称为硅胶电热膜或硅橡胶电热片。它是一种由耐高温、高导热、绝缘性能好、强度高的硅橡胶和耐高温的纤维增强材料以及金属发热膜电路集合而成的软性电加热膜元件。

(6) 温度传感器 为了保证蓄电池的使用性能必须使蓄电池工作在合理的温度范围之内。温度传感器用来检测动力蓄电池电芯温度。

(7) 加热断路器 当动力蓄电池的加热电流过大时加热断路器熔断,用来保护加热系统零部件。

(8) 预充电阻 根据电动汽车的安全标准条例,对于高于 60V 的高压系统,其上电过程必须大于 100ms。在上电过程中应该采用预充过程来缓解高压冲击,以提高整车的安全性能。

预充管理是新能源汽车必不可少的重要环节,其主要作用是给电机控制器的大电容进行充电和缩小高压系统电压差,以减少高压继电器在接触时产生的火花拉弧,降低冲击、增加安全性。预充电阻与预充继电器配合工作,共同完成车辆的预充电过程,预充电路图如图 3-14 所示。

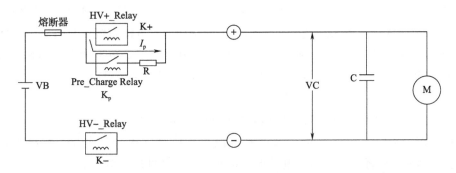

图 3-14 预充电路图

(9) 分流器 新能源汽车动力蓄电池工作电流的测量方案主要有霍尔式电流传感器和电阻分流器两种。分流器是一个能够通过极大电流的电阻,其电阻值是严格设计好的,串接在直流电路里。当高压电流过分流器时,分流器两端产生毫伏级直流电压差值信号,该信号输送给蓄电池管理系统,用以计量该直流电路里的电流值,分流器如图 3-15 所示。

(10) 连接线束 动力蓄电池箱体内部连接线束主要分为高压线缆、低压线缆和 CAN 信号线,各种连接线束如图 3-16 所示。

图 3-15 分流器

图 3-16 各种连接线束

二、蓄电池管理系统

动力蓄电池管理系统介绍

蓄电池存在下面的一些缺点，如存储能量少、寿命短、串并联使用问题、使用安全性问题、蓄电池电量估算困难等。蓄电池的性能是很复杂的，不同类型的蓄电池特性亦相差很大。在《电动汽车术语》（GB/T 19596—2017）中蓄电池管理系统（Battery Management System，BMS）的定义：监视蓄电池的状态（温度、电压、荷电状态等），可以为蓄电池提供通信、安全、电芯均衡及管理控制，并提供与应用设备通信接口的系统。

蓄电池管理系统作为蓄电池和整车控制器（VCU）以及驾驶人沟通的桥梁，通过控制接触器控制动力蓄电池组的充放电，并向 VCU 上报动力蓄电池系统的基本参数和故障信息。蓄电池管理系统不仅要保证蓄电池安全可靠，而且要充分发挥蓄电池的能力和延长蓄电池的使用寿命，是蓄电池保护和管理的核心部件。

1. 蓄电池管理系统的结构

蓄电池管理系统主要包括数据采集单元、计算以及控制单元、均衡单元、控制执行单元和通信单元等。BMS 的软件用于监测蓄电池的电压、电流、SOC 值、绝缘电阻值、温度值，通过与 VCU、车载充电机的通信，来控制动力蓄电池系统的充放电。BMS 的硬件包括主板、从板及高压盒，还包括采集电压、电流、温度等数据的电子器件，蓄电池管理系统组成、架构、电器架构、运行数据分别如图 3-17～图 3-21 所示。

2. 蓄电池管理系统的工作原理

蓄电池管理系统的工作原理可以简要概括如下几点（图 3-22）：

1) 数据采集电路（传感器）采集蓄电池状态信号（电压、电流、温度等）数据后，通过 CAN 总线将数据传送给电子控制单元进行数据处理和分析。

2) 然后蓄电池管理系统根据分析结果对系统内的相关功能模块（执行器）发出控制指令（如控制风机开、关等），并向外界传递参数信息。

3) 蓄电池管理系统也能通过 CAN 与组合仪表、车载充电机等进行通信，实现参数显示、充电监控等功能。蓄电池管理系统的工作原理如图 3-22 所示。

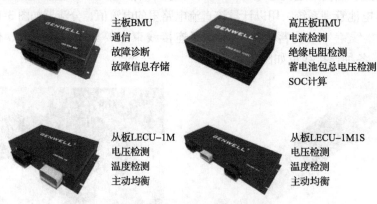

图 3-17 蓄电池管理系统组成

项目三 动力蓄电池管理系统故障检修

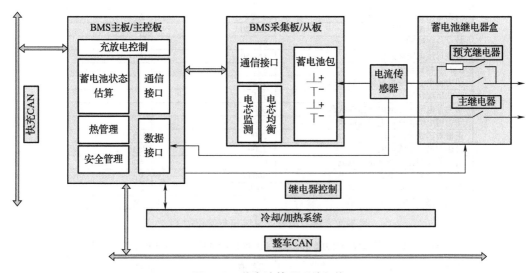

图 3-18 蓄电池管理系统架构

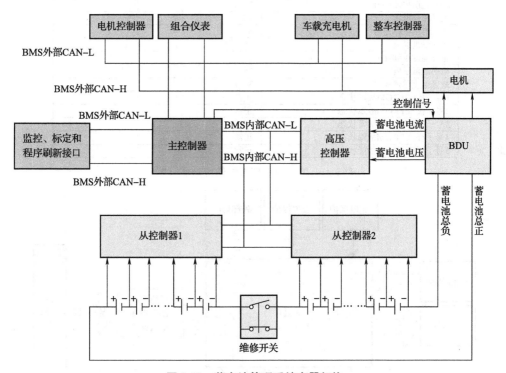

图 3-19 蓄电池管理系统电器架构

EV160-2016款>>系统选择>>动力蓄电池系统（BMS）（2017年4月1日以前生产）>>数据流

名称	当前值	单位
动力蓄电池内部总电压	326.20	V
动力蓄电池充放电电流	0.00	A
动力蓄电池外部总电压	326.20	V
整车状态机编码	30	
直流母线电压实际值	163.50	V
BMS自检计数器	3	
动力蓄电池负端继电器当前状态	开启	
冷却风扇状态	开启	
动力蓄电池正端继电器当前状态	关闭	
动力蓄电池预充继电器当前状态	关闭	
正极对搭铁绝缘电阻	2000	kΩ
负极对搭铁绝缘电阻	2000	kΩ
动力蓄电池允许最大充电电流	0.0	A
动力蓄电池允许最高充电端电压	360.00	V
当前状态允许最大放电功率	70.00	kW
当前状态允许最大馈电功率	38.40	kW

图 3-20　蓄电池管理系统运行数据（1）

EV160-2016款>>系统选择>>动力蓄电池系统（BMS）（2017年4月1日以前生产）>>数据流

名称	当前值	单位
动力蓄电池SOC	26	%
动力蓄电池可用容量	0.20	Ah
动力蓄电池可用能量	0.06	kW·h
电芯最高电压	3.26	V
最高电压单体序号	35	
电芯最低电压	3.25	V
最低电压单体序号	83	
电芯最高温度	16	℃
最高温度单体序号	1	
电芯最低温度	15	℃
最低温度单体序号	3	
1号子板EEPROM故障状态	正常	
2号子板EEPROM故障状态	正常	
3号子板EEPROM故障状态	正常	
4号子板EEPROM故障状态	正常	
5号子板EEPROM故障状态	正常	

图 3-21　蓄电池管理系统运行数据（2）

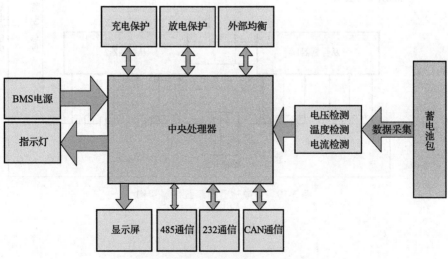

图 3-22　蓄电池管理系统的工作原理

3. 蓄电池管理系统的功能

蓄电池管理系统的功能（图3-23）主要包括数据采集、状态估计、热管理、数据显示与通信、安全管理、能量管理和故障诊断。其中前六项为蓄电池管理系统的基本功能。能量管理功能中包括了蓄电池电量均衡的功能。

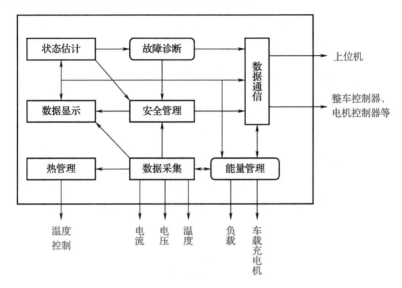

图3-23 蓄电池管理系统的功能

（1）数据采集 数据采集是蓄电池管理系统所有功能的基础，需要采集的信息有蓄电池组总电压、电流、蓄电池模块电压和温度。蓄电池的荷电状态和剩余电量的计算、充放电优化、故障预警等功能都是以监测的各种蓄电池参数为依据的。

①电压采集。蓄电池的电压最能体现蓄电池的性能状态，既可以用于过充、过放等故障保护，也可以用于初步估计蓄电池的剩余电量。蓄电池组中每块蓄电池两端的引线也接入蓄电池管理系统主体部分，以实现蓄电池管理系统对蓄电池组总电压、每块蓄电池端电压的信号采集，电压数据采集及其处理如图3-24所示。

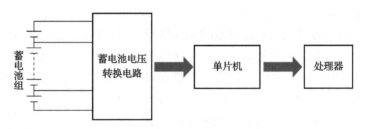

图3-24 电压数据采集及其处理

②电流采集。电流采集可用于判断是否出现过放或过流。还可以通过对电流与时间的积分，估算蓄电池的剩余电量等。在蓄电池箱中安装有检测蓄电池组电流的霍尔传感器，霍尔传感器把检测到的蓄电池组电流信号输入蓄电池管理系统的中央处理器中，如图3-25所示。

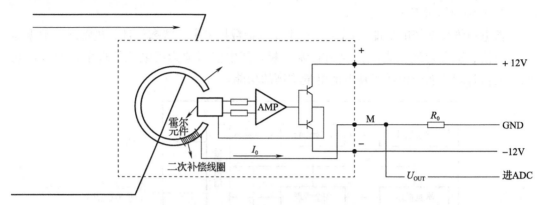

图 3-25 电流数据采集及其处理

③温度采集。温度采集主要是用于防止蓄电池组温度过高，发生安全事故，并对剩余容量计算进行补偿，蓄电池组上每块蓄电池表面安装了温度传感器，它们检测到的各块蓄电池温度信号送入蓄电池管理系统中央处理器中，温度数据采集及其处理如图 3-26 所示。

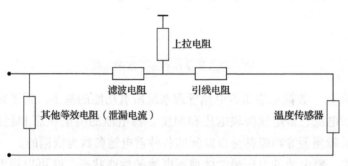

图 3-26 温度数据采集及其处理

（2）状态估计 用于蓄电池状态估计的参数主要有两个，分别是蓄电池组剩余电量（SOC）和蓄电池组健康状态（SOH）。

SOC 用来提示动力蓄电池组剩余电量，是计算和估计电动汽车续驶里程的基础，SOC 是防止动力蓄电池过充电和过放电的主要依据。只有准确估算蓄电池组的 SOC，才能有效提高动力蓄电池组的利用效率，保证动力蓄电池组的使用寿命。准确估算蓄电池 SOC，可以保护蓄电池，提高整车性能，降低对动力蓄电池的要求以及提高经济性等。其值为蓄电池在一定放电倍率下，剩余电量与相同条件下额定容量的比值，SOC 的计算公式如图 3-27 所示。

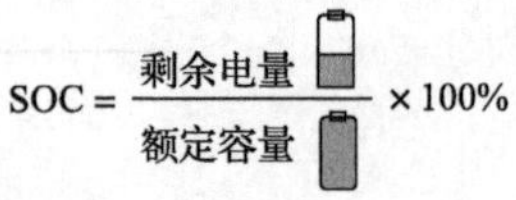

$$SOC = \frac{剩余电量}{额定容量} \times 100\%$$

图 3-27 SOC 的计算公式

在行业内，一般用蓄电池的 SOH 表示蓄电池的健康状态，按照 IEEE1188—1996 标准，当蓄电池使用一段时间后，蓄电池充满电时的容量低于蓄电池额定容量的 80% 后，蓄电池就应该被更换。根据这个标准，可以为 SOH 进行如下定义：在某一条件下蓄电池可放出电量与蓄电池额定容量的比值，SOH 的计算公式如图 3-28 所示。

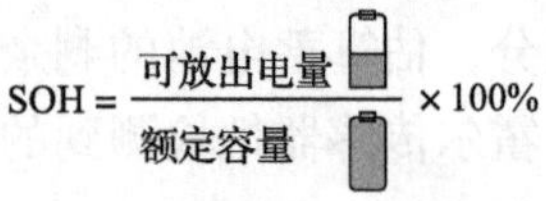

$$SOH = \frac{可放出电量}{额定容量} \times 100\%$$

图 3-28 SOH 的计算公式

（3）热管理　热管理主要是对动力蓄电池组的冷却系统和冷却装置（风扇或液泵）的检测及控制。当蓄电池工作温度高于适宜工作温度上限时对蓄电池进行冷却，低于适宜工作温度下限时对蓄电池进行加热，使蓄电池工作在适当的温度范围内，并在蓄电池工作过程中降低各个蓄电池模块的温度差异，保持单体蓄电池间温度的均衡。对于大功率放电和高温条件下使用的蓄电池，蓄电池的热管理尤为必要，蓄电池组正面、背面热量分布分别如图3-29、图3-30所示。

图3-29　蓄电池组正面热量分布

图3-30　蓄电池组背面热量分布

热管理主要具有以下功能：蓄电池温度的准确测量和监控、蓄电池组温度过高时的有效散热和通风、低温条件下的快速加热、有害气体产生时的有效通风及保证蓄电池组温度场的均匀分布。

①蓄电池的冷却方式。动力蓄电池作为纯电动汽车的动力来源，是提高整车性能和降低成本的关键一环，其温度特性直接影响电动汽车的性能、寿命和耐久性。

BTMS中按照能量提供的来源分为被动式冷却和主动式冷却，其中只利用周围环境冷却的方式为被动式冷却；组装在系统内部的、能够在低温情况下提供热源或者在高温条件下提供冷源，主动元件包括蒸发器、加热芯、电加热器或燃料加热器等的冷却方式为主动式冷却，如图3-31所示。

图3-31　主动式冷却

②风冷方式。风冷方式的主要优点有：结构简单，质量相对较小；没有发生漏液的可能；有害气体产生时能有效通风；成本较低。缺点有：其与蓄电池壁面之间换热系数低，冷却、加热速度慢。图3-32所示为串联流道，图3-33所示为并联流道。

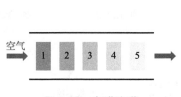

图3-32　串联流道

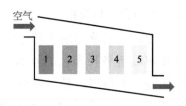

图3-33　并联流道

③液冷方式。液冷方式的主要优点有：与蓄电池壁面之间换热系数高，冷却、加热速度快；体积较小。主要缺点有：存在漏液的可能；质量相对较大；维修和保养复杂；需要水套、换热器等部件，结构相对复杂。图3-34所示为串联流道，图3-35所示为并联流道。

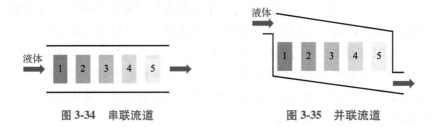

图 3-34 串联流道　　　　　图 3-35 并联流道

（4）数据显示与通信　蓄电池管理系统通过通信接口实现蓄电池参数、信息与车载设备或非车载设备的通信，为充放电控制、整车控制提供数据依据，是蓄电池管理系统的重要功能之一。根据需要，数据交换可采用不同的通信接口，主要类型有模拟信号、脉宽调制（PWM）信号、CAN 总线、串行通信接口等。

①数据通信。目前，单体蓄电池采用串行通信接口，BMS 中的数据通信主要采用 CAN 总线通信。BMS 中一般采用双 CAN 网络，其内部各模块之间使用一个内部 CAN 网络，与外部整车 CAN 通信网络采用另外一个 CAN 总线通信接口接入，各系统之间的数据通信如图 3-36 所示。

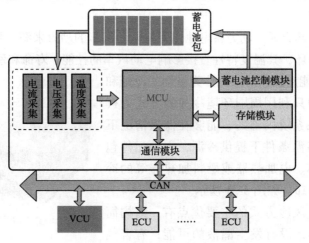

图 3-36　各系统之间的数据通信

另外，每个 BMS 基本上都留有与外部计算机或诊断仪器通信的接口，便于在计算机上对蓄电池数据信息进行分析。

②数据显示。显示单元用于蓄电池模块的状态以及 SOC 等各种参数的显示、操作等，并可保存相关数据。显示数据主要有蓄电池组的总电压、蓄电池组总电流、蓄电池组最高/最低温度、单体蓄电池最高/最低电压、蓄电池电量（SOC）、蓄电池故障报警信息、数据采集模块的蓄电池详细信息，如图 3-37 所示。

（5）安全管理　安全管理主要用于监

图 3-37　显示数据主要内容

视蓄电池电压、电流、温度等是否超过正常范围，防止蓄电池组过充电、过放电，及时准确地掌握蓄电池组或单体蓄电池的各项状态信息，在异常状态出现时及时发出报警信号或断开电路，防止意外事故的发生。

（6）能量管理　能量管理是指对电流的充放电控制，即按事先设定的充放电控制标准，根据 SOC、SOH 和温度来限定蓄电池的充放电电流，并对蓄电池组单体或模块进行电量均衡等，可有效防止过充电或过放电。能量管理主要包括充电过程控制和放电功率控制两个部分，能量管理路线如图 3-38 所示。

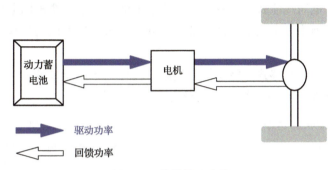

图 3-38　能量管理路线

①充电控制。充电过程控制依据电流、电压、温度、SOC 和 SOH 为输入来进行。在充电过程中，BMS 和充电机联机通信交换数据，共同实现对蓄电池组的优化充电，做到尽可能减少对蓄电池组任何单体的损坏，同时使充电时间在一定范围之内，电动汽车充电如图 3-39 所示。

②放电功率控制。放电功率控制是以 SOC、SOH 和温度等参数为条件来进行的，也可以称为负载管理，它是 BMS 的一个基本功能。BMS 与负载控制连接，避免蓄电池组过度放电使用。

过放电包括以下情况：长期运行中的深度放电使用，表现为单体电压趋于低压警戒及温度过高、过低或温升过大、剩余电量过小；起动、加速、爬坡、重载时发生的过强度放电，以及减速逆变充电时的过强度充电，统一表现为电压、电流、温度的超范围变化；高低温、低压等情况下，对功率、电流、电压剩余电量等参数的限制使用，图 3-40 所示为使用寿命与放电深度之间的关系。

图 3-39　电动汽车充电

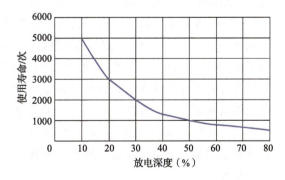

图 3-40　使用寿命与放电深度之间的关系

③能量均衡控制。蓄电池组的工作状态由组内最差单体蓄电池决定，蓄电池的一致性差异直接影响蓄电池组的性能。在蓄电池组各个蓄电池之间设置均衡电路、实施均衡控制，是为了使各单体蓄电池充放电的工作情况尽量一致，提高整体蓄电池组的工作性能。

均衡控制是在监控充电和过放电的前提下进行的。过充电和过放电保护是控制蓄电池的充放电电压，电压超过一定值时，保护并关断电路。均衡控制是在关断保护前，使蓄电池组内各单体蓄电池的电压一致，或相差很少。

被动均衡，即电阻耗能式，在每一个单体蓄电池上并联一个电阻分流，耗能均衡就是将容量多的蓄电池中多余的能量消耗掉，实现整组蓄电池电压的均衡，有硬件和软件两种实现方案。

主动均衡，即能量转移式，将单体能量高的转移到单体能量低的，或用整组能量补充到最低单体蓄电池，图 3-41 所示为能量均衡和控制效果。

图 3-41　能量均衡和控制效果

（7）故障诊断　即使采用了各方面性能都较为优秀的蓄电池，现有的车用蓄电池在随车使用中也依然存在一系列的问题，最突出的表现就是：蓄电池在运行过程中无法及时准确地预测与监控其状态，蓄电池经常出现过充电、过放电、过热，且蓄电池充放电特性受环境条件影响较大。这些情况不仅损害了蓄电池本身的寿命，而且造成车辆使用者成本增加，严重的还将出现车辆停驶、损坏甚至烧毁爆炸等极端危险的情况。因此，为了保护任意车辆工况下蓄电池的安全性同时将蓄电池的实时参数反馈给车辆控制器，需要设计蓄电池管理系统，保证蓄电池正常运行、保护蓄电池使用寿命和驾驶人安全，断电停机的触发条件如图 3-42 所示。由于蓄电池管理系统性能的优劣会严重影响蓄电池安全和整车控制策略的执行，所以必须对蓄电池管理系统进行故障诊断，以便整车控制系统根据当前的蓄电池及其管理系统的状态优化整车控制策略，提高整车的动力性和行车安全性。

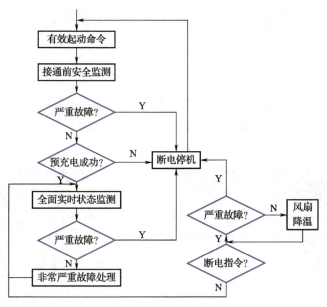

图 3-42 断电停机的触发条件

三、热管理功能解析

1. 热管理系统概述

动力蓄电池组作为电动汽车的动力来源，其充电和做功时的发热一直阻碍着电动汽车的发展。动力蓄电池组的性能与蓄电池温度密切相关，40℃以上的高温会明显加速蓄电池的衰老，更高的温度（如120℃以上）则会引起蓄电池热失效。

动力蓄电池组的热管理的工作状态包括：蓄电池组在充放电时会释放一定的热量，故需要对蓄电池组进行冷却；在低温环境下，需要对蓄电池组进行加热处理，以提高运行效率。

动力蓄电池组采用热管理的作用是：通过对动力蓄电池组冷却或加热，保持动力蓄电池组较佳的工作温度，以改善其运行效率并提高蓄电池组的寿命。

吉利新能源汽车如帝豪EV450、帝豪GSe、博瑞GE等均采用水冷的形式进行冷却或加热。如图3-43~图3-46所示为蓄电池内部冷却管路组成图。

图 3-43 上层后部冷却管

图 3-44 上层前部冷却管

图 3-45 下层冷却管

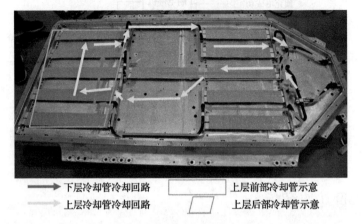

→ 下层冷却管冷却回路　　□ 上层前部冷却管示意
⇢ 上层冷却管冷却回路　　▱ 上层后部冷却管示意

图 3-46 蓄电池内部冷却回路

2. 动力蓄电池冷却系统

（1）功能描述　当蓄电池有冷却需求时，动力蓄电池冷却系统实现蓄电池冷却功能，其框图如图 3-47 所示。

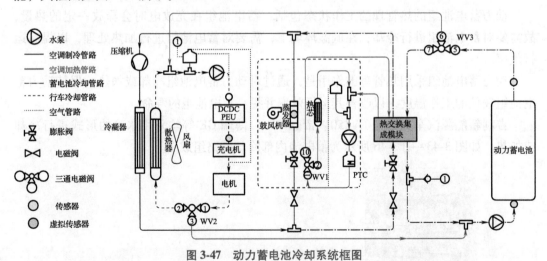

图 3-47 动力蓄电池冷却系统框图

（2）参数要求　冷却液温度参考目标值为 22℃。

（3）冷却条件

①交直流、行车均可启动动力蓄电池冷却，智能充电、对外放电，不进行冷却。

②车辆 READY 档下，BMS 发送冷却"关闭"命令后，应保证蓄电池最大温差小于

等于10℃，否则BMS记录故障，并发送故障码。

③冷却时，当电芯温度满足冷却开启阀值时，检测冷却液温度低于10℃时，开启匀热命令，冷却液温度在10℃至22℃之间保持当前状态（匀热或者冷却），当冷却液温度高于22℃时发送冷却请求（冷却的目标温度为22℃）。

蓄电池冷却系统运行框图实物图与涉及元件分别如图3-48、图3-49，蓄电池冷却系统元件见表3-2。

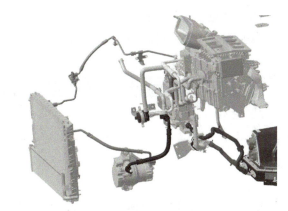

图3-48　蓄电池冷却系统运行框图实物图

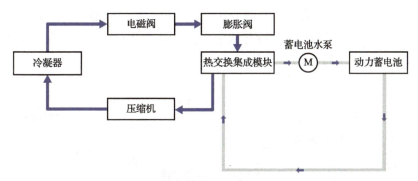

图3-49　蓄电池冷却系统运行框图涉及元件

表3-2　蓄电池冷却系统元件

压缩机	热交换器	动力蓄电池
蓄电池水泵	冷凝器	

(4) 控制逻辑

①冷却系统中，BMS 根据单体蓄电池最高温度，发送热管理控制信号，同时，发送目标冷却液温度、入口冷却液温度和冷却液温度传感器故障这三类信号。

②当蓄电池最高温度大于 55℃ 时，动力蓄电池无法上高压放电，车辆处于 ON 档，不启动蓄电池冷却，同时 BMS 发送蓄电池高温故障信息。

③当蓄电池最高温度小于 55℃ 时，BMS 发送热管理控制命令时，需要先判断 SOC 状态，SOC 值太低，BMS 不发送热管理控制命令。

热管理冷却状态与状态变化条件关系见表 3-3，其中 T 表示蓄电池最高温度。

表 3-3　热管理冷却状态与状态变化条件关系

热管理冷却状态	状态变化条件
冷却开启条件	$T \geq 38℃$
冷却关闭条件	$T \leq 32℃$

3. 蓄电池加热系统

(1) 功能描述

①PTC 蓄电池加热功能：当动力蓄电池单体温度过低，可以启动 PTC 给动力蓄电池加热。

②行车过程电机加热功能：车辆在行车过程中检测蓄电池最低点温度低于电机冷却液冷却回路，此时将电机冷却回路冷却液引入到蓄电池冷却回路，给蓄电池加热，蓄电池加热系统框图如图 3-50 所示。

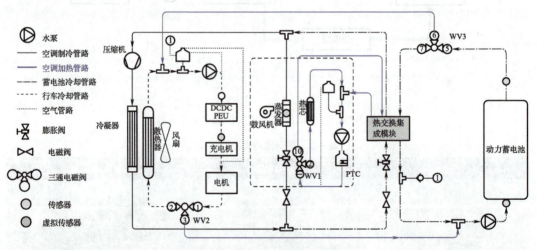

图 3-50　蓄电池加热系统框图

(2) 参数要求　冷却液温度参考目标值为 40℃。

(3) 加热条件

①交直流、行车均可启动动力蓄电池加热，智能充电、对外放电，不进行加热。

②加热系统中，BMS 根据单体蓄电池最低温度值发送热管理信号，同时，发送目标冷却液温度、入口冷却液温度和冷却液温度传感器故障这三类信号。

③加热、匀热和关闭命令不能同时发送，BMS 一次只能发送一个命令。
④行车加热系统启动前，动力蓄电池的本体温度不能低于-30℃。
⑤快充和慢充通过蓄电池加热系统启动前，动力蓄电池的本体温度不能低于-20℃。
⑥PTC 电池加热。

开启加热条件：检测蓄电池最低点温度 T_{cell}≤-18℃（标定值）。

关闭加热条件：检测蓄电池最低点温度 T_{cell}≥-8℃（标定值）。

⑦行车电机冷却回路给蓄电池加热。

开启加热条件：检测蓄电池最低点温度-10℃<T_{cell}≤15℃。（标定值）。

关闭加热条件：检测蓄电池最低点温度 T_{cell}≥20℃（标定值）。

(4) 各控制系统工作的前提条件

1) VCU 需满足条件。

①VCU 检测车辆处于 READY 状态。

②从 BMS 收到加热请求信号。

③满足以上①、②条件之后，VCU 根据单体蓄电池最低温度及电机冷却回路温度、蓄电池冷却回路温度计算热管理请求状态：PTC 加热、电机冷却回路加热、匀热。各部件的控制方式见表 3-4。

表 3-4 各部件的控制方式

系统	部件	控制方式	控制模块
蓄电池冷却回路	水泵	PWM	ATC
	三通电磁阀（WV3）	LIN	ATC
电机冷却回路	三通电磁阀（WV2）	LIN	ATC
	水泵	PWM	VCU

2) BMS 需满足条件。

①前提条件：BMS 判断车辆处于行车状态。

②BMS 通过判断单体蓄电池最低温度，发送加热或停止加热请求至 VCU。

3) ATC 需满足条件。ATC 接收到加热请求后，做如下判断：

①如果接收 VCU 加热信号是采用电机冷却回路给蓄电池加热信号，开启蓄电池冷却回路水泵，同时 ATC 控制电机冷却回路三通阀（WV2）①③阀门开启、关闭②阀门，控制三通阀（WV3）⑤⑥接通、关闭⑦阀门，接通后把电机冷却回路热冷却液接入蓄电池冷却回路给蓄电池加热。

无热管理需求时，ATC 控制三通阀恢复为默认状态，将蓄电池冷却回路从电机冷却回路分开。

②如果接收 VCU 加热信号是采用 PTC 给蓄电池加热信号，优先保证驾驶室内温度达到设定值后，开启蓄电池冷却回路水泵，同时 ATC 控制三通电磁阀（WV1）①⑩回路开启，WV2 和 WV3 处于默认状态。

行车加热回路组成元件见表 3-5。

表 3-5 行车加热回路组成元件

膨胀罐	电机控制器	充电机
驱动电机	电机水泵	热交换器
动力蓄电池	蓄电池水泵	三通电磁阀

行车加热回路功能框图及其实物图分别如图 3-51 和 3-52 所示。

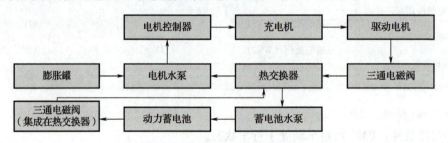

图 3-51 行车加热回路功能框图

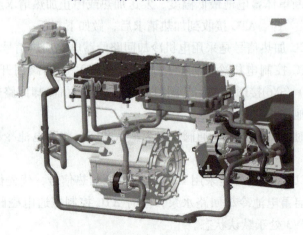

图 3-52 行车加热回路功能框图实物图

PTC 加热回路功能组成元件，见表 3-6。

表 3-6　PTC 加热回路功能组成元件

加热水泵	热交换器	动力蓄电池
蓄电池水泵	PTC 加热器	膨胀罐

PTC 加热回路功能框图及其实物图分别如图 3-53 和图 3-54 所示。

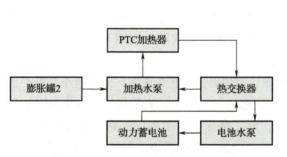

图 3-53　PTC 加热回路功能框图

图 3-54　PTC 加热回路功能框图实物图

四、动力蓄电池管理系统故障分析

BMS 故障目前分为 3 个等级：一级故障较为严重，可引起起火、爆炸及触电等问题，造成动力蓄电池的严重损害，甚至引起整车报废；二级故障一般是硬件问题，包括制动能量回收停止、充电停止及动力蓄电池不能正常工作等问题，发现问题后需要进行系统检测排查，严重时需要更换硬件设备；三级故障是轻微故障，该故障一般不会造成严重威胁，但是对某些功能可能造成限制，如功率和加速等。通常可能是环境温度变化对动力蓄电池造成影响，使动力蓄电池报警劣化。下面对几个故障实例进行分析。

1. CAN 总线通信故障

BMS 与整车采用 CAN 总线与整车控制器（VCU）进行通信，从而获得蓄电池组详细数据，如果 CAN 总线通信出现故障会对汽车运行造成极大影响。

CAN 总线通信故障排除，首先根据系统原理图依次进行检查，检查电源线是否脱落、端子是否虚接，如果没有问题，接下来要进一步排查。在 BMS 上电没有问题的前提下，要将万用表调到直流档位置检查 CAN-H 与 CAN-L 通信电路的电压是否正常，若电压值在 1.5V 左右，则为正常；反之，BMS 硬件系统有问题，需要维修，严重时需要更换。

2. 动力蓄电池电压低

动力蓄电池组满电静置后检测到 BMS 报警，蓄电池均衡出现问题，动力蓄电池单体电压某一只或多只偏低，其余正常。故障原因可能有以下几种：BMS 采集误差；蓄电池均衡出现失效；动力蓄电池组电芯自放电率太高；电芯容量过低，在放电时电压下降较快等。

故障处理方法如下：检查动力蓄电池电压采样线是否断裂或虚接，蓄电池均衡是否正常，若有问题则需更换。如果问题较为严重，则需要更换动力蓄电池包。

3. SOC 异常

SOC 即蓄电池的荷电状态，是动力蓄电池的剩余电量和最大可用容量的比值。SOC 故障现象是在整车系统工作过程中，SOC 数值变化较大且反复跳跃。

故障的原因：电流数据不准确；传感器输出信息与主机程序不准确；动力蓄电池长期未进行深度放电；数据采集单元出现故障；SOC 不能自动校准。

故障处理方式：通过软件来校正电流；改变主机程序数据；更换电流传感器或者对动力蓄电池进行深度放电；对数据采集单元进行检查或更换。通常建议对动力蓄电池组每周进行 1 次深度放电，校准数据。

4. 主继电器不吸合

电动汽车上电即起动，需要蓄电池通过 BMS 控制动力蓄电池组主继电器吸合，从而接通整车高压电路，使整车正常运行。如果主继电器出现故障，则整车不能正常起动。通常故障原因可能是 BMS 出现故障，继电器烧毁等。

故障解决方法：首先对 BMS 硬件进行检测，看电路连接是否正常，插接器连接是否正确，最后整体检测。继电器烧毁可能是车辆在高速行驶过程中，突然偶发紧急事故，如紧急制动并按了紧急状况停车按钮，突然之间切断了高压，由于高压电路中有较大的工作电流，突然断开后产生电火花造成继电器的严重烧蚀。继电器烧毁需进行全部更换。

5. 温度采集故障

电动汽车动力蓄电池组温度控制至关重要，温度过低易造成动力蓄电池容量下降；动力蓄电池温度过高影响使用寿命，严重可导致自燃。所以，检测动力蓄电池温度参数，对动力蓄电池的使用有着很重要的意义，温度过低时加热，温度过高时要开启冷却系统。

动力蓄电池温度采样故障诊断方法是延长电动汽车动力蓄电池使用寿命的重要方法，同时也保证动力蓄电池安全。在故障发生时，首先要对温度采样进行诊断，若采样温度值不准确，误差范围较大，则可能是温度采样传感器出现问题；如果不是，则可能是电路出现松脱或虚接，需要进行检测。

6. 供电后整个系统不工作

当 BMS 上电完成，主继电器闭合，系统供电，无故障报警，但整个系统仍然不工作，则需要拔开维修开关，断开整车高压电路，确定没有危险后进行故障诊断。原因可能是整车供电异常、线束短路或断路或 DC/DC 变换器无电压输出等。

故障解决方法：首先要采取观察法，检查外部电路是否出现破损，如果没有则需要进一步检查；继续检查外部蓄电池系统供电是否正常，电压是否达到 BMS 上电最低要求；还要看蓄电池是否加了限流设置，如果有则会导致 BMS 供电功率过小，发现后需要进行外部电源调整，使其达到使用要求。如果上述都没有问题，则需要查看低压电输出装置 DC/DC 变换器是否正常，是否有电压输出，如果发现异常则需要更换损坏的 DC/DC 变换器。

7. 高压互锁故障

纯电动汽车整车高压电达到 300V 左右，如果发生漏电对用户来说是十分危险的。为了降低这种风险发生的概率，采用高压互锁，这是保障纯电动汽车高压安全的一个重要措施。高压互锁是用低压电信号来检测高压电路是否出现异常的一种安全保护方式，不同高压器件有不同的设计，主要对人为操作进行保护。故障现象有驱动电机不上电；车辆无法继续行驶；仪表板显示"高压互锁"故障。

高压互锁原理及检测方法

故障解决方法：对整车高压部件进行检测，包括对车载充电机、高压配电箱、电机控制器及 DC/DC 变换器等进行电路检测。以 DC/DC 变换器为例，DC/DC 变换器是将高压电转换成低压电给整车低压电器使用的设备。检测时，首先要检测 DC/DC 变换器继电器端子是否插接牢固，继电器高、低压端子如果出现不牢靠则要重新插接，确保牢靠。如果还有问题则需要用电压表测量 DC/DC 变换器高压输入端口，在高压上电时是否有短时高压，如果有则说明 DC/DC 变换器故障，需要更换。如果 DC/DC 变换器继电器上电时一直不闭合，应测量继电器电压驱动端，如果没有 12V 电压，可能是主板故障，更换即可。

📝 任务实施

本任务主要认知蓄电池包内部元器件和部件结构。

一、认知蓄电池包内部元器件

请同学们认真观察图 3-55，说出各部件名称，阐述各零部件作用并在实训台架上指出其相应的位置。

图 3-55　蓄电池包内部元器件

二、认知蓄电池包内部部件结构

1）请同学们认真观察图 3-56，指出各数字所代表的零部件名称，阐述其作用，并在实训台架上指出其安装位置。

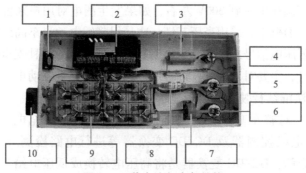

图 3-56 蓄电池包内部结构

2）请同学们认真观察图 3-57，判断蓄电池的组合方式。

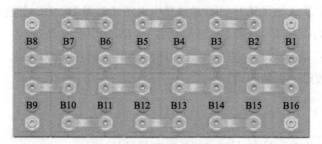

图 3-57 蓄电池组模式

3）请同学们认真观察图 3-58，确定上电时和下电时总负极继电器 K6、总正极继电器 K2 和预充继电器 K1 的工作顺序。

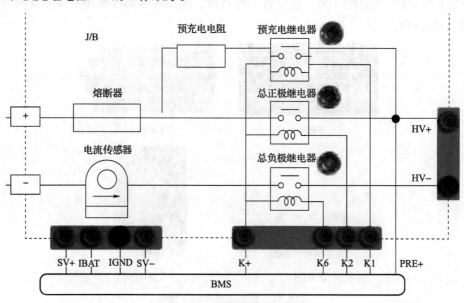

图 3-58 继电器的连接关系

4）请同学们在实训台架上（图 3-59）测量 C10- 与 C11- 之间电压值和 C01+ 与 C16- 之间电压值。当单体蓄电池 11 欠压时，测量 C10- 与 C11- 之间电压值和 C01+ 与 C16- 之间电压值。

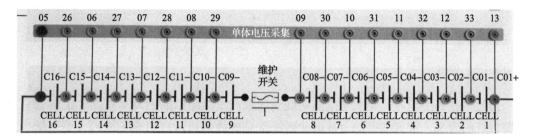

图 3-59　各单体电池的连接关系

据此我们可以得出结论：单体蓄电池其中一组欠电压后蓄电池组总电压将下降，并且由此可确定系统中蓄电池组的连接方式为串联。

5）蓄电池台架工作正常时测量温度传感器 T1、温度传感器 T2 的电压值。观察此时正极继电器和负极继电器均处于吸合状态，蓄电池箱风扇不转。

当我们设置蓄电池箱中温度传感器 T1（蓄电池温度过高）时，测量温度传感器 T1、温度传感器 T2 的电压值。观察此时正极继电器和负极继电器均处于断开状态，蓄电池箱风扇转动。温度传感器的连接关系如图 3-60 所示。

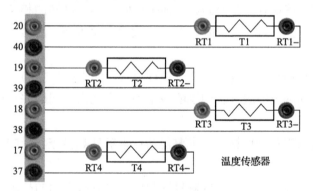

图 3-60　温度传感器的连接关系

据此我们可以得出结论：蓄电池箱温度传感器其中一组温度过高对蓄电池组有影响。温度过高会导致正极继电器和负极继电器断开，车辆将不能正常行驶。

6）高压维修开关如图 3-61 所示，未断开开关时测量 C01+ 与 C08- 之间的电压值、C16- 与 C09- 之间的电压值、蓄电池正极与蓄电池负极之间的电压值，并做好记录。

断开开关时测量 C01+ 与 C08- 之间的电压值、C16- 与 C09- 之间的电压值、蓄电池正极与蓄电池负极之间的电压值，并做好记录。

据此我们可以得出结论：高压维修开关在电动汽车中主要起到安全保护的作用，并且高压维修开关串联在蓄电池组中。

图 3-61　高压维修开关

任务 2　动力蓄电池故障指示灯点亮故障检修

📖 | 任务解析

通过本任务的学习，要求学生能明确新能源汽车故障诊断的基本思路，了解常见故障警告灯的含义，重点掌握动力蓄电池系统常见的故障指示灯出现的原因。要求学生能够根据故障现象，参考维修手册制订维修方案排除故障，并且在不断的训练过程中树立高压安全防护意识。

📚 | 知识链接

一、新能源汽车基本故障诊断策略

（一）新能源汽车故障诊断的基本思路

新能源汽车故障诊断基本思路如下：

第一步，理解和确认客户报修问题，即全面收集客户已知的相关信息。例如，故障发生的频次、故障发生时的车辆运行工况、故障的具体表现、是否存在其他相关故障等。

第二步，判断车辆行驶状况是否符合设计要求。如果同型号的其他车辆在相同工况下也发生客户所描述的故障表现，则说明该车辆所表现出的问题并不属于故障范畴，而是车辆的设计缺陷。

第三步，进行目视和操作检查，主要包括：车辆外观检查、异响检查、故障码和数据流的读取等操作。

第四步，分析初步诊断信息。针对目视和操作检查所得到的故障信息确定执行何种诊断类别，分析出可能造成该故障的具体区域，并确认该区域内的组件是否可以正常工作，最后分析其他区域造成该故障的可能性。

第五步，检查相关的维修信息。查阅已有的故障案例信息，参考之前类似故障案例的解决方案，以提高故障诊断的效率。

第六步，基于上述分析，根据车辆是否有故障码等多种情况，分类别进行详细的诊断与维修。

1）当前故障存在故障码时，按照故障码的指示进行诊断和维修。

2）当前故障无故障码时，需针对可能的故障区域逐步使用诊断程序进行维修操作。

3）当未公布诊断程序时，需从维修手册中查看故障系统的电源、搭铁以及输入/输出电路，并确定各电路是否导通、各插头是否牢固、供电电压是否稳定等。再查看部件的外观是否存在破坏或腐蚀的情况。

4）如果当前故障为间歇性偶发故障（即不连续出现、难以重现且只在特定条件下发生的故障，一般情况下，间歇性偶发故障是由电路接线故障、电磁/无线电频率干扰、极限恶劣环境和行驶工况等问题导致的），通常可以使用以下方法或工具来定位间歇性偶发故障的原因。

① 结合专业知识和维修经验进行判断。
② 尽量使车辆在贴近客户描述的工况下运行，以尝试重现问题。
③ 读取故障怀疑区域的详细数据流，查找异常数据。

第七步，找到故障根本原因，然后维修和检验修复情况。找到故障的根本原因后，针对该故障进行相关的修理或更换操作，并在完成操作后，检验故障是否已消除。

第八步，重新检查客户报修问题，即如果未能找到故障的问题所在，需重新确认客户的报修问题，重新开始检查步骤。

新能源汽车故障指示灯的认知

（二）新能源汽车常见警告灯的含义

当新能源汽车发生故障时，通常仪表上会亮起或闪烁相应的警告灯，以提示驾驶人或维修人员故障的宏观方向。常见的警告灯及其含义见表 3-7。

表 3-7 常见的警告灯及其含义

灯符号	指示灯名称	颜色	灯符号	指示灯名称	颜色
EBD	EBD 故障指示灯	黄色	(!)	制动系统故障指示灯	红色
	动力蓄电池充电状态指示灯	黄色	(P)	驻车制动指示灯	红色
	系统故障指示灯	红色		ESP 故障指示灯	黄色
	充电线连接指示灯	红色		功率限制指示灯	黄色
READY	READY 指示灯	绿色		安全气囊故障灯	红色
	电机及其控制器过热指示灯	红色	(P)	驻车系统故障指示灯	黄色
	蓄电池充放电指示灯	红色	(ABS)	ABS 故障警告灯	黄色
	动力蓄电池故障灯	红色			

1. 警告灯的诊断作用

当新能源汽车出现警告灯点亮的情况后，可以依据仪表上显示的警告灯，结合故障码和系统状态，找到故障原因。在问题解决以后，可通过诊断仪清除故障码，再查仪表上的警告灯是否熄灭。

2. 常见警告灯的诊断方法

1）点火开关打到 ON 档后，仪表所有灯不亮，或较暗，或闪烁。

①可能原因。

a. 低压蓄电池端子虚接。

b. 蓄电池严重亏电。

②诊断方法。

a. 请检查前机舱12V蓄电池的端子是否被拔掉，若被拔掉，请连接后再试。

b. 12V蓄电池亏电，需要及时充电或者更换。

2）动力蓄电池故障警告灯常亮，整车不能起动。

①可能原因。

a. 动力蓄电池管理系统（BMS）故障。

b. 单体蓄电池存在故障。

②诊断方法。

a. 维修人员通过诊断仪读取故障码，根据具体故障码参照整车维修手册进行维修。

b. 高压部件检测需专业人员按照手册中的要求进行维修。

3）动力系统故障警告灯常亮。

①可能原因。

a. 整车控制器（VCU）故障。

b. 整车CAN通信存在短路/断路故障。

c. 制动真空压力传感器异常。

d. 高压互锁系统故障。

e 冷却风扇驱动故障。

f. 逆变器驱动/继电器驱动故障。

g 加速踏板故障。

h. 压缩机或PTC驱动故障。

i. 电机转矩监控故障。

j. 低压主继电器驱动故障。

②诊断方法。

a. 维修人员通过诊断仪读取故障码，根据具体故障码参照整车维修手册进行维修。

b. 高压部件检测需专业人员按照手册中的要求进行维修。

（三）新能源汽车故障诊断的基本流程

1. 诊断前注意事项

进行诊断前，必须查询并依照新能源汽车的维修手册，依规依序进行以下操作。

1）新能源汽车高压电气系统，包含动力蓄电池、逆变电路、驱动电机系统、电子控制系统和线束等，为了保证安全，所有的高压电线均已采取密封或隔离措施，高压电线束采用洁净的橙色加以区分，维修手册上清楚标注出所有橙色线为高压电线。

2）维护时应注意"OK"或"READY"指示灯，根据该灯是否点亮可以判断车辆高压电系统此时是处于工作还是停机状态（注意"OK"或"READY"指示灯熄灭后电源仍会持续5min供电）。

在对车辆进行维修工作之前，都要确保"OK"或"READY"指示灯是熄灭的，故应关闭点火开关,并把车钥匙取下来。

3)在维护检修时应按规定着装,禁止佩戴首饰、手表、戒指、项链、钥匙等。维护检修应准备吸水毛巾或布、灭火器、绝缘胶布、万用表,必须选用适用于电工作业的绝缘耐碱性的橡胶手套及鞋子和护目镜,防止电解液溢出等造成意外伤害。

2. 诊断前操作准备

对新能源汽车进行诊断、维修,处理损坏车辆,进行事故恢复或急救工作时,必须首先禁用高电压系统,具体方法如下。

1)档位开关置于 P 位位置,拉起驻车制动杆,拔下钥匙。

2)断开辅助蓄电池负极端子。

3)戴上绝缘手套,拆下手动维修开关,将手动维修开关用绝缘胶布贴封起来,隔离外露区域与高压系统的接线端或插接器。

4)断开手动维修开关后,在开始检查前等待 5min,使用万用表检测需要维修的高电压系统输入/输出电路的每一个相位电压,读数必须小于规定值(一般小于 3)。

3. 诊断与维修基本步骤

第一步:初步判断故障前行驶状况、故障时车辆状况并对相关信息进行分析。新能源汽车在故障状态下会进入失效保护模式,虽然不同的汽车制造厂商设计的失效保护模式不一定相同,但是主要的动力驱动系统模式却很相似。

第二步:采用车辆故障诊断仪诊断汽车故障时,检查并记录系统中所有的故障码,确认高电压系统存在的故障码,并将故障码优先排序。

第三步:检查并记录每一个系统,并检查历史记录数据。历史记录数据可以用于故障再现试验,因为它知道在故障被检测到时车辆行驶和操作的状态。

第四步:在分析故障码时,需要区分与故障不关联的故障码。目前部分故障诊断仪的故障码读取系统界面中,会在故障码后显示故障码的关联性,并将故障码按优先顺序,提示维修人员排查故障的正确顺序。

第五步:主动测试功能应用。部分高级故障诊断仪或品牌专用的故障诊断仪大多包含主动测试功能,可以对故障进行更为详细的分析和测试。

此外,需要特别注意以下几方面。

1)针对上电以后整车无故障,但是不能进入起动模式的情况,需要先确认档位是否在空档或 P 位。如果不在,则请退回空档或 P 位以后再尝试起动。

2)针对整车无故障、动力性能减弱的情况,需要注意电量低提示灯是否点亮,如果点亮请及时充电。

3)针对蓄电池充满电以后,蓄电池不能连接,蓄电池切断指示灯亮,需要查看外接充电线是否拔掉。外接充电线未拔下时,整车不能行驶。

4. 诊断与修理后检验

进行修理后,必须查询并依照新能源汽车维修手册,依规依序进行以下操作。

第一步:将点火开关置于 OFF 位置。

第二步:安装所有诊断时拆下或更换的部件或插接器。

第三步:在安装新的部件或模块时,可能还需重新进行程序的设定。

第四步：将点火开关置于 ON 位置。

第五步：清除故障码。

第六步：将点火开关置于 OFF 位置持续 60s。

第七步：如果修理与故障码有关，则再现运行故障码的条件并使用"冻结故障状态"功能，以便确认不再设置故障码。

注意：部分故障码需要点火开关先置于 OFF 位置，再置于 ON 位置后，才可使用故障诊断仪清除故障码。

二、动力蓄电池故障指示灯点亮故障检修

（一）与动力蓄电池相关的故障指示灯

与动力蓄电池系统相关的故障指示灯主要有动力蓄电池故障指示灯、高压断开指示灯、系统故障指示灯、SOC 低指示灯、绝缘报警指示灯、蓄电池温度过高警告灯、CAN 故障灯、高压互锁警告灯。

动力蓄电池系统发生故障时一般是几个故障灯同时点亮，与动力蓄电池系统相关的故障灯见表 3-8，动力蓄电池故障指示灯、SOC 低指示灯、蓄电池温度过高警告灯点亮时基本为动力蓄电池系统故障；高压断开指示灯、绝缘报警指示灯点亮表示车辆高压系统存在故障，并不单指动力蓄电池系统故障。

表 3-8 与动力蓄电池系统相关的故障灯

名称	图标	功能
动力蓄电池故障指示灯		动力蓄电池发生故障时点亮
高压断开指示灯		高压接触器断开点亮，未上高压之前点亮
系统故障指示灯		1）一般故障：灯亮 2）严重故障：灯闪 3）致命故障：灯闪+蜂鸣报警
SOC 低指示灯	SOC	1）SOC 低于 20%：灯亮 2）SOC 低于 10%：灯闪烁
绝缘报警指示灯		1）一级故障：灯亮 2）二级故障：灯闪烁
蓄电池温度过高警告灯		蓄电池过热点亮
CAN 故障灯	CAN	CAN 故障信号点亮
高压互锁警告灯	LOCK	高压互锁故障

（二）动力蓄电池系统故障诊断与维修

1. 故障案例解析

（1）故障一

1）故障现象：动力蓄电池故障指示灯 、系统故障指示灯 、SOC 低指示

灯 SOC 闪亮，高压断开指示灯 点亮，无法上高压。

2) 诊断与维修思路：此故障现象，一般是动力蓄电池组电量过低、动力蓄电池单体电压过低、动力蓄电池单体数据采集故障三方面原因导致的。可通过车辆组合仪表显示屏或诊断仪查看动力蓄电池组单体电压情况，然后用诊断仪读取车辆故障码，确定故障原因。

① 若所有动力蓄电池单体电压接近且较低，此时考虑动力蓄电池组电量过低，对车辆进行充电处理。

② 若动力蓄电池组大部分单体电压接近，只有某一节或几节单体电压特别低，考虑动力蓄电池单体电压过低故障；动力蓄电池单体电压过低可能是由动力蓄电池单体性能衰减和动力蓄电池单体电压采集错误两种原因导致。尝试对车辆进行充电，若可以充电，待蓄电池组充满后，联系动力蓄电池厂家解决；若无法充电，直接联系动力蓄电池厂家解决。

③ 若全部或大部分动力蓄电池单体电压均为 0V，优先考虑动力蓄电池单体电压采集故障，直接联系动力蓄电池厂家解决。

(2) 故障二

1) 故障现象：动力蓄电池故障指示灯 、系统故障指示灯 、绝缘报警指示灯 点亮，高压断开指示灯 点亮，无法上高压。

2) 诊断与维修思路：此故障现象，一般是高压系统绝缘电阻值低，发生绝缘故障所致。

应对电力电子单元（PEU）、驱动电机、动力蓄电池组、车载充电机、制动空压机、电液转向泵电机、电动压缩机、PTC 加热器等高压部件及高压线束进行绝缘检查。

3) 绝缘电阻检测：测试电压至少为 500V（DC）或动力系统标称电压的 1.5 倍，两者取较高值。测量高压线束绝缘电阻前，应彻底断开高压线束两端与高压部件的连接，否则影响检测结果；在高压部件导电部位与其外壳或车体施加电压的时间应足够长，以便获得稳定的读数。表 3-9 所示为各零部件的绝缘电阻值。

绝缘电阻测试仪的使用

表 3-9 各零部件的绝缘电阻值

零部件		检测项目	标准值
高压部件	动力蓄电池组、电力电子单元、高压中控盒、电机控制器、驱动电机、车载充电机、DC/DC 变换器、转向油泵电机、制动气泵电机、空调压缩机、PTC 加热器	高压输入、输出极柱与零部件壳体	冷态电阻≥20MΩ 热态电阻≥2MΩ
		高压输入、输出极柱与车体	
高压线束	动力蓄电池箱输入与输出高压线束、电力电子单元输入高压线束、电力电子单元与高压部件连接高压线束、驱动电机输入高压线束、车载充电机输入输出高压线束、快充输入高压线束、慢充输入高压线束	极柱与高压线束屏蔽层	≥100MΩ

对绝缘电阻值不满足标准的高压部件及高压线束应联系供应商进行更换。

2. 故障现象及原因分析

动力蓄电池系统故障现象及原因分析见表3-10。

表3-10 动力蓄电池系统故障现象及原因分析

故障现象		原因分析	诊断与维修思路
动力蓄电池故障指示灯、系统故障指示灯、高压断开指示灯点亮	车辆行驶中断高压、无法上高压	单体电压过高三级；总电压过高三级；放电瞬间电流过高二级与三级；总正、总负、预充接触器粘连；高低压互锁故障；动力蓄电池电流传感器故障	通过诊断仪读取车辆故障码，确定具体故障原因，联系动力蓄电池厂家解决
动力蓄电池故障指示灯、系统故障指示灯点亮	可以上高压，但功率受限	动力蓄电池单体电压过低一级；总电压过低一级；动力蓄电池温度传感器故障；放电瞬间电流过高一级；动力蓄电池组加热回路故障等	用诊断仪读取车辆故障码，确定故障原因，联系动力蓄电池厂家解决；若无诊断仪，除动力蓄电池从板通信失败原因外，其他几方面原因均可通过车辆组合仪表查看动力蓄电池相关参数判断
	可以上高压，车辆可正常行驶	动力蓄电池单体电压过高一级与二级；动力蓄电池单体压差过大；动力蓄电池组温度过低一级；动力蓄电池组温差过大；动力蓄电池从板通信失败等	
动力蓄电池故障指示灯、系统故障指示灯、蓄电池温度过高警告灯点亮	车辆行驶中故障灯点亮、限功率	动力蓄电池组温度过高一级，最高温度大于等于50℃	动力蓄电池温度过高报警一般为动力蓄电池实际温度过高和蓄电池温度传感器数据采集错误；通过诊断仪读取车辆故障码，确定具体故障原因，联系动力蓄电池厂家解决
动力蓄电池故障指示灯、系统故障指示灯、蓄电池温度过高警告灯、高压断开指示灯点亮	车辆行驶中故障灯点亮，高压断电	动力蓄电池组温度过高二级，最高温度大于等于54℃	
动力蓄电池故障指示灯、系统故障指示灯、CAN故障灯点亮	有时伴有SOC低指示灯点亮	主从板通信故障；蓄电池单体数据采集故障	通过诊断仪读取车辆故障码，确定故障原因，联系动力蓄电池厂家解决
动力蓄电池故障指示灯、系统故障指示灯、高低压互锁警告灯点亮		控制器检测不到高压互锁电路信号	检查各高压线束插接器是否接牢；相关控制器是否损坏

任务实施

本任务我们将利用前面所学知识对吉利帝豪EV300纯电动汽车进行故障排除。

一、故障现象

一辆吉利帝豪EV300车辆，在正常行驶过程中READY灯熄灭，整车无动力输出，仪表系统正常点亮，系统故障灯和动力蓄电池故障灯出现，故障现象如图3-62所示。

项目三 动力蓄电池管理系统故障检修

图 3-62 故障现象

二、故障排除方法

读取车辆故障码（图 3-63），由故障码可知为高压电路断路，须排查断路点，分析断路原因。

图 3-63 读取车辆故障码

三、故障排查思路

高压电路故障一般是指动力蓄电池本身、高压电路等发生故障，导致电能不能从动力蓄电池输出给用电设备。图 3-57 所示为 EV300 车型高压接线图，EV300 车型的车载充电机与分线盒集成在一起，由图 3-64 可知，若动力蓄电池电能不能输出，可能原因如下：

1）动力蓄电池内部断路。
2）连接动力蓄电池及车载充电机高压母线断路。
3）车载充电机内部熔丝断路。

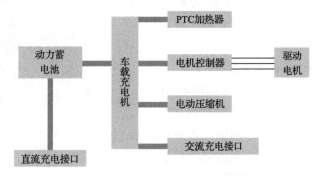

图 3-64 EV300 车型高压接线图

动力蓄电池内部原理如图 3-65 所示，动力蓄电池内部断路可能原因有：
1）维修开关（MSD）熔丝熔断。
2）主正继电器、主负继电器损坏。
3）连接各模组的高压线排断路。

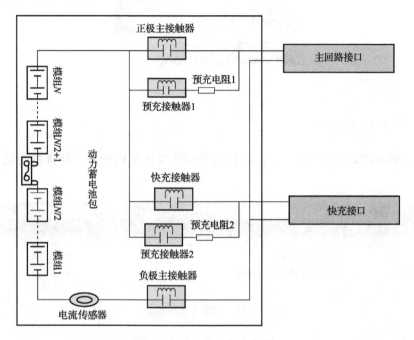

图 3-65 动力蓄电池内部原理

四、故障排查步骤

1）检查此车动力蓄电池上的 MSD，按从易到难的顺序，首先排查 MSD 是否存在断路情况。

用万用表测量 MSD 的导通性，发现 MSD 两侧不通，MSD 熔断，如图 3-66 所示。

注：MSD 熔断不可采用换件实验法更换新的 MSD，一定要查明故障原因。

2）拆蓄电池包检查模组间高压线束是否断路，各模块线束连接处有无明显短路、有无松动情况。

3）检查高压继电器是否粘连。

①检查主正、主负继电器输出端是否有电压，如图 3-67 所示，确认无电压后，进行下一步。

②检查主正继电器输出端两侧是否导通，如图 3-68 所示，若导通，说明主正继电器粘连，经检查，主正继电器输出端两端不导通，说明无粘连。

图 3-66 用万用表测量 MSD 的导通性

图 3-67　主正、主负继电器输出端电压测量　　图 3-68　检查主正继电器输出端两侧是否导通

③检查主负继电器输出端两侧是否导通，如图 3-69 所示。若导通，说明主负继电器粘连，经检查，主负继电器输出端两端不导通，说明无粘连。

蓄电池内部除 MSD 熔丝烧断外，其余均无问题，重点排查外部电路及高压件是否有短路问题。

4）断开连接动力蓄电池和充电机间的直流母线，检查是否存在断路，如图 3-70 所示，经检查，直流母线导通性良好。

图 3-69　检查主负继电器输出端两侧是否导通　　图 3-70　检查直流母线导通性

5）拆掉车载充电机维修盖板，用万用表依次检查 PTC、OBC、电动压缩机（COMP）熔丝有无熔断，测量结果如图 3-71～图 3-73 所示，熔丝正常。

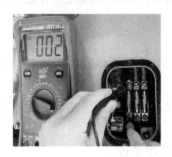  

图 3-71　检查 PTC 熔丝　　图 3-72　检查 OBC 熔丝　　图 3-73　检查 COMP 熔丝

6）断开 PTC 加热器插接器，检查整车高压电路有无电压输出及短路故障，确保无高压电输出情况下（图 3-74），才可进行电阻值测量，测量发现整车存在短路故障（图 3-75）。

图 3-74　测量高压电路无电压输出　　　　图 3-75　测量高压电路存在短路故障

7）用万用表测量 PTC 内部无短路故障，用排除法逐一断开各高压模块插接器，进一步确定具体短路故障模块，依次拔掉车载充电机直流母线插接器、交流输入插接器、压缩机插接器，测量 PTC 插接器端发现整车仍存在短路故障，进入下一步拆掉 PEU 上盖，测量 PEU 状态，排除法测量如图 3-76 所示。

8）拆掉 PEU 上盖，测量 PEU 电阻值为 0，断开 PEU 直流母线，测量直流母线线缆正负极之间，无短路情况（图 3-77），因此 PEU 存在短路故障，应更换 PEU 总成。

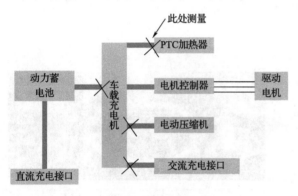 

图 3-76　排除法测量　　　　　　　　　图 3-77　检测 PEU

9）经过以上检查可知 MSD 熔断原因为 PEU 短路，更换电机控制器及 MSD，确认继电器无粘连后，电源档位应先处于 ON 档，仪表无故障指示灯，读取故障码无有效故障码后上高压。

故障排查小结：

1）对于高压熔丝等熔断故障，不要第一时间换熔丝，应查明故障原因，从源头排除故障。

2）对于 MSD 熔断故障，排除时要同时排查蓄电池内部高压继电器组是否出现粘连等故障。

3）故障排除应从故障现象、故障码开始，由易到难，循序渐进。

4）对于高压系统故障，一般有两个方向，即蓄电池内部和外部高压件。

5）排查高压故障时，请佩戴好个人安全劳保用品，安全第一。

项目总结

本项目包括两个学习任务，分别是动力蓄电池管理系统功能解析和动力蓄电池故障指示灯点亮故障检修。任务1详细介绍动力蓄电池内部各零部件的名称和作用，以及动力蓄电池管理系统的主要功能，特别对热管理功能进行了详细的介绍。任务2则重点介绍新能源汽车故障排除的常见思路，着重讲解了动力蓄电池系统常见的故障，并对其原因进行了分析。通过本项目的学习，学生应具备基本的故障排除思路。

实训项目

实训 母线电压/电流显示异常故障诊断与排除

同事小王有一辆吉利帝豪EV300，他开车去上班，刚开始时显示续驶里程160km，正常行驶30km后，提示"剩余续驶里程不足，请充电"，于是将车开往最近的4S店进行维修。作为4S店维修人员，你能否按照技术规范操作对应车辆的诊断仪，获取相关的故障信息，并对故障原因进行分析判断。

一、工具准备

吉利EV300车辆、故障诊断仪器、工量具套装、维修工具套装、检测工具套装（包括万用表、绝缘测试仪、蓄电池内阻测试仪、专用示波器、毫欧表、万用接线盒等）、工位安全保护套装（包括警示牌、隔离带套装、绝缘防护垫等）、人员安全防护套装（绝缘手套、耐磨手套、绝缘鞋、护目镜、安全帽等）等。

二、车辆初步检查

1）试车。进行试车，确认故障现象是否与客户描述一致，初步分析导致车辆无法行驶的原因。

2）检查组合仪表的显示情况、中控的故障提示和操作变速杆后车辆运行状态，并做好记录。

3）车辆功能检查。检查车辆空调系统、电动真空泵工作是否正常；连接充电枪，观察仪表板显示情况、交流充电枪运行灯的点亮情况以及车辆能否正常充电，认真观察并做好记录。

4）车辆基本检查。关闭起动开关，拆下低压蓄电池负极，打开前机舱盖，穿戴好个人防护用具，检查控制单元及线束插接器有无松动、损坏等现象。

三、车辆故障排除

1）连接故障诊断仪读取故障码。首先确定控制单元是否可以访问，如果可以访问，检查是否存在故障码，如果存在故障码，对故障码进行分析。

2）查阅电路图，分析故障范围。检查后确定故障原因。

3）给出诊断结论。综合以上检查与分析，最终判断故障点。

四、排除后校验

故障排除后，用故障诊断仪消除故障码，并进行如下检查：

1）检查仪表板及中控是否还有故障提示，并做好详细记录。

2）检查高压上电情况，并做好详细记录。

3）检查车辆行驶情况是否正常，并做好详细记录。

五、故障小结

1. 母线电压/电流数据异常故障原因

1）电流或电压传感器故障、温度传感器故障、动力蓄电池内部不均衡、动力蓄电池内部虚接、熔断器断路等。

2）温度传感器元器件及其电路损坏、散热风扇电路连接故障、散热风扇故障。

2. 故障排除思路

排除"母线电压/电流数据异常"故障，首先检查绝缘是否正常，检查 VCU 是否正常工作，检查 BMS 是否正常工作，进入 BMS 检查动力蓄电池参数是否正常。检查温度传感器安装，检测温度传感器电路及其元器件，检查风扇插接器连线，检测风扇电路连接情况，给风扇单独供电，检查风扇是否正常。

3. 母线电压电流数据异常的故障排除

以某电动汽车为例，检修母线电压/电流数据异常故障的思路如下：

1）检查仪表有无绝缘报警。

2）连接诊断仪，打开起动开关，进入诊断仪，读取是否有故障码。

3）进入蓄电池管理系统（BMS），读取蓄电池信息，若单体蓄电池电压不正确，则判断动力蓄电池内部单体蓄电池损坏或不均匀，更换动力蓄电池。

项目四 ▶ 充电系统故障检修

📋 项目导入

新能源汽车以动力蓄电池作为动力源,想要获得更多的续驶里程,就要及时对动力蓄电池进行充电。新能源汽车上安装有车载充电系统,它是车辆主要的能源补给系统,为保障车辆持续行驶提供动力能源。充电系统可分为常规充电和快速充电两种方式,也称为慢充和快充,车主可根据充电时长需求来选择充电方式。另外还有汽车厂家建立的动力蓄电池组整体更换方式,这对于运营中的出租车更加实用。

📝 学习目标

1)能够准确阐述直流充电系统的组成及各部件的作用。
2)能够准确阐述交流充电系统的组成及各部件的作用。
3)能够熟练阐述直流充电系统的工作原理。
4)能够准确阐述排除直流充电系统故障的一般思路。
5)能够准确阐述交流充电系统的工作原理,并利用工作原理进行故障分析。
6)能够正确识读新能源汽车电路原理图,理解慢充唤醒控制原理。
7)能够熟知仪表信息,正确完成车辆初步检查与诊断。
8)能够树立安全防护意识,正确规范完成故障诊断排查任务。
9)能够正确采集故障诊断信息,根据故障诊断思路完成故障排查。

任务 1　高压配电箱的更换

📖 任务解析

通过本任务的学习，要求了解充电系统的充电模式和充电方式，并着重掌握充电系统的六大组成部件，它们分别是车载充电机、高压控制盒、DC/DC 变换器、动力蓄电池、充电插座和交流充电应急拉线。此外，本次任务还重点讲解了比亚迪 e6 高压配电箱的相关知识，要求同学们不仅能够讲述作用、各高压端口的含义，还可以进行内部结构的解析，并安全顺利地完成拆装操作。

📚 知识链接

一、充电模式及连接方式

1. 充电模式

充电模式是指连接电动汽车到电网给电动汽车供电的方法。连接方式是指使用电缆和插接器将电动汽车接入电网的方法。

充电模式 1：将电动汽车连接到交流电网（电源）时，在电源侧使用了符合 GB 2099.1 和 GB 1002 要求的插头插座，在电源侧使用了相线、中性线和接地保护的导体，如图 4-1 所示。

图 4-1　充电模式 1

充电模式 2：将电动汽车连接到交流电网（电源）时，在电源侧使用了符合 GB 2099.1 和 GB 1002 要求的插头插座，在电源侧使用了相线、中性线和接地保护的导体，并且在充电连接时使用了缆上控制和保护装置（IC-CPD），如图 4-2 所示。

图 4-2　充电模式 2

充电模式 3：将电动汽车连接到交流电网（电源）时，使用了专用供电设备，将电动汽车与交流电网直接连接,并且在专用供电设备上安装了带控制导引功能的装置,如图4-3所示。

图4-3 充电模式3

充电模式4:将电动汽车连接到交流电网(电源)时,使用了带控制导引功能的直流供电设备,如图4-4所示。

图4-4 充电模式4

2. 连接方式

连接方式A:将电动汽车和交流电网连接时,使用和电动汽车永久连接在一起的充电电缆和供电插头,如图4-5所示。

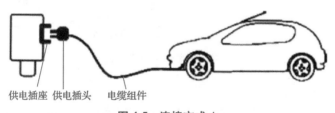

图4-5 连接方式A

连接方式B:将电动汽车和交流电网连接时,使用带有车辆插头和供电插头的独立活动电缆组件,如图4-6所示。

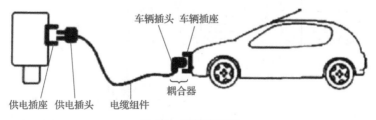

图4-6 连接方式B

连接方式C:将电动汽车和交流电网连接时,使用和供电设备永久连接在一起的充电电缆和车辆插头,如图4-7所示。

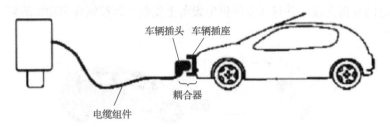

图 4-7 连接方式 C

二、电动汽车充电方式

电动汽车充电方式主要有常规充电方式、快速充电方式、无线充电方式、更换蓄电池充电方式和移动式充电方式。

1. 常规充电方式

常规充电方式采用恒压、恒流的传统充电方式对电动汽车进行充电。车载充电机是纯电动汽车的一种最基本的充电设备，常规充电系统的组成如图 4-8 所示。

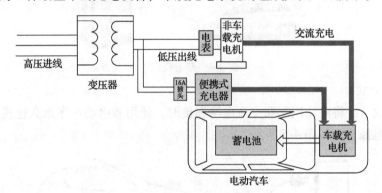

图 4-8 常规充电系统的组成

2. 快速充电方式

快速充电方式以 150~400A 的高充电电流在短时间内为蓄电池充电，其目的是在短时间内给电动汽车充满电，充电时间应该与燃油汽车的加油时间接近。大型充电站（机）多采用这种充电方式，快充充电系统的组成如图 4-9 所示。

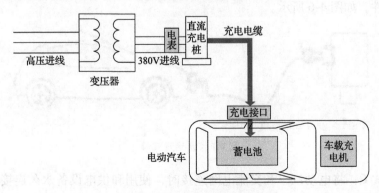

图 4-9 快充充电系统的组成

3. 无线充电方式

汽车无线充电技术依赖充电电缆即可对电动汽车充电，通过电磁感应、电磁共振、射频等方式实现非接触式的电力传输。电动汽车无线充电的基本原理，相比有线充电，主要是多了接收线圈，简略了充电接口。图 4-10 所示为无线充电方式原理，图 4-11 所示为无线充电方式使用实例。

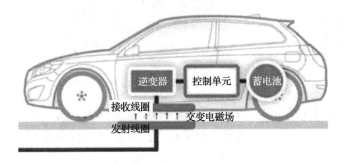

图 4-10　无线充电方式原理

图 4-11　无线充电方式使用实例

电动汽车无线充电方式主要分为以下两种：

1）电磁感应式：这是当前应用比较普遍的无线充电形式。其原理是利用电磁感应原理，在发送端和接收端各有一个线圈，初级线圈上通一定频率的交流电，由于电磁感应在次级线圈中产生一定的电流，从而将能量从传输端转移到接收端。其优点是转换效率较高，但充电距离短，只能一对一进行充电。

2）磁场共振式：磁场共振式无线充电由能量发送装置和能量接收装置组成，当两个装置调整到相同频率，或者在一个特定的频率上共振时，它们就可以交换彼此的能量，其原理与声音的共振原理相同，排列在磁场中的相同振动频率的线圈，可从一个向另一个供电。共振传输的距离比普通感应式更远一些，而且可以同时对多辆车进行充电，并且无须精准对位，但其传输中能量损耗较大。

4. 更换蓄电池充电方式

除了以上几种充电方式外，还可以采用更换蓄电池组的方式，即在蓄电池电量耗尽时，用充满电的蓄电池组更换电量已经耗尽的蓄电池组。电动汽车用户把车停在一个特定的区域，然后用更换蓄电池组的机器将耗尽的蓄电池取下，换上已充满电的蓄电池组。由于蓄电池更换过程包括机械更换和蓄电池充电，因此有时也称它为机械"加油"或机械充电。蓄电池换电站同时具备正常充电站和快速充电站的优点，也就是说可以用低谷电给蓄电池充电，同时又能在很短的时间内完成"加油"过程。通过使用机械设备，整个蓄电池更换过程可以在 10min 内完成，与现有的燃油汽车加油时间大致相当。图 4-12 所示为蓄电池换电站。

5. 移动式充电方式

对电动汽车蓄电池而言，最理想的情况是汽车在路上巡航时充电，即所谓的移动式充电（MAC）。这样，电动汽车用户就没有必要去寻找充电站、停放车辆并花费时间去充电了。MAC 系统埋设在一段路面之下，即充电区，不需要额外的空间。图 4-13 所示为移动式充电方式。

图 4-12 蓄电池换电站

图 4-13 移动式充电方式

接触式和感应式的 MAC 系统都可实施充电。对接触式的 MAC 系统而言，需要在车体的底部装一个接触拱，通过与嵌在路面上的充电元件相接触，接触拱便可获得瞬时高电流。当电动汽车巡航通过 MAC 区时，其充电过程为脉冲充电。对于感应式的 MAC 系统，车载式接触拱由感应线圈取代，嵌在路面上的充电元件由可产生强磁场的高电流绕组取代。很明显，由于机械损耗和接触拱的安装位置等因素的影响，接触式的 MAC 对人们的吸引力不大。

三、主要零部件简介

北汽新能源某款车型充电系统结构组成示意图如图 4-14 所示，其主要部件为车载充电机、高压控制盒、DC/DC 变换器、动力蓄电池。

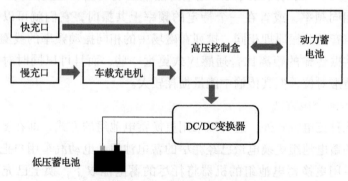

图 4-14 某款车型充电系统结构组成示意图

1. 车载充电机

以吉利帝豪 EV450 为例，车载充电机采用高频开关电源技术，主要功能是将交流 220V 市电转换为高压直流电给动力蓄电池进行充电，保证车辆正常行驶。同时车载充电机提供相应的保护功能，包括过电压、欠电压、过电流、欠电流等多种保护措施，当充电系统出现异常会及时切断供电。车载充电机如图 4-15 所示。

（1）车载充电机的功能　图 4-16~图 4-18 所示为充电系统拓扑图。车载充电机的具体功能如下：

①充电功能：车载充电机能够将交流电转化为直流电来为动力蓄电池充电。

图 4-15 车载充电机

②保护功能：车载充电机有保护功能，如搭铁、断电、短路、过电压欠电压、过电流、过温、低压输入反接等。

③冷却功能：车载充电机冷却方式为液冷，冷却液为 50%水与 50%乙二醇的混合溶液。冷却液温度为 $-40 \sim 85℃$，车载充电机正常工作。

④CC/CP 检测功能：车载充电机有 CC、CP 检测功能。

⑤CAN 通信功能：车载充电机能够通过 HB-CAN 与整车 BMS、VCU 及其他模块交互，并支持 CAN 唤醒。

⑥带电休眠：车载充电机的 12V 供电线与整车低压蓄电池直连，充电机能够支持带电休眠，静态电流不超过 $300\mu A$。

⑦互锁检测：车载充电机有高压互锁功能，能将高压插接器的低压互锁信号和开盖检测开关通过低压信号串联起来，给整车检测。

⑧电子锁功能：车载充电机驱动充电口电子锁功能，即驱动充电插座电子锁锁止车辆插头并通过电子锁反馈的开关信号判断是否上锁或解锁成功。

⑨指示灯功能：车载充电机有驱动充电口指示灯功能。

⑩温度检测功能：车载充电机有充电插座温度检测功能，能检测充电插座温度传感器信号。

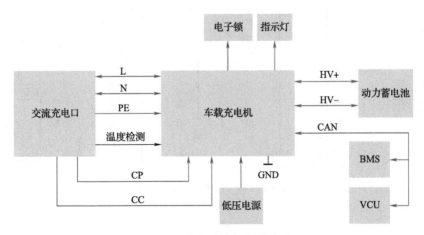

图 4-16 充电系统拓扑图（1）

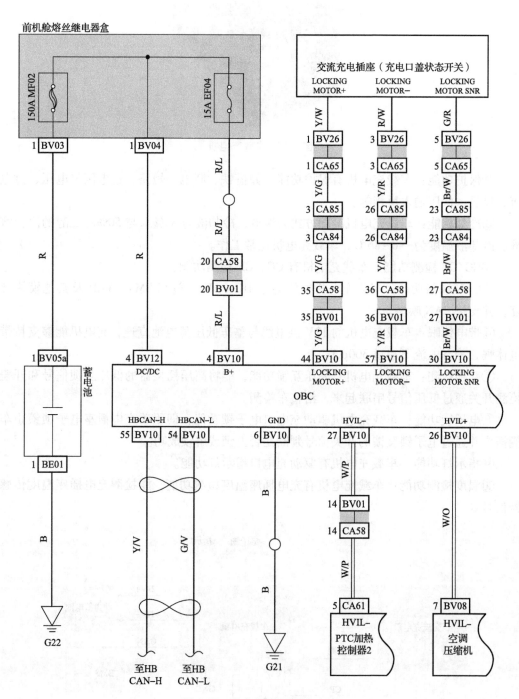

图 4-17 充电系统拓扑图（2）

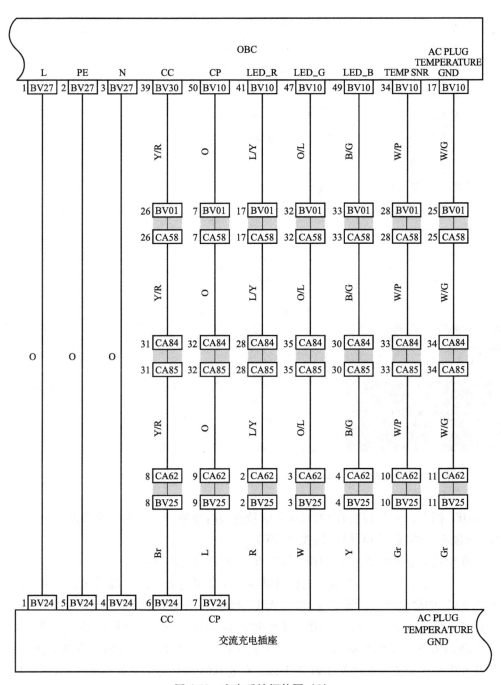

图 4-18 充电系统拓扑图（3）

（2）充电机参数　吉利帝豪 EV450 帝豪 GSe 正向充电参数和逆变放电参数分别见表 4-1 和表 4-2。

表 4-1　吉利帝豪 EV450、帝豪 GSe 正向充电参数

参　数	参数值	备　注
输入电压范围	85~265V AC	
输出电压范围	200~450V DC	
最大输入电流	32A	
最大输出电流	24A	
输出功率	6.6kW	
工作效率	≥94%	
质量（无线束）/kg	8.5	
工作环境温度/℃	-40~85℃	水冷 65℃满功率工作
防护等级	IP67	
输入冲击电流	≤48A	满载起动时
通信	CAN	

表 4-2　吉利帝豪 EV450、帝豪 GSe 逆变放电参数

参　数	参数值	备　注
输入电压范围	250~450V DC	
输出电压范围	220(±5%) V AC	正弦波
最大输出电流	16A	
输出功率	3.3kW	
工作效率	≥92%	
THD	≤5%	

（3）车载充电机各项功能的实现

1）充电系统唤醒。

①OFF 档下，OBC 判断有 CC 或 CP 信号连接时被唤醒，发送报文唤醒 BMS、VCU、IPU、智能车载终端（TBOX）、网关（GW）。

②在预约充电时间到达后，OBC 接收 BMS 发送的网络唤醒。

2）电子锁驱动介绍。车载充电机可满足额定驱动电压 12V，峰值电流 2.4A（极限峰值 3.2A）的输出能力，满足电子锁上锁以及解锁，驱动时间约为 250ms。

任意档位进入交流充电时，OBC 接收 BMS 发送的允许充电信号后锁止交流充电枪。接收 BCM/PEPS 发送的解锁信号时解锁交流充电枪，接收 BCM/PEPS 发送的闭锁指令时锁止充电枪。交流充电枪处于解锁状态时充电机仍处于充电状态，输出电流为 0A；电子锁闭锁后，充电机恢复满功率充电。

①高压互锁。车载充电机有高压互锁功能，能将高压插接器的低压互锁信号和开盖检测开关通过低压信号串联起来，由 VCU 进行检测，高压互锁电路如图 4-19 所示。

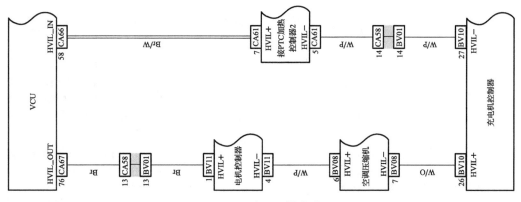

图 4-19　高压互锁电路

②充电状态指示灯。车载充电机能在充电时点亮充电状态指示灯，根据当前充电的状态按定义要求输出信号点亮不同颜色灯。OBC 接收 BMS 充电状态指示的 CAN 信号，发送对应的不同电压给充电灯（高电平 12V，低电平 0V），充电状态指示灯点亮原理如图 4-20 所示，具体实物图如图 4-21 所示，充电状态指示灯点亮逻辑见表 4-3。

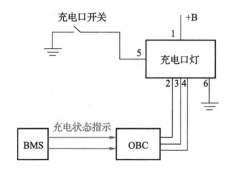

图 4-20　充电状态指示灯点亮原理

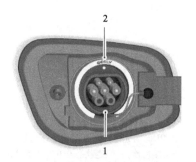

图 4-21　充电状态指示灯实物图
1—交流充电接口　2—充电状态指示灯

表 4-3　充电状态指示灯点亮逻辑

序号	状态	颜色	LED 状态	时间	PIN2	PIN3	PIN4	PIN5	备　　注
0	充电照明	白	常亮	2min 灭	0	0	0	1→0	熄灭的动作由灯具自身内部元器件控制；唤醒条件：充电口盖重新开闭；盖子打开亮（默认0.0.0点亮），当插枪后自动跳转到充电准备状态
1	充电加热	黄	常亮	2min 灭	0	0	1	0 或 1	为充电前状态
2	充电过程	绿	闪烁	2min 灭	0	1	0	0 或 1	当充电完成，自动跳转到充电完成状态；如果有故障，自动跳转到充电故障
3	预约充电	蓝	常亮	2min 灭	0	1	1	0 或 1	当预约充电到时间点，自动跳转到充电过程状态；如果有故障，自动跳转到充电故障

(续)

序号	状态	颜色	LED 状态	时间	PIN2	PIN3	PIN4	PIN5	备注
4	充电完成	绿	常亮	2min 灭	1	0	0	0 或 1	如果有故障,自动跳转到充电故障;如果充电完成后,需要拔枪,按一下遥控钥匙的开锁键,OBC 发出 1.1.1 信号自动跳转到充电照明状态(OFF 档下指示灯点亮时间遵循网络规范相关要求)
5	充电故障	红	常亮	2min 灭	1	0	1	0 或 1	发生故障时,充电故障指示灯亮;进行故障排除时,需要拔枪,按下遥控钥匙的开锁键,OBC 发出 1.1.1 信号自动跳转到充电照明状态
6	放电过程	蓝	闪烁	2min 灭	1	1	0	0 或 1	如果有故障,自动跳转到充电故障
7	照明灯休眠	\	\	\	0	0	0	1	充电口盖打开情况下且无后续插枪动作,2min 后照明灯进入休眠状态;可执行 2 个动作进行重新点亮:把充电口盖闭合后再打开,跳转到充电照明,或按一下遥控钥匙的开锁键,OBC 发出 1.1.1 信号进入照明灯点亮状态
8	照明灯点亮	白	常亮	2min 灭	1	1	1	0 或 1	充电口盖打开的情况下,按一下遥控钥匙的开锁键,OBC 发出 1.1.1 信号进入照明灯点亮状态
备注	1. PIN5 为充电口盖开关信号,信号 1 为充电口盖关闭(开关断开,悬空状态),信号 0 为充电口盖开启(开关接通地);锁定状态 0.0.0.1 为休眠状态,后期不做调整 2. PIN2/3/4 由 OBC 输出电平信号控制,信号 1 为 12V,信号 0 为 0V,默认为 0.0.0,此时灯具功耗小于 0.2mA 3. 如果需要拔枪,按一下遥控钥匙的开锁键,OBC 发出 1.1.1 信号,进入照明灯点亮状态								

③温度检测。车辆插座有温度检测装置,并且电动汽车对温度有相应的温度检测及过温保护功能,此温度由 OBC 检测。

OBC 检测的交流充电口温度值超过一定阈值后车载充电调整输出功率,同时记录故障码。OBC 检测的交流充电口热敏电阻超过可以检测的范围时,OBC 发送充电口温度检测失效故障和 1 级故障,限制充电电流,限定交流输入电流最大不超过 16A,记录故障码,发送温度信号电路如图 4-22 所示。

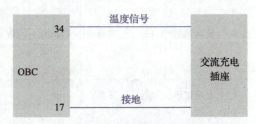

图 4-22 发送温度信号电路

④逆变功能。插入枪后,充电机通过判断枪的 CC 值,来判定充电机是充电还是放电。

车载充电机启动正常放电模式的前提条件是整车无影响上高压的故障,动力蓄电池

SOC 大于 20%，插入放电枪（图 4-23）后放电插排指示灯点亮（图 4-24），用电压表测量输出电压为 220V。

图 4-23 插入放电枪

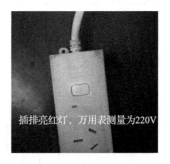

图 4-24 放电插排指示灯点亮

2. 高压控制盒

（1）主要功能 高压控制盒简称配电盒，其主要功能是完成动力蓄电池电源的输出及分配，实现对支路用电器的保护及切断，其实物图如图 4-25 所示。

（2）内部结构 高压控制盒内有 PTC 控制板、PTC 熔断器、空调压缩机熔断器、DC/DC 变换器熔断器、车载充电机熔断器和快充继电器等，其内部结构如图 4-26 所示。熔断器烧断，则无电流输出，快充继电器不闭合，则无法快充，起到保护高压附件的作用。

图 4-25 高压控制盒实物图

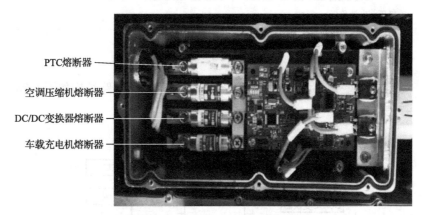

图 4-26 高压控制盒内部结构

高压控制盒内的快充继电器有 2 个，为快充正极继电器和快充负极继电器。当点火开关打到 ON 档，ON 档继电器闭合，12V 电源经 SB01 和 FB02 熔丝到达快充正极继电器和快充负极继电器线圈的一端，VCU 控制线圈另一端搭铁，继电器闭合，高压直流电经快充继电器由高压控制盒的动力蓄电池线束插接器输出到动力蓄电池，高压控制盒相关电路如图 4-27 所示。

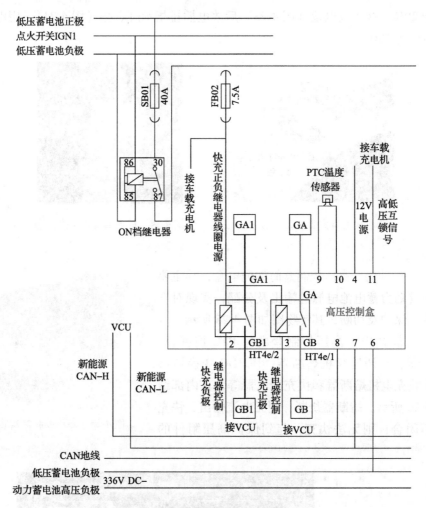

图 4-27　高压控制盒相关电路

（3）高压控制盒外部相连电路　高压控制盒外部相连电路结构如图 4-28 所示。

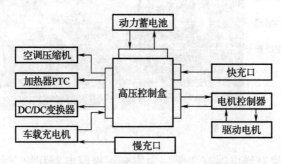

图 4-28　高压控制盒外部相连电路结构

（4）主要故障　图 4-26 所示 4 个熔断器所相连的部件发生故障时，主要故障是部件无法工作（无电压供电）。

主要故障如下：

①空调暖风不制热（数据流无法读到高压模块供电）。

②空调不制冷（数据流无法读到压缩机工作电压和电流）。

③蓄电池无充电电压（这个属于综合故障，判断高压之前首先要确定低压使能信号正常。）

④慢充无法充电（这也是需要先判断低压控制信号一切正常后，再进行高压电路判断）。

（5）故障排除 当我们遇到上述故障后，应将低压信号电路全部检测完成确定没有问题后，再进行开盖，测量上述4个熔断器时必须要进行安全断电操作，而且需拆下高压熔断器后再进行测量，主要防止万用表带电损坏PTC控制器电子元件。

3. DC/DC 变换器

（1）主要功能 DC/DC变换器的主要功能是将动力蓄电池的高压直流电转换成低压直流电，给整车低压电器供电及给铅酸蓄电池充电，其实物图如图4-29所示。

图4-29 DC/DC变换器实物图

（2）技术参数 吉利帝豪EV300 DC/DC变换器的具体参数见表4-4。

表4-4 吉利帝豪EV300 DC/DC变换器的具体参数

项　　目	参　　数	项　　目	参　　数
输入电压	240~410VDC	冷却方式	风冷
输出电压	14VDC	防护等级	IP67
效率	峰值大于88%		

（3）DC/DC变换器工作流程

①ON档电源或充电唤醒信号输入VCU。

②动力蓄电池完成高压系统预充电流程。

③VCU发给DC/DC变换器使能信号。

④DC/DC变换器开始工作。

（4）高低压转换电路 高低压转换电路如图4-30所示。

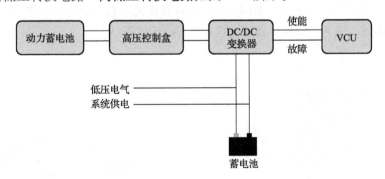

图4-30 高低压转换电路

（5）工作条件及判断

①工作条件：高压输入范围为290~420VDC；低压使能输入范围为9~14VDC。

②判断 DC/DC 变换器是否工作的方法。

第一步，保证整车线束正常连接的情况下，上电前使用万用表测量铅酸蓄电池端电压，并记录。

第二步，整车上电，继续读取万用表数值，查看变化情况，如果数值为 13.8~14V，判断为 DC/DC 变换器工作。

4. 动力蓄电池

动力蓄电池是纯电动汽车的唯一能量源，直接关系车辆的动力性能、续驶能力等，国内主流车型常选用三元锂蓄电池、磷酸铁锂蓄电池作为动力蓄电池。

充电接口端子含义及检测

5. 充电插座

（1）交流充电各端子含义

图 4-31 所示为交流充电枪实物图，图 4-32 所示为交流充电枪各端子。表 4-5 所示为交流充电枪各端子功能定义。

图 4-31 交流充电枪实物图

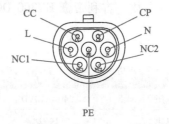

图 4-32 交流充电枪各端子

表 4-5 交流充电枪各端子功能定义

触点编号	功能定义	触点编号	功能定义
CC	控制确认线	PE	保护接地
CP	充电连接线	NC1	空脚
N	交流电源（零线）	NC2	空脚
L	交流电源（相线）		

（2）直流充电各端子含义　图 4-33 所示为直流充电插座各端子，图 4-34 所示为直流充电枪实物图。表 4-6 所示为直流充电枪各端子功能定义。

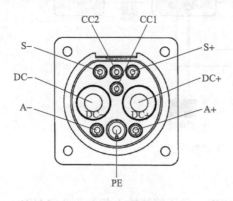

图 4-33 直流充电插座各端子

图 4-34 直流充电枪实物图

表 4-6　直流充电枪各端子功能定义

触点编号	功能定义	触点编号	功能定义
CC1	充电连接确认	DC+	直流电源正
CC2	充电连接确认	DC-	直流电源负
S+	充电通信 CAN-L	A+	低压辅助电源正极
S-	充电通信 CAN-H	A-	低压辅助电源负极
PE	保护接地		

6. 交流充电应急拉线

当车辆充电时发生突发状况，如车辆整车断电、电子锁机械故障导致充电枪无法拔出时，可使用充电应急拉线进行手动解锁，充电应急拉线位于前机舱右侧，打开前机舱盖即可看到（注意不同的车型充电应急拉线的位置不一样），如图 4-35 和图 4-36 所示。

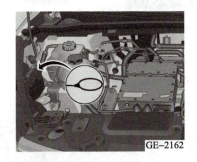

图 4-35　吉利 GE 车型充电应急拉线位置　　　图 4-36　吉利 FE 车型充电应急拉线位置

关闭充电接口盖板前，请确认充电接口防护盖已盖好，以防水或者灰尘可能会进入充电接口内部，从而导致故障。为防止异常断电产生拉弧现象，对人身造成伤害，请先解锁车辆，然后按下充电枪插头上的按钮拔出充电枪，最后断开插头与电网的连接。

四、电动汽车传导充电用连接装置标准解读

1.《电动汽车传导充电用连接装置 第 1 部分：通用要求》（GB/T 20234.1—2015）新增要求

①针对模式 1（简易家用充电线）的充电条件，明确在中国不允许使用模式 1 的充电方式对电动汽车进行充电，简易家用充电线如图 4-37 和图 4-38 所示。

图 4-37　简易家用充电线 1　　　　　　　　图 4-38　简易家用充电线 2

②针对模式 2（充电宝）的充电条件，明确只采用单相交流充电，即家用充电不考

虑三相交流充电的方式。明确要求使用 16A 插座时，交流供电电流不能超过 13A；使用 10A 插座时，交流供电电流不能超过 8A。即在使用 16A 插座时，最大充电功率限制在 2.86kW；使用 10A 插座时，最大充电功率限值在 1.76kW。充电宝如图 4-39 所示。

③针对模式 3（公共充电）的充电条件，明确单车漏电流检测采用 A 型或 B 型漏电保护器（相比之前 AC 型，成本上升，检测可靠性提高）。明确采用单桩双车，或单桩多车的充电桩需要针对每个输出端口进行独立保护设计。明确单相供电最大电流为 32A，采用三相充电设计时，明确采用连接方式 C（即桩带线），公共充电如图 4-40 所示。

图 4-39　充电宝　　　　　　　　图 4-40　公共充电桩插头

④针对模式 4（直流充电）的充电条件，明确不允许使用移动式快充设备。快充设备只能采用固定式供电线，输出线为连接方式 C，直流充电如图 4-41 所示。

⑤充电设备分类的要求。国网为了规范充电产品的种类、规格，要求电动汽车供电设备按照输出电压进行分类。交流 AC：单相 220V，三相 380V；直流 DC：200～500V（乘用车），350～700V（商务车），500～950V（高电压平台预留）。直流充电电流推荐额定电流值：80A，100A，125A，160A，200A，250A；直流充电辅助电源：电压为 12(1±5%)V，电流为 10A。

图 4-41　直流充电模式

⑥针对所有充电模式，标准明确要求额定充电电流大于 16A 的应用场合，供电插座、车辆插座必须设置温度监控装置。电动汽车必须具备温度检测和过温保护功能。充电电流大于 16A 时，供电插座和车辆插座必须安装电子锁止装置。当电子锁未可靠锁止时，供电设备或电动汽车应停止充电或不能启动充电。电子锁应具备反馈信号，形成闭环控制。

2.《电动汽车传导充电用连接装置 第 2 部分：交流充电接口》（GB/T 20234.2—2015）新增要求

①CC、CP 插针的长度调整为 $(15.5^{+0.5}_{0})$ mm，该尺寸调整目的在于避免电子/机械锁未完全到位时，导引电路已经连接就绪的现象。

②增加充电接口半连接状态，增加并联在 S_3 开关上的 R_4 电阻。通过设定不同的 R_4 电阻值，使得 R_4+R_C 的总电阻值恒定在 3.3kΩ。当充电接口未良好连接时，CC 线上测量的电阻值为 R_4+R_C，当充电连接好后，CC 线上测量的电阻值为 R_C。

③交流充电增加最大输出电流 63A 的 PWM 调制。全面更新 CP 线上 PWM 模型的计算公式和功率与占空比对应关系。

④标准中明确规定了电子锁止装置应具备应急解锁功能,且应急解锁功能不应由人手直接操作解锁,应该通过机械机构进行远程操控,并在车辆上设计专用的开关。

3.《电动汽车传导充电用连接装置 第 3 部分:直流充电接口》(GB/T 20234.3—2015)新增要求

①CC1 插针的长度调整为 $(26.5^{+0.5}_{0})$ mm。

②标准中明确绝缘检测机制,要求车辆端与地面设备端均应设置 IMD 电路。充电前,由地面设备负责充电桩内部的绝缘检测;充电中,由电动汽车负责整个系统的绝缘检测。

③明确了直流充电时序增加了电子锁控制环节、泄放电路控制等内容。增加充电握手报文、充电故障分类及处理方式。明确直流充电流程图。

任务实施

本任务主要对比亚迪 e6 的高压配电箱进行研究学习。

一、高压配电箱的作用

比亚迪 e6 车型在行李舱中装备整车高压电配电装置,实现电源分配、接通、断开,高压配电箱的外形如图 4-42 所示。

图 4-42 高压配电箱的外形

二、高压配电箱的接口定义

图 4-43、图 4-44 所示为高压配电箱各接口定义。

图 4-43 高压配电箱各接口定义(1)

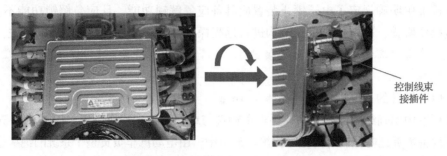

图 4-44　高压配电箱各接口定义（2）

三、高压配电箱的结构

图 4-45、图 4-46 所示为高压配电箱的内部结构。

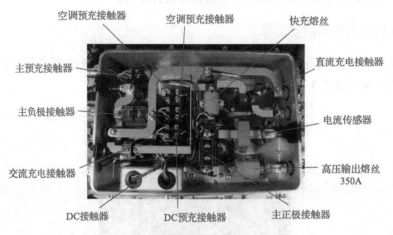

图 4-45　高压配电箱的内部结构（1）

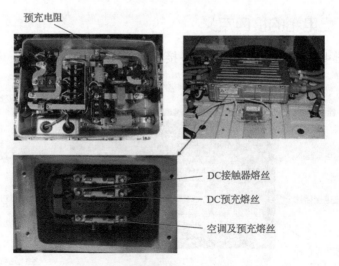

图 4-46　高压配电箱的内部结构（2）

四、高压配电箱的更换

1. 车辆断电

请按如下车辆断电步骤进行断电。

1）按下 P 位键。
2）拉起驻车制动杆。
3）关闭点火开关。
4）将钥匙妥善保管。
5）使用工具断开辅助蓄电池负极。
6）拔下紧急维修开关。

2. 车辆放电

请按如下车辆放电步骤进行断电。

1）放置高压作业维修标识，如图 4-47 所示。
2）使用放电仪放电。
3）等待 1min 后使用万用表测量快充口高压端子处于无电状态。

3. 拆卸高压配电箱线束

拆卸高压配电箱线束，如图 4-48 和图 4-49 所示。

图 4-47　高压作业维修标识　　图 4-48　拆卸高压配电箱线束（1）　　图 4-49　拆卸高压配电箱线束（2）

4. 拆卸高压配电箱

1）拆下高压配电箱螺栓并取下。
2）将拆卸的高压配电箱放置在安全位置。
3）安装步骤与拆卸步骤相反。

5. 查询标准并检查

1）螺栓拧紧力矩检查。
2）外观检查。
3）仪表检查，如图 4-50 所示。

图 4-50　仪表检查

任务 2 交流充电系统故障检修

任务解析

通过本任务的学习，要求学生了解交流充电系统的基本组成部件以及各个部件的内部结构，掌握交流充电系统的基本工作原理和控制流程，并能够利用所学知识，结合电路图和维修手册对交流充电系统的故障进行检修。此外在维修过程中强调职业素养的养成和小组成员团结协作能力的培养。

知识链接

一、交流充电系统基本原理

1. 交流充电系统的主要组成

交流充电系统主要由供电设备（充电桩）、车载充电机、高压控制盒、动力蓄电池、充电线束等组成，如图 4-51 所示。

慢充充电原理及流程

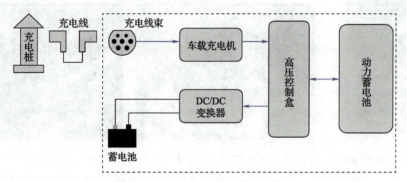

图 4-51 交流充电系统的主要组成

2. 交流充电系统的结构

充电枪连接通过车载充电机反馈到 VCU，再唤醒仪表显示连接状态（负触发）；车载充电机同时唤醒 VCU 和 BMS（正触发），VCU 唤醒仪表启动，显示充电状态（负触发）；正、负主继电器由 VCU 发出指令由 BMS 控制闭合，交流充电系统的结构与原理如图 4-52 所示。

3. 交流充电基本原理

交流充电即"慢充"，慢充可分为家用交流慢充和交流充电桩慢充。GB/T 20234.1—2015 已明确规定禁止使用充电模式 1，国内主流车型的家用交流慢充方式采用充电模式 2 和连接方式 B，如图 4-53 所示，交流充电桩慢充方式采用充电模式 3 和连接方式 B，如图 4-54 所示。

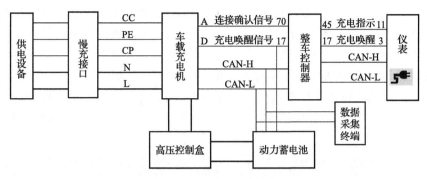

图 4-52 交流充电系统的结构与原理

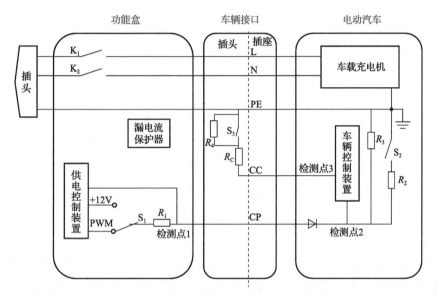

图 4-53 充电模式 2 和连接方式 B

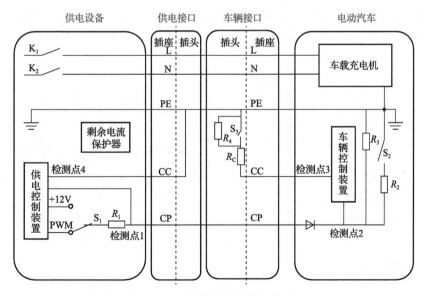

图 4-54 充电模式 3 和连接方式 B

(1) 控制导引电路 交流充电安全保护系统包括供电控制装置、接触器 K_1 及 K_2、电阻 R_1—R_4 及 R_C、二极管、开关 S_1—S_3、车载充电机和车辆控制装置等。

电阻 R_4、R_C 安装在车辆插头上,开关 S_1 为供电设备内部开关,开关 S_2 为车辆内部开关,开关 S_3 为车辆插头内部常闭开关。在车辆接口与供电接口完全连接,当车载充电机自检测完成后无故障,并且蓄电池组处于可充电状态时,S_2 闭合。无开关 S_2 的车辆应采用单相充电,且最大充电电流不超过8A,交流充电控制导引电路参数见表4-7。

表 4-7 交流充电控制导引电路参数

对象	参数	符号	单位	标称值	最大值	最小值
供电设备	输出高电压	$+U_{cc}$	V	12	12.6	11.4
	输出低电压	$-U_{cc}$	V	-12	-11.4	-12.6
	R_1 等效电阻	R_1	Ω	1000	1030	970
	状态1(检测点1电压)	U_{1a}	V	12	12.8	11.2
	状态2(检测点1电压)	U_{1b}	V	9	9.8	8.2
	状态3(检测点1电压)	U_{1c}	V	6	6.8	5.2
电动汽车	R_2 等效电阻	R_2	Ω	1000	1030	970
	R_3 等效电阻	R_3	Ω	1000	1030	970
	等效二极管电压降	U_{d1}	V	0.7	0.85	0.55

(2) 控制导引电路基本功能

1)连接确认。

①OBC 通过测量检测点 3 与 PE 之间的电阻值来判断车辆插头及插座是否完全连接。

②供电设备通过检测检测点 1 的电压来判断供电插头和插座是否完全连接。

2)充电连接装置载流能力和供电设备功率的识别。

①OBC 通过测量检测点 3 与 PE 之间的电阻值来确认充电电缆的额定容量。

②OBC 通过测量检测点 2 的 PWM 占空比信号确认当前供电设备的最大供电电流,CP 占空比对应关系见表4-8。

表 4-8 CP 占空比对应关系

PWM	占空比 D 最大充电电流 I_{max}(A)
$D<3\%$	不允许充电
$3\%\leqslant D\leqslant 7\%$	5% 的占空比表示需要数字通信,且需在充电
$7\%<D<8\%$	不允许充电
$8\%\leqslant D<10\%$	$I_{max}=6$
$10\%\leqslant D\leqslant 85\%$	$I_{max}=(D\times 100)\times 0.6$
$85\%<D\leqslant 90\%$	$I_{max}=(D\times 100-64)\times 2.5$ 且 $I_{max}\leqslant 63$
$90\%<D\leqslant 97\%$	预留
$D>97\%$	不允许充电

3）充电过程的检测。

①充电过程中，OBC 对检测点 3 和 PE 间的电阻值及检测点 2 的 PWM 信号占空比进行监测。

②充电过程中，供电设备对检测点 1 的电压值进行监测。

4）充电系统的停止。在充电过程中，当充电完成或因为其他原因不能继续充电时，OBC 和供电设备分别停止供电。

（3）充电控制过程

1）车辆插头与车辆插座插合，车辆处于不可行驶状态。当车辆插头与车辆插座插合后，车辆的总体设计方案可以自动启动某种触发条件（如打开充电门、车辆插头与车辆插座连接或对车辆的充电按钮、开关等进行功能触发设置），通过互锁或其他控制措施使车辆处于不可行驶状态。

2）确认供电接口已完全连接（充电模式 3 和连接方式 B）。供电控制装置通过测量检测点 1 或检测点 4 的电压值来判断供电插头与供电插座是否完全连接。

3）确认车辆接口已完全连接。车辆控制装置通过测量检测点 3 与 PE 之间的电阻值来判断车辆插头与车辆插座是否完全连接。未连接时，S_3 处于闭合状态，CC 未连接，检测点 3 与 PE 之间的电阻为无穷大；半连接时，S_3 处于断开状态，CC 已连接，检测点 3 与 PE 之间的电阻为 R_C+R_4；完全连接时，S_3 处于闭合状态，CC 已连接，检测点 3 与 PE 之间的电阻为 R_C。

4）确认充电连接装置是否已完全连接。如果供电设备无故障，并且供电接口已完全连接，则开关 S_1 从 +12V 连接状态切换至 PWM 连接状态，供电控制装置发出 PWM 信号。供电控制装置通过测量检测点 1 或检测点 4 的电压值来判断充电连接装置是否完全连接。车辆控制装置通过测量检测点 2 的 PWM 信号，判断充电连接装置是否完全连接。

5）车辆准备就绪。在车载充电机自检完成，且没有故障的情况下，并且蓄电池组处于可充电状态时，车辆控制装置闭合开关 S_2。

6）供电设备准备就绪。供电控制装置通过测量检测点 1 的电压值判断车辆是否准备就绪。当检测点 1 的峰值电压为 6V 时，则供电控制装置通过闭合接触器 K_1、K_2 使交流供电电路导通。

7）充电系统的启动。当电动汽车和供电设备建立电气连接后，车辆控制装置通过判断检测点 2 的 PWM 信号占空比确认供电设备的最大可供电能力，并且通过判断检测点 3 与 PE 之间的电阻值来确认电缆的额定容量。车辆控制装置对供电设备当前提供的最大供电电流值、车载充电机的额定输入电流值及电缆的额定容量进行比较，将其最小值设定为车载充电机当前最大允许输入电流。当车辆控制装置判断充电连接装置已完全连接，并完成车载充电机最大允许输入电流设置后，车载充电机开始对电动汽车进行充电。

在充电过程中，当接收检测点 2 的 PWM 信号时，车载充电机最大允许输入电流设置取决于供电设备的可供电能力、充电线缆载流值和车载充电机额定电流的最小值。

8）检查供电接口的连接状态及供电设备的供电能力变化情况。在充电过程中，车辆控制装置通过周期性监测检测点 2 和检测点 3，供电控制装置通过周期性监测检测点 1 和检测点 4，确认供电接口和车辆接口的连接状态，监测周期不大于 50ms。

车辆控制装置对检测点 2 的 PWM 信号进行不间断检测，当占空比有变化时，车辆控制装置根据 PWM 占空比实时调整车载充电机的输出功率，检测周期不应大于 5s。

9) 正常条件下充电结束或停止。在充电过程中，当达到车辆设置的结束条件或者驾驶人对车辆实施停止充电的指令时，车辆控制装置断开开关 S_2，并使车载充电机处于停止充电状态。

在充电过程中，当达到操作人员设置的结束条件、操作人员对供电装置实施停止充电的指令时，供电控制装置应能将控制开关 S_1 切换到+12V 连接状态，当检测到开关 S_2 断开时，应在 100ms 内通过断开接触器 K_1、K_2 切断交流供电电路，超过 3s 未检测到 S_2 断开，则可以强制带载断开接触器 K_1、K_2 切断交流供电电路。

10) 非正常条件下充电结束或停止。

①在充电过程中，车辆控制装置通过检测 PE 与检测点 3 之间的电阻值来判断车辆插头与车辆插座的连接状态。如果判断开关 S_3 由闭合变为断开，则车辆控制装置控制车载充电机在 100ms 内停止充电，然后断开 S_2。

②在充电过程中，车辆控制装置通过检测 PE 与检测点 3 之间的电阻值来判断车辆插头与车辆插座的连接状态。如果判断车辆接口由完全连接变为断开，则车辆控制装置控制车载充电机停止充电，然后断开 S_2。

③在充电过程中，车辆控制装置对检测点 2 的 PWM 信号进行检测，当信号中断时，则车辆控制装置应能控制车载充电机在 3s 内停止充电，然后断开 S_2。

④在充电过程中，如果检测点 1 的电压值为 12V、9V 或者其他非 6V 的状态，则供电控制装置应在 100ms 内断开交流供电电路。

⑤在充电过程中，供电控制装置对检测点 4 进行检测，如果检测到供电接口由完全连接变为断开，则供电控制装置控制开关 S_1 切换到+12V 连接状态，并在 100ms 内断开交流供电电路。

⑥在充电过程中，如果剩余电流保护器（漏电断路器）动作，则车载充电机处于失电状态，车辆控制装置断开开关 S_2。

⑦供电设备检测车载充电机实际工作电流，当供电设备 PWM 信号对应的最大供电电流≤20A，且车载充电机实际工作电流超过最大供电电流+2A 并保持 5s 时，或供电设备 PWM 信号对应的最大供电电流>20A，且车载充电机实际工作电流超过最大供电电流的 1.1 倍并保持 5s 时，供电设备应在 5s 内断开输出电源并控制开关 S_1 切换到+12V 连接状态。

⑧当车辆 S_2 断开，供电控制装置应在 100ms 内断开交流供电电路，持续输出 PWM。

⑨在供电接口已完全连接但未闭合交流供电电路时，如果发生连接异常，供电控制装置应在 100ms 内控制开关 S_1 切换到+12V 连接状态且不闭合交流供电电路。

表 4-9 所示为车辆连接状态与 R_C 电阻之间的关系。

表 4-9 车辆连接状态与 R_C 电阻之间的关系

状态	R_C	R_4	S_3	车辆接口连接状态及额定电流
状态 A	—		—	车辆接口未完全连接
状态 B			断开	机械锁止装置处于解锁状态
状态 C	1.5kΩ/0.5W	—	闭合	车辆接口已经完全连接,充电电缆容量为10A
状态 C′	1.5kΩ/0.5W	1.8kΩ/0.5W	断开	车辆接口处于半连接状态
状态 D	680Ω/0.5W	—	闭合	车辆接口已经完全连接,充电电缆容量为16A
状态 D′	680Ω/0.5W	2.7kΩ/0.5W	断开	车辆接口处于半连接状态
状态 E	220Ω/0.5W	—	闭合	车辆接口已完全连接,充电电缆容量为32A
状态 E′	220Ω/0.5W	3.3kΩ/0.5W	断开	车辆接口处于半连接状态
状态 F	100Ω/0.5W	—	闭合	车辆接口已完全连接,充电电缆容量为63A
状态 F′	100Ω/0.5W	3.3kΩ/0.5W	断开	车辆接口处于半连接状态

注:电阻 R_C、R_4 的精度为±3%。

4. 交流充电控制流程

交流充电控制流程如图 4-55 所示。

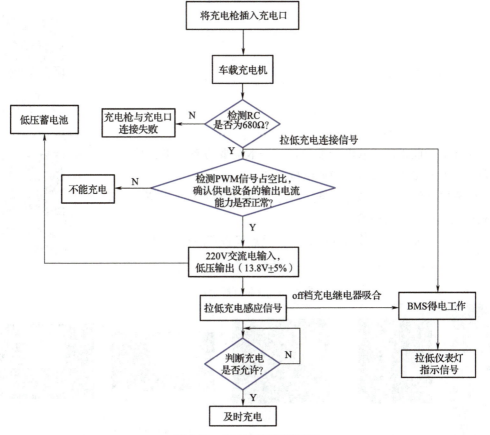

图 4-55 交流充电控制流程

5. 交流充电条件要求

充电线连接确认信号正常;充电机供电电源正常(含 220V 和 12V)及充电机工作

正常；充电唤醒信号输出正常（12V）；充电机、VCU、BMS之间通信正常（主继电器闭合、发送电流强度需求）；动力蓄电池单体蓄电池温度0~45℃；单体蓄电池最高电压与最低电压差<0.3V（300mV）；单体蓄电池最高温度与最低温度差<15℃；绝缘性能>500Ω/V；实际单体蓄电池最高电压不大于额定单体蓄电池电压0.4V；高、低压电路连接正常（远程控制开关关闭状态）。

6. 充电系统CAN网络结构

充电系统CAN网络结构如图4-56所示。

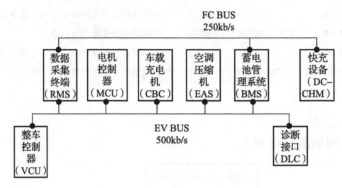

图4-56 充电系统CAN网络结构

二、交流充电系统故障排除

1. 交流充电常见故障故障排查

（1）交流充电常见故障排查方向

①充电功能正常，放电功能异常：一般需要检查充电枪放电电阻及放电枪连接线，或者更换放电枪验证。

②充电功能异常，放电功能正常：一般需要检查CP信号、车载充电机，更换充电桩验证。

③充电功能异常，放电功能异常：重点检查车载充电机。

（2）根据仪表显示进行排查 可参考表4-10。

表4-10 故障灯显示及排查

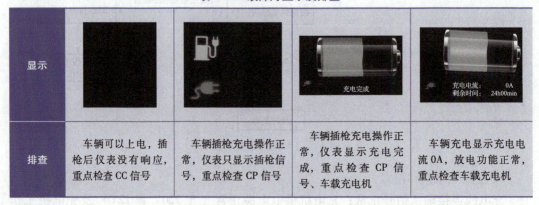

2. 故障案例：车辆无法交流充电故障

（1）故障现象　车辆插入交流充电枪后，仪表显示插枪信号，充电电流 0A，车辆无法正常充电，故障现象如图 4-57 所示。

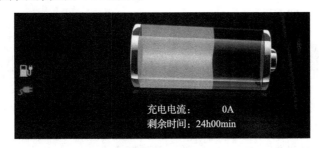

图 4-57　故障现象

（2）故障排查思路　车辆存在插枪信号可判断 CC 信号正常，充电电流显示 0A，该故障可能为车载充电机输出电流小于 1A 或者无电流输出，需检查车载充电机实际输出电流，动力蓄电池包实际输入电流，可读取车载充电机数据流进一步判断。

（3）读取数据流

1）读取车载充电机数据流（连接 7kW 交流充电桩）。正常车载充电机数据流（连接 7kW 交流充电桩）如图 4-58 所示。

名称	值	单位
充电枪连接检测	充电枪连接	
CP 充电功率检测	交流电源连接	
电子锁状态	已上锁	
电网输入电流	32	A
电网输入电压	228.50	V
充电机输出电流	16	A
充电机输出电压	358	V
引导电路电压	6	V
引导电路占空比	52	%
DCDC模块状态	就绪	

图 4-58　正常车载充电机数据流（连接 7kW 交流充电桩）

对图 4-58 所示车载充电机数据流（连接 7kW 交流充电桩）进行分析：

①充电枪连接检测显示充电枪连接，说明 CC 信号正常。

②CP 充电功率检测显示交流电源连接，说明 CP 信号正常。

③电子锁状态显示已上锁，说明电子锁上锁正常。

④电网输入电流显示 32A，说明电网输入电流正常。

⑤电网输入电压显示 228.50V，说明电网输入电压正常。

⑥充电机输出电流显示 16A，说明充电机输出电流正常。

⑦充电机输出电压显示 358V，说明充电机输出电压正常。

⑧引导电路电压显示 6V，说明 CP 信号电压正常。

⑨引导电路占空比显示 52%，说明 CP 信号对应最大电流为 31. 2A(0. 6×52%×100)。

2）读取车载充电机数据流（连接随车充电盒）。故障车辆车载充电机数据流（连接随车充电盒）如图 4-59 所示。

吉利汽车 GEELY AUTO

帝豪GSe>>OBC>>读数据流>>数据流

名称	值	单位
充电枪连接检测	充电枪连接	
CP 充电功率检测	交流电源连接	
电子锁状态	已上锁	
电网输入电流	2.30	A
电网输入电压	228.50	V
充电机输出电流	1	A
充电机输出电压	358	V
引导电路电压	6	V
引导电路占空比	12	%
DCDC模块状态	就绪	/

图 4-59　故障车辆车载充电机数据流（连接随车充电盒）

对图 4-59 所示车载充电机数据流（连接随车充电盒）进行分析：

①充电枪连接检测显示充电枪连接，说明 CC 信号正常。

②CP 充电功率检测显示交流电源连接，说明 CP 信号正常。

③电子锁状态显示已上锁，说明电子锁上锁正常。

④电网输入电流显示 2. 30A，输入电流异常，正常为 7A 左右。

⑤电网输入电压显示 228. 50V，说明电网输入电压正常。

⑥充电机输出电流显示 1A，说明充电机输出电流异常，正常为 4A 左右。

⑦充电机输出电压显示 358V，说明充电机输出电压正常。

⑧引导电路电压显示 6V，说明 CP 信号电压正常。

⑨引导电路占空比显示 12%，说明 CP 信号对应最大电流为 7. 2A（0. 6×12%×100）。

3）读取 BMS 与充电相关数据流（连接随车充电盒）。故障车辆 BMS 与充电相关数据流（连接随车充电盒）如图 4-60 所示。

吉利汽车 GEELY AUTO

帝豪GSe>>BMSH>>读数据流>>数据流

名称	值
蓄电池包总电压	358.10
蓄电池包总电流	0.90
允许的持续充电功率	89
充电枪CC状态	已连接
充电机CP连接状态	外部能量已连接
充电允许指令	允许充电
BMS请求的充电电流	32
BMS请求的充电电压	408.50

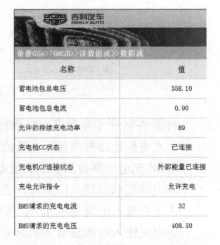

图 4-60　故障车辆 BMS 与充电相关数据流（连接随车充电盒）

对图 4-60 所示车辆 BMS 与充电相关数据流（连接随车充电盒）进行分析：

①蓄电池包总电压 358.1V，数据显示正常。

②蓄电池包总电流显示 0.9A，说明车载充电机实际输出到蓄电池包电流为 0.9A。

③BMS 请求的充电电压显示 408.5V，充电电流显示 32A，说明 BMS 正常。

（4）故障分析　请重点参考如下 4 个数据：CP 对应允许最大充电电流 7.2A；电子锁上锁正常；BMS 请求充电电流 32A；车载充电机实际输入电流 2.3A，实际输出电流 1A。

以上数据分析显示车载充电机无影响充电限功率因素，但是车载充电机输出电流不到 1A，因此判断车载充电机故障导致车辆充电异常。

（5）故障拓展　无法交流充电常见故障见表 4-11。

表 4-11　无法交流充电常见故障

故障类型	故障码	故障描述	检查结果
无法交流充电	CC 信号无效	车辆在交付给客户前进行交流充电测试时无法充电	检查发现交流插座低压线束未连接
	CP 信号有效，CC 信号无效	插枪后无插枪信号	检查 CC 信号线正常，更换辅助控制模块（ACM）后正常
	车载充电机输入电压欠电压	车辆无法交流充电，插枪启动充电，充电桩跳闸保护	客户在富电服务站测试插枪充电，充电桩跳闸，在其他几个充电桩同样有此故障

三、北汽新能源 EV200 慢充系统相关知识

1. 北汽新能源 EV200 车载充电机低压 16 芯插接器针脚定义

北汽新能源 EV200 车载充电机低压 16 芯插接器针脚分布如图 4-61 所示，各针脚含义如下：1—新能源 CAN-L；8—GND；9—新能源 CAN-H；15—唤醒输出；16—12V+。

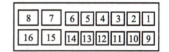

图 4-61　16 芯插接器针脚分布

2. 车载充电机上的指示灯

在车载充电机上有 3 个指示灯，分别是 Power、Run 和 Fault，当车载充电机接通交流电后，电源指示灯亮起；当车载充电机进入充电状态后，充电指示灯亮起；当充电机内部有故障时，警告指示灯亮起。

3. 慢充唤醒信号传输过程

图 4-62 所示为 EV200 慢充唤醒电路原理图，慢充连接确认后，车载充电机输出慢充唤醒信号，分别唤醒 VCU、数据采集终端和仪表，仪表启动显示充电状态。唤醒后的 VCU 随即输出信号唤醒蓄电池管理系统，同时 VCU 会给 DC/DC 变换器一个使能信号，使其开始工作。

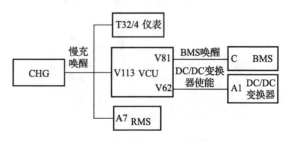

图 4-62　EV200 慢充唤醒电路原理图

任务实施

北京的冯先生三年前购入一款电动汽车,前几日需驾车前往天津出差,行程约180km,于是采取交流充电桩充电。冯先生起动车辆后,仪表信息显示正常。下电充电时,仪表无任何反应,无法慢充。随即冯先生的车辆被送至新能源汽车服务站,技师负责对车辆进行故障诊断与维修。作为技师的你想要完成此项任务,除了要能够对具体车型的电路图进行识读以外,还要对交流充电系统的基本组成和工作原理有深入的了解,并且掌握交流充电系统常见故障的排除诊断思路,同时要注意做好安全防护,下面开始我们的学习。

一、故障分析

1. 故障现象描述

根据客户的描述,本次维修作业的故障现象:交流充电桩充电异常、无充电界面。

2. 故障原因分析

慢充充电时仪表无任何信息,证明仪表未被唤醒或仪表供电电源电路存在故障。整车上电时仪表信息显示正常,说明仪表供电电源电路正常,初步判定车辆慢充唤醒存在问题。车载充电机内部的自励唤醒电源模块将高压电转换获得慢充唤醒信号,由此可见慢充唤醒信号与充电设备和零部件有直接的关系,另外车载充电机的12V低压供电电源如果存在问题也会导致车载充电机内部控制模块无法工作,从而造成唤醒信号故障,而本次故障车辆在充电时车载充电机电源灯点亮,故障指示灯熄灭,证明车载充电机内部的自励唤醒电源模块和12V低压供电电源正常,应重点检查唤醒信号输出电路。

二、作业前的准备工作

1. 维修作业前现场环境检查

现场环境检查(图4-63)主要包括检查绝缘垫、设立隔离柱、布置警戒线、张贴警示牌。要求现场环境达标、隔离距离正常、警示标牌清晰。

2. 维修作业前防护用具检查

维修作业前防护用具检查(图4-64)主要包括绝缘手套、绝缘鞋、护目镜、安全帽外观及性能检查。要求外观良好、绝缘手套及绝缘鞋技术参数合格。

图4-63 现场环境检查

图4-64 维修作业前防护用具检查

3. 维修作业前仪表工具检查

维修作业前仪表工具检查（图 4-65）主要包括绝缘万用表、绝缘工具箱、放电工装外观及性能检查。要求外观良好、绝缘万用表及放电工装性能正常。

4. 维修作业前实施车辆防护

维修作业前实施车辆防护包括铺设翼子板防护垫、汽车维修三件套、脚垫。

图 4-65　维修作业前仪表工具检查

三、故障排除过程

1）利用 BDS 诊断软件读取整车各系统数据流，并记录数据。

①读取整车控制器数据流。

整车控制器数据流：整车 State 状态为 12；整车模式变量显示运行异常；母线电流为 0A；母线电压实际值 U_1、U_2、U_3 均为 0V。

结果分析：母线电压都为 0V，母线电流也为 0A，说明动力蓄电池不能正常进行自检。整车模式变量运行异常且 State 状态为 12，证明整车控制器未被唤醒。

②读取组合仪表数据流。

组合仪表数据流：慢充输入信号无效；动力蓄电池故障指示灯熄灭；系统故障灯（红色）熄灭；系统故障灯（黄色）熄灭；充电提醒指示灯熄灭；充电故障指示灯熄灭。

结果分析：慢充输入信号无效且各个故障灯都未点亮，证明仪表未被唤醒。

③读取车载充电机数据流。

车载充电机数据流：充电机工作模式为待机；温度为 10℃；输入电压为 236.1V；输出电压为 0V；输入电流为 0A；输出电流为 0A。

结果分析：车载充电机工作模式处于待机状态，且输出电压和电流数值均为零，证明车载充电机没有输出高压电，另外输入电压值为 235.3V，证明充电桩至车载充电机的高压电路无故障。

2）检查车载充电机低压线束插接器接插是否牢固，并观察是否有退针现象（图 4-66）。

检查结果：插接牢固但 15 号针脚退针。

结果分析：车载充电机低压线束插接器 15 号针脚退针，导致慢充唤醒信号无法从车载充电机中输出，需进行修复处理。

3）在不破坏线束绝缘层的情况下测量车载充电机慢充唤醒输出信号的电压值。所采用的检测工具为免剥线测试仪和绝缘万用表。

检测方法：将免剥线测试仪前端对准 CHG 低压插接器 15 号针脚所在的线束，后端与绝缘万用表正极连接，绝缘万用表负极与车身搭铁相连，档位选择为电压档，慢充刷卡，观察绝缘万用表显示数值，其值为 13.8V，如图 4-67

图 4-66　车载充电机低压线束插接器检查

图 4-67　车载充电机慢充唤醒输出信号的测量

所示。

结果分析：13.8V 的电压数值证明车载充电机可正常输出慢充唤醒信号，车载充电机内部无故障。

4）利用维修检测工具完成慢充唤醒信号传输电路的检测，并记录检测结果。

检测结果：CHGA15 与 VCUV113 导通；CHGA15 与 ICM4 导通；CHGA15 与 RMSA7 导通。

结果分析：慢充唤醒信号传输电路完好，无故障现象。

5）完成整车上电及慢充操作，以验证故障现象是否解除。

①记录整车上电仪表信息数据。点火开关置于 ON 位置（图 4-68），READY 指示灯点亮；续驶里程为 90km；动力蓄电池电压值为 357V；仪表显示正常，无提示语、无故障灯。

②记录慢充充电仪表信息数据。点火开关置于 LOCK 位，连接慢充枪，如图 4-69 所示，充电线连接指示灯点亮；蓄充电电压为 357V；充电电流为 -8A；仪表显示正常，无提示语、无故障灯。车载充电机指示灯：POWER 和 RUN 指示灯点亮。

图 4-68　点火开关置于 ON 位置

图 4-69　连接慢充枪

四、故障小结

当点火开关置于 ON 位置时，仪表 READY 指示灯点亮，信息显示正常；当执行慢充操作时，充电界面及充电参数正常，车载充电机电源和工作指示灯点亮，故障完全解除。此次故障确为车载充电机低压插接器 15 号针脚退针导致。

任务 3　直流充电系统故障检修

任务解析

通过本任务的学习，要求学生掌握直流充电系统的基本工作原理和控制流程，并能够利用所学知识，结合电路图和维修手册对直流充电系统的故障进行检修。此外在维修过程中强调职业素养的养成和小组成员团结协作能力的培养。

> 知识链接

一、直流充电系统基本原理

1. 直流充电系统的组成

直流充电系统主要由充电设备（直流充电桩）（图4-70）、快充充电接口（图4-71）、高压控制盒（图4-72）、动力蓄电池、整车控制器、高压线束和低压控制线束等组成。

快速充电原理及流程

图4-70　直流充电桩

图4-71　快充充电接口

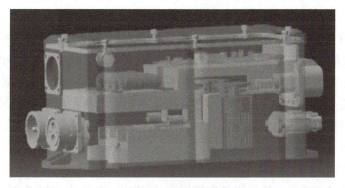

图4-72　高压控制盒

2. 直流充电系统的工作过程

直流充电系统的工作过程共分为6个阶段，直流充电系统结构原理如图4-73所示。

（1）直流供电　该阶段充电枪连接到直流充电桩，直流充电桩通过充电枪为电动汽车提供高压直流电源。

（2）充电唤醒　该阶段充电枪连接到车辆快速充电接口，整车控制器（VCU）通过充电连接确认线CC判断快速充电接口是否正确连接，如果判断正确连接，则启用唤醒电路将车辆内部的充电系统电路和部件唤醒。

（3）检测充电需求　该阶段蓄电池管理系统（BMS）检测动力蓄电池是否需要进行充电。

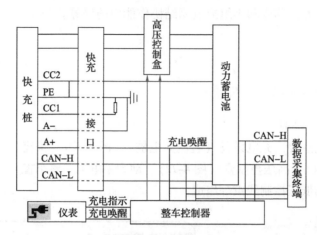

图 4-73 直流充电系统结构原理

(4) 发送充电指令 如果检测到动力蓄电池有充电需求,整车控制器 (VCU) 通过输出高压接触器接通指令到高压控制盒,接通动力蓄电池与直流充电桩间的高压电路,开始进行充电。

(5) 充电过程 充电过程中,整车控制器 (VCU) 向仪表输出充电显示信息,外部供电设备的高压直流电通过直流充电桩储蓄到动力蓄电池。

(6) 充电停止 蓄电池管理系统 (BMS) 检测到充电完成后,给整车控制器 (VCU) 发送指令,快速充电系统停止工作,断开动力蓄电池继电器,充电结束。

3. 直流充电的充电条件要求

直流充电的充电条件要求具体包括:充电线连接确认信号正常,BMS 供电电源正常 (12V),充电唤醒信号输出正常 (12V),充电桩、VCU、BMS 之间通信正常(主继电器闭合、发送电流强度需求),动力蓄电池单体蓄电池温度为 5~45℃,单体蓄电池最高电压与最低电压差 <0.3V (300mv),单体蓄电池最高温度与最低温度差 <15℃,绝缘性能 > 500Ω/1V,实际单体蓄电池最高电压不大于额定单体蓄电池电压 0.4V,高低压电路连接正常(远程开关关闭状态)。

4. 直流充电基本原理

直流充电即"快充",其目的是在短时间内以较大电流为车辆补充电能。快充能在 30min 内将电动汽车的动力蓄电池充至(或接近)完全充电状态。直流充电桩主要安装在电动汽车充电站,或其他大型公共设施及购物中心,可满足广泛的使用需求。

(1) 控制导引电路 直流充电控制导引电路原理如图 4-74 所示,包括非车载充电机控制装置、电阻 R_1—R_5、常闭开关、直流供电电路接触器 K_1 及 K_2、低压辅助供电路接触器 K_3 及 K_4、充电电路控制器 K_5 及 K_6、VCU 等。

电阻 R_2、R_3 及常闭开关安装在车辆插头中,电阻 R_4 安装在车辆插座。当车辆插头与车辆插座完全连接后,开关闭合。在整个充电过程中,非车载充电机控制装置应能监测接触器 K_1—K_4,VCU 应能监测接触器 K_5 及 K_6 状态并控制其接通或关断,具体参数见表 4-12。

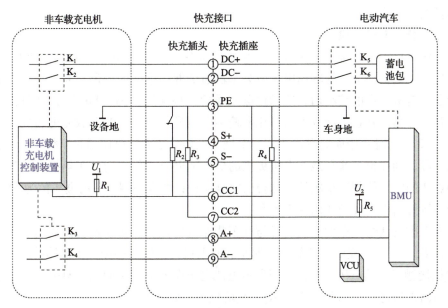

图 4-74 直流充电控制导引电路原理

表 4-12 直流充电控制导引电路参数

对象	参数	符号	单位	标称值	最大值	最小值
非车载充电机	R_1 等效电阻	R_1	Ω	1000	1030	970
	上拉电压	U_1	V	12	12.6	11.4
	测试点1电压	U_{1a}	V	12	12.8	11.2
		U_{1b}	V	6	6.8	5.2
		U_{1c}	V	4	4.8	3.2
车辆插头	R_2 等效电阻	R_2	Ω	1000	1030	970
	R_3 等效电阻	R_3	Ω	1000	1030	970
车辆插座	R_4 等效电阻	R_4	Ω	1000	1030	970
	R_5 等效电阻	R_5	Ω	1000	1030	970
电动汽车	上拉电压	U_2	V	12	12.6	11.4
	测试点2电压	U_{2a}	V	12	12.8	11.2
		U_{2b}	V	6	6.8	5.2

（2）直流充电控制过程分析

①车辆插头与车辆插座插合：使车辆处于不可行驶状态。

将车辆插头与车辆插座插合，车辆的总体设计方案可以自动启动某种触发条件（如打开充电门、车辆插头与车辆插座连接或对车辆的充电按钮、开关等进行功能触发设置），通过互锁或其他控制措施使车辆处于不可行驶状态。

②车辆接口连接确认。

操作人员对非车载充电机进行充电设置后，非车载充电机控制装置通过测量检测点1的电压值，判断车辆插头与车辆插座是否已完全连接。当检测点1电压值为4V时，则判断车辆接口完全连接。

③非车载充电机自检。

在车辆接口完全连接后，闭合 K_3、K_4，使低压辅助供电电路导通；闭合 K_1、K_2 进行绝缘检测，绝缘检测时的输出电压应为车辆通信握手报文内的最高允许充电总电压和供电设备额定电压中的较小值；绝缘检测完成后，将绝缘检测（IMD）以物理的方式从强电电路中分离，并投入泄放电路对充电输出电压进行泄放，非车载充电机完成自检后断开 K_1、K_2。同时开始周期发送通信握手报文。如果车辆需要使用非车载充电机提供低压辅助电源，则在得到非车载充电机提供的低压辅助电源供电后，车辆控制装置通过测量检测点 2 的电压值判断车辆接口是否已完全连接；如果检测点 2 的电压值为 6V，则车辆控制装置开始周期发送通信握手报文。

④充电准备就绪。车辆控制装置与非车载充电机控制装置在配置阶段时，车辆控制装置闭合 K_5、K_6，使充电电路导通；非车载充电机控制装置检测到车辆端蓄电池电压正常（确认接触器外端电压：与通信报文蓄电池电压误差范围≤±5%，且介于充电机最高与最低输出电压之间）后闭合 K_1、K_2，直流供电电路导通。

⑤充电阶段。在充电阶段，车辆控制装置向非车载充电机控制装置实时发送蓄电池充电需求参数。调整充电电流下降时：ΔI≤20A，最长在 1s 内将充电电流调整到与命令值相一致；ΔI>20A，最长在 $\Delta I/dI_{min}$ s（dI_{min} 为最小充电速率，即 20A/s）内将充电电流调整到与命令值相一致。非车载充电机控制装置根据蓄电池充电需求参数实时调整充电电压和充电电流。此外，车辆控制装置与非车载充电机控制装置还相互发送各自的状态信息。在充电过程中，车端应能检测 PE 针断线。

⑥正常条件下充电结束。车辆控制装置根据蓄电池系统是否达到满充状态或是否收到"充电机中止充电报文"来判断是否结束充电。在满足以上充电结束条件时，车辆控制装置开始周期发送"车辆控制装置中止充电报文"，在确认充电电流变为小于 5A 后断开 K_5、K_6。当达到操作人员设定的充电结束条件或收到"车辆控制装置中止充电报文"后，非车载充电机控制装置周期发送"充电机中止充电报文"并控制充电机停止充电，以不小于 100A/s 的速率减小充电电流，当充电电流小于或等于 5A 后，断开 K_1、K_2。当操作人员实施停止充电指令时，非车载充电机控制装置开始周期发送"充电机中止充电报文"，并控制充电机停止充电，在确认充电电流变为小于 5A 后断开 K_1、K_2，并再次投入泄放电路，然后再断开 K_3、K_4。

⑦非正常条件下充电中止。在充电过程中，如果非车载充电机出现不能继续充电的故障，则向车辆周期发送"充电机中止充电报文"，并控制充电机停止充电，应在 100ms 内断开 K_1、K_2、K_3 和 K_4。

在充电过程中，如果车辆出现不能继续充电的故障，则向非车载充电机发送"车辆中止充电报文"，并在 300ms（车辆根据故障严重程度决定）内断开 K_5 和 K_6。

在充电过程中，非车载充电机控制装置若发生通信超时，则非车载充电机停止充电，应在 10s 内断开 K_1、K_2、K_5、K_6；非车载充电机控制装置发生 3 次通信超时即确认通信中断，则非车载充电机停止充电，应在 10s 内断开 K_1、K_2、K_3、K_4、K_5、K_6。

在充电过程中，非车载充电机控制装置对检测点 1 的电压进行检测，如果判断开关

S 由闭合变为断开，应在 50ms 内将输出电流降至 5A 或以下。

在充电过程中，非车载充电机控制装置对检测点 1 的电压进行检测，如果判断车辆接口由完全连接变为断开，则控制非车载充电机停止充电，应在 100ms 内断开 K_1、K_2、K_3 和 K_4。

在充电过程中，非车载充电机输出电压若大于车辆最高允许充电总电压，则非车载充电机应在 1s 内停止充电，并断开 K_1、K_2、K_3、K_4。

（3）充电电路原理

①在充电机端和车辆端均设置 IMD 电路，供电接口连接后到 K_5、K_6 合闸充电之前，由充电机负责充电机内部（含充电电缆）的绝缘检查；充电机端的 IMD 电路通过开关从充电直流电路断开，且 K_5、K_6 合闸之后的充电过程期间，由电动汽车负责整个系统的绝缘检查。在充电直流电路 DC+、PE 之间的绝缘电阻，与 DC-、PE 之间的绝缘电阻两者中取小值 R，当 R/U>500Ω/V 视为安全；100Ω/V<R/U≤500Ω/V 时，即进行绝缘异常报警，但仍可正常充电；R/U≤100Ω/V 视为绝缘故障，应停止充电。

②充电机进行 IMD 检测后，应及时对充电输出电压进行泄放，避免在充电阶段对蓄电池负载产生电压冲击。充电结束后，充电机应及时对充电输出电压进行泄放，避免对操作人员造成电击伤害。泄放电路的参数选择应保证在充电插接器断开后 1s 内将供电接口电压降到 60V DC 以下。

③因停电等原因，充电电路或控制电路失去电力时，非车载充电机应在 1s 内断开 K_1、K_2 或通过泄放电路在 1s 内将充电接口电压降到 60V DC 以下。

二、直流充电系统的故障排除

1. 直流无法充电故障诊断思路

（1）故障排查思路　直流无法充电故障排查之前，应确认整车是否可以上 READY 档，更换直流充电桩看车辆故障是否依旧存在，以上两点可以缩小故障排查范围。确定直流不能充电故障后进一步确认 OFF/ACC/ON/READY 档各档位充电状态，进一步缩小故障范围，最后结合故障码排查车辆直流充电相关线束状态是否正常。

直流充电常见故障

（2）直流充电常见故障排查方向

①直流充电桩端显示未连接车辆。检查快充插座 CC1 是否有磨损、烧蚀等情况，若有建议更换快充插座线束。

测量 CC1 电阻值，电阻值应为 1000Ω 左右。若电阻值不正常，建议更换快充线束，直流快充插座及各端子含义如图 4-75 所示。

②车辆 ON 档、READY 档能充电，OFF 档、ACC 档不能充电。检查快充插座 A+、A-到动力蓄电池端线束电阻值应在 0Ω 左右，与车身电阻值应在 1000Ω 以上，测量结果异常应排查线束，信号 A+、A-电路如图 4-76 所示。

③车辆仪表界面未显示插枪信号（图 4-77）。检查快充插座 CC2 信号与动力蓄电池端线束电阻值应在 0Ω 左右，车辆上 ON 档电，测量 CC2 与 PE 端子电压应在 5V 左右，测量结果异常应排查线束。

新能源汽车故障检修

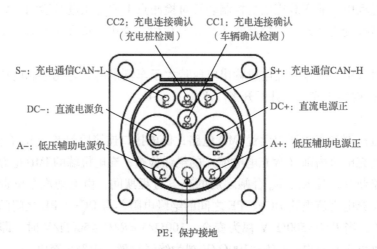

图 4-75　直流快充插座及各端子含义

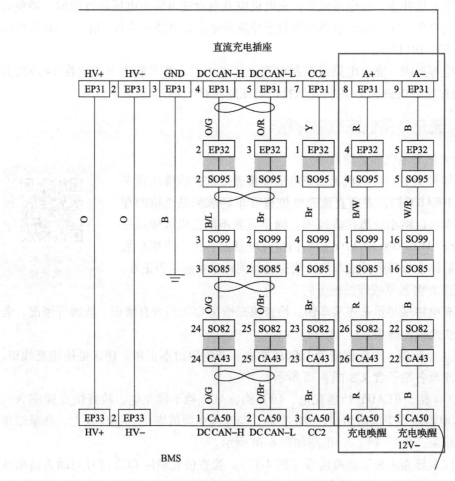

图 4-76　信号 A+、A-电路

图 4-77 充电线连接指示

④车辆直流插枪后,仪表显示插枪信号,过一会儿就显示充电完成,车辆无法正常充电。检查快充插座快充 CAN 线 S+、S-到动力蓄电池端线束终端电阻应在 120Ω 左右,车辆上 ON 档电,分别测量 S+、S-与接地之间电压应为 2.5~3.5V、1.5~2.5V,测量结果异常应排查线束。

⑤充电跳枪问题。查看充电桩是否报相关故障码,联系充电桩售后询问相关故障码定义。计费器故障、充电桩通信故障等都可能引起跳枪。

用诊断仪读取 BMS 是否有故障码,根据故障码排查相关故障。

用诊断仪查看 BMS 数据流,读取最高、最低单体蓄电池电压以及最高单体蓄电池温度,查看单体蓄电池电压是否有跳变现象,单体蓄电池最高截止电压为 4.25V 左右。若蓄电池单体电压突然跳变为 4.25V 左右,建议联系蓄电池售后人员进行处理。

记录跳枪阶段 SOC、单体蓄电池电压数据,蓄电池变电流阶段,充电桩本身响应过慢会导致 BMS 判定为过电流。

(3) 故障小结

①车辆进行故障排查前需要了解的车辆基本信息包括:车架号、生产日期、里程、车型、故障现象详细描述(行驶中、充电模式、颠簸路、涉水等),根据以上信息初步确定故障方向。

②诊断仪读取整车故障码(历史故障/当前故障),读取关键模块版本信息,初步分析软件问题或者根据故障码确定初步故障方向。

③详细记录故障诊断信息:故障件生产批次、故障件测量照片等。

④故障无法排除申请技术援助时需提供以上信息,便于故障分析,有条件的服务站可以读取整车 CAN 网络报文。

2. 故障案例:比亚迪 e6 无法直流快充故障

(1) 故障现象　一辆比亚迪 e6 电动汽车使用直流充电 8h 后仪表仍提示动力蓄电池电量低。

(2) 故障分析　比亚迪 e6 电动汽车有直流充电和交流充电两种充电方式,交流充电主要是通过交流充电桩、壁挂式充电盒以及家用供电插座接入交流充电口,通过高压电控总成将 220V 交流电转为 330V 直流高压电给动力蓄电池充电,高压部件之间的连接图如图 4-78 所示,直流充电系统流程图如图 4-79 所示。

(3) 故障诊断流程

1) 使用诊断仪读取故障码,根据故障码分析判断故障部位,若无故障码,按照后续步骤进行全面检测。

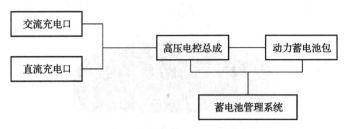

图 4-78 高压部件之间的连接图

图 4-79 直流充电系统流程图

2）对充电系统检测前，首先排除人为操作失误或不当造成的充电故障。

3）排除充电设备故障。

4）检查直流充电口插座电阻值是否正常，直流充电口的高压插接器和低压插接器 K22 如图 4-80 所示，具体操作如下：

①点火开关置为 OFF 档。

②分别拆下直流充电口的高压插接器和低压插接器 K22。

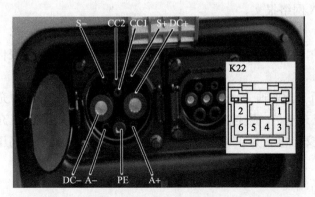

图 4-80 直流充电口的高压插接器和低压插接器 K22

③分别测量直流充电口插座各端子电阻值是否正常，端子之间的电阻值见表4-13。

表4-13 端子之间的电阻值

测量端子（直流充电口插座端）	测量端子（直流充电口低压插座K22）	参考值
S+	1	<1Ω
A+	2	<1Ω
S-	3	<1Ω
A-	5	<1Ω
CC2	6	<1Ω

5）检查直流充电口低压线束是否出现短路或断路故障：点火开关置为OFF档；分别拆下直流充电口的低压插接器K22和电源管理系统的插接器M33；使用欧姆表分别测量电压插接器K22的1针脚、3针脚和5针脚与电源管理系统插接器M33的16针脚、15针脚和8针脚之间电路的电阻值，正常电阻值应小于1Ω，若线束电阻值不符合标准，则应维修或更换出现断路或短路的电路，相关电路（1）如图4-81所示。

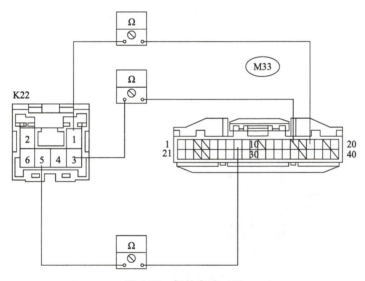

图4-81 相关电路（1）

6）检查充电控制电路是否出现故障：断开电源管理器低压插接器M39；使用欧姆表分别测量电压插接器K22的2针脚与电源管理系统插接器M39的2针脚、3针脚之间电路的电阻值，电源管理系统插接器M39的5针脚与车身搭铁的电阻值，正常电阻值应小于1Ω，若线束电阻值不符合标准，则应维修或更换出现断路或短路的电路，相关电路（2）如图4-82所示。

7）根据系统电路图检查控制电路熔丝FX/1DC（15A）是否熔断，如果熔断，则更换相同规格的熔丝再进行测量，若正常，检查KM-2DC（充电）继电器是否损坏，如果损坏，则更换继电器，若正常，进行下一步检查，相关电路（3）如图4-83所示。

连接充电口低压插接器K22和低压插接器M39；连接直流充电枪进行充电；断开配电箱低压插接器M31。

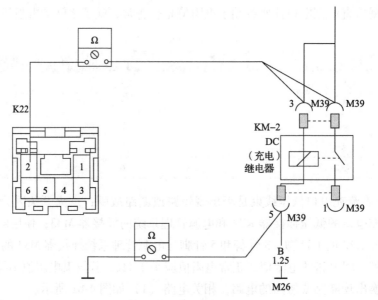

图4-82 相关电路（2）

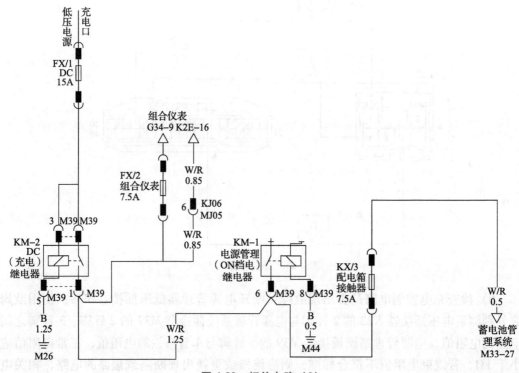

图4-83 相关电路（3）

8）根据系统电路图，进行下一步检查；用万用表电压档检查蓄电池管理系统插接器M31的4针脚、5针脚与车身搭铁之间的电压值，正常值为11~14V，相关电路（4）如图4-84所示。

9）根据系统电路图，进行下一步检查，相关电路（5）如图4-85所示；若测量无电压，则可能是充电柜故障，换台充电柜进行测试，确认故障是否排除，若故障仍存在，则进行下一步检查；电源置于 OFF 档，使用欧姆表分别测量蓄电池管理系统插接器 M33 的 27 针脚与配电箱的插接器 M31 的 4 针脚、蓄电池管理系统插接器 M33 的 1 针脚与配电箱的插接器 M31 的 22 针脚之间电路的电阻值，配电箱的插接器 M31 的 10 针脚与车身搭铁之间电路的电阻值，正常电阻值应小于 1Ω，若线束电阻值不符合标准，则维修或更换出现断路或短路的电路。

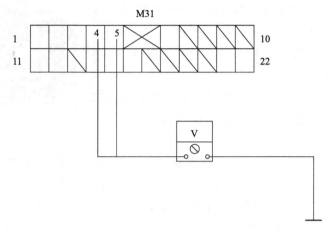

图 4-84 相关电路（4）

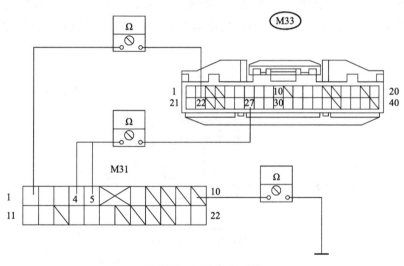

图 4-85 相关电路（5）

10）检查高压电控总成是否出现故障：连接各插接器；连接充电器对车辆进行充电；连接诊断仪 VDS1000，读取 BMS 数据流，查看数据流中"主接触器"和"负极接触器"状态是否为"吸合"，吸合是充电柜故障，不吸合是高压配电箱故障。

（4）故障排除 本故障案例是真实故障，在实际故障诊断步骤中，经过检测诊断，确定是控制电路熔丝 FX/1DC(15A) 熔断，更换后恢复正常。

3. 北汽新能源汽车 EV200 快充系统

（1）北汽新能源汽车 EV200 快充能量流动 北汽新能源汽车 EV200 快充能量流动示意图如图 4-86 所示。

图 4-86 北汽新能源汽车 EV200 快充能量流动示意图

（2）高压控制盒低压控制端插接器的针脚定义 高压控制盒低压控制端插接器的针脚如图 4-87 所示，针脚含义：1—快充继电器线圈（正极）；2—快充负继电器线圈（控制端负极）；3—快充正继电器线圈（控制端负极）。

图 4-87 高压控制盒低压控制端插接器

（3）快充继电器 快充继电器位于高压控制盒内部，共有 2 个，分别为快充正极继电器和快充负极继电器。

（4）快充继电器的工作过程 图 4-88 所示为快充继电器低压供电电路原理。从图中我们可以看出，快充正极继电器和快充负极继电器共用低压正极电源，该电路需经过 FB02 熔丝到达高压控制盒低压线束插接器 1 号针脚处，两个快充继电器的负极端都受 VCU 控制，快充负极继电器控制端与 VCU 的 116 号针脚相连，快充正极继电器控制端与 VCU 的 118 号针脚相连。当快充继电器接收 VCU 控制指令时，低压供电形成电路，两个继电器开始工作，高压电路导通，快充高压电源得以顺利通过高压控制盒。

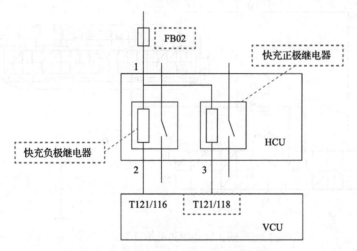

图 4-88 快充继电器低压供电电路原理

任务实施

出租车驾驶人李师傅两年前购得一辆电动汽车，由于业务需要经常要对车辆进行快充充电，平时快充刷卡后李师傅都能听到从前机舱和车底传来"啪嗒"的声音，可昨天进行快充刷卡后却没有听到前机舱发出任何声音，此时快充桩显示连接正常，车辆仪表显示无充电电流，拔掉快充枪整车上电无异常。随即李师傅的车辆被送至新能源汽车服务站，技师马强负责对车辆进行故障诊断与维修。他除了能够对具体车型的电路图进行识读以外，还要对直流充电系统的基本组成和工作原理有着深入的了解,并且掌握直流充电系统常见故障的排除诊断思路,同时要注意做好安全防护。下面就跟随马强开始我们的学习吧。

一、故障分析

1. 故障现象描述

根据客户的描述,本次维修作业的故障现象:快充桩显示连接正常,但无充电电流。

2. 故障原因分析

直流充电桩显示连接正常,证明车辆与充电桩通信无故障,结合无充电电流的现象基本可判断故障由快充桩至动力蓄电池的高压电路上存在断路导致,进一步分析可知快充继电器未闭合或相关高压线束连接、针脚异常都有可能导致该故障。又因为上电无异常,证明高压控制盒至动力蓄电池的高压传输电路无异常,应重点检查快充桩至高压控制盒的高压电路通断情况。

二、维修作业前准备工作

1. 维修作业前现场环境检查

现场环境检查(图 4-89)包括检查绝缘垫、设立隔离柱、布置警戒线、张贴警示牌。要求现场环境达标、隔离距离正常、警示标牌清晰。

2. 维修作业前防护用具检查

维修作业前防护用具检查(图 4-90)包括绝缘手套、绝缘鞋、护目镜、安全帽外观及性能检查。要求外观良好、绝缘手套及绝缘鞋技术参数合格。

图 4-89 维修作业前现场环境检查　　图 4-90 维修作业前防护用具检查

3. 维修作业前仪表工具检查

维修作业前仪表工具检查(图 4-91)包括绝缘万用表、绝缘工具箱、放电工装外观及性能检查。要求外观良好、绝缘万用表及放电工装性能正常。

4. 维修作业前实施车辆防护

维修作业前实施车辆防护包括铺设翼子板防护垫、汽车维修三件套、脚垫。

图 4-91 维修作业前仪表工具检查

三、故障排除过程

1）利用维修工具检测快充继电器低压供电电路，并记录结果，如图 4-92 所示。

检测结果：FB02 熔丝导通测试结果为不导通；HCUT12/1 与 FB02 导通测试结果为导通；HCUT12/2 与 VCUT121/116 导通测试结果为导通；HCUT12/3 与 VCUT121/118 导通测试结果为导通。

结果分析：FB02 作为快充继电器正极供电电路上的一个环节，它的熔断会导致快充继电器无法正常闭合，进而导致快充高压电路断路。

2）利用维修工具检测快充桩至高压控制盒的高压电路通断情况，如图 4-93 所示。

检测结果：快充枪与快充口连接紧固；快充枪与快充口连接端口的高压正负极针脚正常；快充线束与高压控制盒连接紧固；快充线束与高压控制盒连接端口的高压正负极针脚正常。

结果分析：快充桩至高压控制盒的高压线路连接良好，无断路现象。

图 4-92 检测快充继电器低压供电电路

图 4-93 检测快充桩至高压控制盒的高压电路

3）完成整车上电及快充操作，以验证故障现象是否解除。

①记录整车上电仪表信息数据。点火开关置于 ON 位置，READY 指示灯点亮；续驶里程 100km；动力蓄电池电压值为 363V；仪表显示正常，无提示语、无故障灯。

②记录快充充电仪表信息数据。点火开关置于 LOCK 位置，连接快充枪，充电界面有显示，充电线连接指示灯点亮；充电电压为 363V；充电电流为 -76A；仪表显示正常，无提示语、无故障灯。

四、故障验证结论

结论：当点火开关置于 ON 位置时 READY 指示灯点亮，仪表参数正常；进行快充充电时充电界面及充电参数正常，故障完全解除。此次故障现象因 FB02 熔丝熔断导致。

• 项目总结 •

本项目共计包括 3 个任务，分别是高压配电箱的更换、交流充电系统故障检修和直流充电系统故障检修。在任务 1 中重点对充电系统充电模式、连接方式以及充电系统的主要零部件进行了介绍，并着重介绍了在比亚迪 e6 上安装高压配电箱，要求同学们对其进行接口分析、结构辨认和拆装。在任务 2 中重点学习慢充系统的工作原理与充电流程，并利用维修手册的电路图等工具进行故障排除。在任务 3 中重点学习快充系统的工作原理与充电流程，并利用维修手册的电路图等工具进行故障排除。

• 实训项目 •

实训　实车认知比亚迪 e6 高压配电箱的结构

一、结构认知

1）请同学们参考维修手册，对照实物，阐述各插接器定义，如图 4-94、图 4-95 所示。

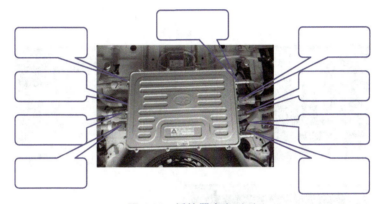

图 4-94　插接器定义（1）

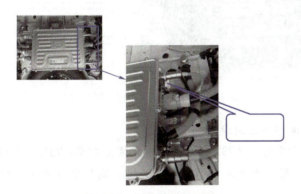

图 4-95　插接器定义（2）

2）请同学们认知实物，结合维修手册，说出高压配电箱内部结构的名称并阐述其作用，如图 4-96、图 4-97 所示。

二、绝缘电阻的测量

1. 测量电机控制器插接器的绝缘电阻

测量要求：环境温度为（23±2）℃；相对湿度为 45%~75%；测试电压为 1000V。

测量正极绝缘电阻，大于等于 1000Ω 为正常；测量负极绝缘电阻，大于等于 1000Ω 为正常。

图 4-96 高压配电箱内部结构（1）

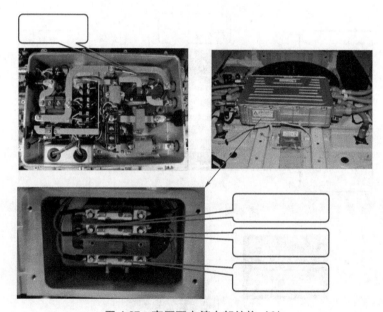

图 4-97 高压配电箱内部结构（2）

2. 测量直流充电插接器的绝缘电阻

测量要求：环境温度为（23±2）℃；相对湿度为 45%~75%；测试电压为 1000V。

测量正极绝缘电阻，大于等于 1000MΩ 为正常；测量负极绝缘电阻，大于等于 1000MΩ 为正常。

3. 测量交流充电插接器的绝缘电阻

测量要求：环境温度为（23±2）℃；相对湿度为 45%~75%；测试电压为 1000V。

测量正极绝缘电阻，大于等于 1000MΩ 为正常。

项目五 驱动电机控制系统故障检修

📋 项目导入

技师李强在某新能源汽车维修店工作，某日一辆纯电动汽车进厂，车主反映打开起动开关后仪表上有多个故障灯点亮；车辆不显示 READY，挂入 D 档，车辆无法行驶。经过技师初步检查后，判断电机控制系统有故障，需要进一步检测电机控制系统，你知道如何安全、规范地拆装和检修电机控制系统吗？

📝 学习目标

1) 能够准确阐述驱动电机系统的基本组成。
2) 能够实车辨认的驱动电机系统布置形式。
3) 能够指出驱动电机系统的能量流动路线。
4) 能够实车找出冷却系统的冷却路线，并阐述控制策略。
5) 能够描述驱动电机的作用、特点和类型。
6) 能够认识纯电动汽车驱动电机结构。
7) 能够进行纯电动汽车驱动电机检测。
8) 能够描述电机控制器的功能。
9) 能够描述常见车型电机控制器的安装位置、结构组成和特点。
10) 能够进行电机控制器总成的拆卸与安装。
11) 能够制订工作计划，独立完成工作学习任务。
12) 能够在工作过程中，与小组其他成员合作、交流并进行学习任务分工，具备团队合作和安全操作的意识。
13) 能够养成服从管理，规范作业的良好工作习惯。
14) 能够培养安全工作的习惯。

任务 1 驱动电机的检修

任务解析

在本任务中，要求能够掌握驱动电机的不同类型、常见故障的排除方法以及驱动电机系统的基本组成、布置形式和冷却策略，为后面能够安全、规范地排除驱动电机系统故障奠定良好的基础。

知识链接

一、驱动电机控制系统概述

（一）驱动电机系统的基本组成

纯电动汽车驱动电机控制系统如图 5-1 所示。驱动电机控制系统主要由整车控制器（VCU）、电机控制器（MCU）、驱动电机等组成。

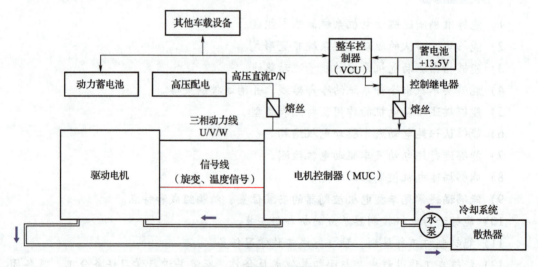

图 5-1 驱动电机控制系统

1. 整车控制器（VCU）

整车控制器相当于纯电动汽车的"大脑"，控制纯电动汽车的所有部件，其主要功能如下：

1）识别驾驶人意图。
2）驱动控制。
3）制动能量回馈控制。
4）整车能量优化管理。

5）高压上下电控制。

6）车辆状态的实时检测。

7）故障诊断与处理。

故障分级及车辆状态见表 5-1。

表 5-1 故障分级及车辆状态

等级	名称	车辆状态	故障列表
一级	致命故障	紧急断开高压	MCU 直流母线过电压故障、BMS 一级故障
二级	严重故障	零转矩	MCU 相电流过电流、IGBT、旋转变压器等故障；电机节点丢失故障；档位信号故障
三级	一般故障	跛行回家	加速踏板信号故障
		降功率	MCU 电机超速保护
		限功率（<7kW）	跛行故障，SOC<1%，BMS 单体蓄电池欠电压，内部通信、硬件等二级故障
		限速（<15km/h）	低压欠电压故障、制动故障
四级	轻微故障	仪表显示、能量回收故障、仅停止能量回收	MCU 电机系统温度传感器、直流欠电压故障，VCU 硬件、DC/DC 变换器异常等故障

8）其他功能。VCU 除了上述功能外，还具有充电过程控制、防溜车功能控制、电动化辅助系统管理、整车 CAN 总线网关及网络化管理、换档控制、远程控制等功能，其中远程控制包括远程查询功能、远程空调控制及远程充电控制。

2. 电机控制器（MCU）

电机控制器的功能是接收整车控制器的指令，将动力蓄电池的高压直流电逆变成电压、频率、相序可调的三相交流电，实现对驱动电机的转速、转矩和旋转方向的控制。电机控制器与驱动电机的连接关系如图 5-2 所示。电机控制器实时检测驱动电机的运行状态，如温度、母线电流、三相交流电、动力蓄电池电压、高压线束的绝缘情况等，电机控制器内含有故障诊断电路。当诊断出现异常时，它将会激活一个故障码，通过 CAN 总线网络发送给整车控制器，同时存储该故障码和数据。

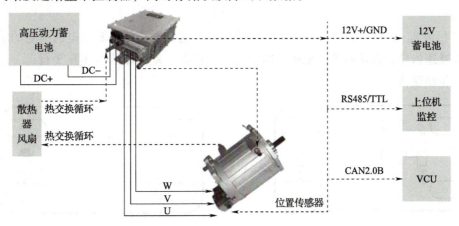

图 5-2 电机控制器与驱动电机的连接关系

在能量回收过程中，电机控制器转变为整流滤波器，其功能是将发电机输出的三相交流电压经过整流、滤波和升压后转变为高压直流电，将电能回馈给动力蓄电池，实现能量回收。

3. 驱动电机

驱动电机在新能源汽车中承担着驱动车辆和发电的双重功能，即在正常行驶时发挥其主要的电动机功能，将电能转化为机械能；而在制动降速和下坡滑行时驱动电机转变为发电机，将车轮的惯性动能转换为电能。

4. 机械传动装置

机械传动装置的主要功能是将驱动电机的转速降低、转矩升高，以实现整车对驱动电机的转矩、转速需求。纯电动汽车较多地采用固定速比的减速装置，省去了变速器等部件，减速器结构图和减速器实物图分别如图5-3和图5-4所示。

图5-3 减速器结构图

图5-4 减速器实物图

（二）驱动电机系统布置形式及能量流动路线

1. 纯电动汽车的驱动系统布置形式

纯电动汽车的驱动系统布置形式主要有传统驱动方式、电机-驱动桥组合式驱动方式、电机-驱动桥整体式驱动方式、轮毂电机分散驱动方式4种。

（1）传统驱动方式（图5-5）　该方式仍然采用传统燃油汽车的驱动系统布置方式，包括离合器、变速器、传动轴和驱动桥等总成，只是将发动机换成电机，属于改造型纯电动汽车。

（2）电机-驱动桥组合式驱动方式（图5-6）　这种方式即在驱动电机端盖的输出轴处加装减速齿轮和差速器等，电机、固定速比减速器、差速器的轴相互平行，一起组合成一个驱动整体。

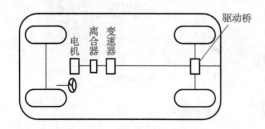

图5-5 传统驱动方式

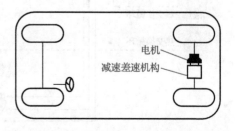

图5-6 电机-驱动桥组合式驱动系统布置方式

(3) 电机-驱动桥整体式驱动方式　这种驱动方式把电机、固定速比减速器和差速器集成为一个整体，两根半轴连接驱动车轮。电机-驱动桥整体式驱动方式有同轴式和双联式两种。图 5-7 所示为双联式电机-驱动桥整体式驱动方式，又称为双电机驱动系统，由左右两台电机直接通过固定速比减速器分别驱动两个车轮，左右两台电机由中间的电控差速器控制，每个驱动电机的转速可以独立地调节控制，便于实现电子差速，不必选用机械差速器。

(4) 轮毂电机分散驱动方式　轮毂电机分散驱动方式与电机-驱动桥整体式驱动方式相比更优化了结构，结构更简单，传动效率更高。轮毂电机分散驱动方式可以分为减速驱动和直接驱动两大类。

减速驱动方式适用于丘陵或山区以及要求过载能力较大的场合。图 5-8 所示为带轮边减速器的轮毂电机分散驱动方式。

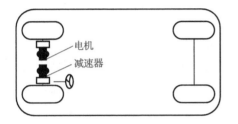

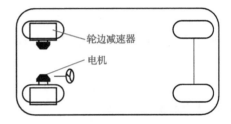

图 5-7　双联式电机-驱动桥整体式驱动方式　　　图 5-8　带轮边减速器的轮毂电机分散驱动方式

图 5-9 和图 5-10 所示分别为内转子外定子电动车轮示意图和实物图。内转子外定子轮毂电机的转子作为输出轴与固定速比减速器的行星齿轮系统的太阳轮相连，而车轮轮毂与其齿圈连接，它能提供较大的减速比，来放大其输出转矩。

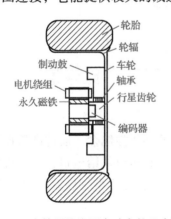

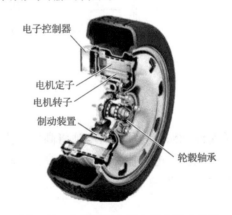

图 5-9　内转子外定子电动车轮示意图　　　图 5-10　内转子外定子电动车轮实物图

在直接驱动方式下，电机多采用外转子（即直接将转子安装在轮辋上）。此方式适用于平路或负载较轻的场合。图 5-11 所示为轮毂电机直接驱动方式。图 5-12 和图 5-13 所示分别为内定子外转子电动车轮示意图和实物图。

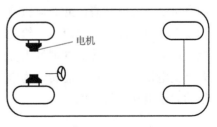

图 5-11　轮毂电机直接驱动方式

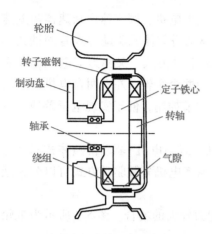
图 5-12 内定子外转子电动车轮示意图

图 5-13 内定子外转子电动车轮实物图

2. 纯电动汽车的能量流动路线

纯电动汽车能量流动路线可分为动力输出和能量回收两种。

（1）驱动模式的能量流动路线（图 5-14） 当电机控制器从整车控制器处得到转矩输出命令时，将动力蓄电池提供的直流电转化成三相正弦交流电，驱动电机输出转矩，通过机械传输来驱动车辆。

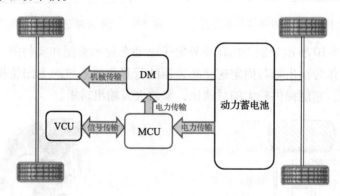
图 5-14 驱动模式的能量流动路线

能量流动路线为动力蓄电池将高压直流电输送给高压控制盒，通过高压控制盒输送给电机控制器，电机控制器将直流高压电转变为交流高压电供给电机，电机再将电能转换为机械能，驱动二级主减速器运转，经过差速器带动两半轴转动，最终带动车轮旋转。

（2）发电模式的能量流动路线（图 5-15） 当电机控制器判断处于发电模式命令时，将控制电机处于发电状态。此时电机将车辆动能转化为交流电，并通过电机控制器整流后变为动力蓄电池需要的直流电，给动力蓄电池充电。

能量流动路线为车轮处的惯性力通过半轴、差速器、二级减速器传递到电机，此时电机处于发电模式，将机械能转化为电能，通过电机控制器整流成直流电，通过高压控制盒给动力蓄电池进行充电。

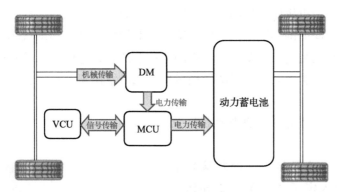

图 5-15 发电模式的能量流动路线

(三)驱动电机及其控制器冷却系统

1. 驱动电机及其控制器冷却系统作用

电动汽车在驱动与回收能量的工作过程中,驱动电机定子铁心、定子绕组在运动过程中都会产生损耗,这些损耗以热量的形式向外发散,需要有效的冷却介质及冷却方式来带走热量,保证电机在一个稳定的冷热循环平衡的通风系统中安全可靠运行。电机冷却系统设计的好坏将直接影响电机的安全运行和使用寿命。特别要说明的是,对于采用永磁同步电机的驱动单元,由于车辆在大负荷低速运行时,极容易使电机产生高温,在高温状态下很容易导致永磁转子产生磁退现象,因此需要借助冷却系统对电机的温度进行控制。

纯电动汽车冷却系统如图 5-16 所示,纯电动汽车冷却系统的功能是将电机、电机控制器及车载充电机产生的热量及时散发出去,保证其在要求的温度范围内稳定高效地工作。

2. 驱动电机及其控制器冷却系统冷却方式

驱动电机主要冷却方式有自然冷却、风冷和水冷。

(1) 自然冷却 自然冷却依靠电机铁心自身的热传递,散去电机产生的热量,热量通过封闭的机壳表面传递给周围介质,其散热面积为机壳的表面,为增加散热面积,机壳表面可加冷却筋。图 5-17 所示是自然冷却的电机机壳。

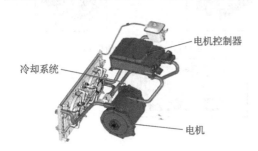

图 5-16 纯电动汽车冷却系统

图 5-17 自然冷却的电机机壳

自然冷却结构简单,不需要辅助设施就能实现,但自然冷却效率差,仅适用于转速低、负载转矩小,电机发热量较小的小型电机。

(2) 风冷 风冷是电机自带同轴风扇来形成内风路循环或外风路循环,通过风扇产生足够的风量，带走电机所产生的热量。冷却介质为电机周围的空气，空气直接送入电机内，吸收热量后向周围环境排出。风冷结构相对简单，电机冷却成本较低，适用于成本较低且功率较小的纯电动汽车。受环境因素的制约，在恶劣的工业环境中，例如，高温、粉尘、污垢和恶劣的天气下无法使用风冷。风冷常用于一般清洁、无腐蚀、无爆炸环境下的电机。

风冷驱动单元总成外形（含驱动桥）如图 5-18 所示。

（3）水冷 水冷是将水（冷却液）通过管道和通路引入定子或转子空心导体内部，通过循环水不断流动，带走电机转子和定子产生的热量，实现对电机的冷却。水冷的冷却效果比风冷更显著，无热量散发到环境中。但是，水冷需要良好的机械密封装

采用风冷的驱动电机外壳上设计有很多散热片

图 5-18 风冷驱动单元总成外形（含驱动桥）

置，水循环系统结构复杂，存在渗漏隐患，如果发生渗漏，会造成电机绝缘破坏，可能烧毁电机；水质需要处理，其电导率、硬度和 pH 酸碱度都有一定的要求。

水冷适用于功率较大的纯电动汽车。驱动控制系统的冷却系统主要依靠冷却水泵带动冷却液在冷却管道中循环流动，通过在散热器的热交换等物理过程，冷却液带走电机及其控制器产生的热量。为使散热器热量散发更充分，通常还在散热器后方设置风扇。水冷系统结构如图 5-19 所示。

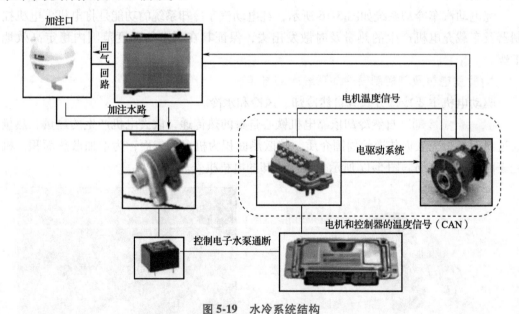

图 5-19 水冷系统结构

驱动电机及其控制器冷却系统的冷却水泵一般都采用电动冷却水泵，整车控制器监控到电机/电机控制器温度过高时会自动打开冷却水泵。

图 5-20 所示是新能源汽车上采用的 PCE 冷却水泵。PCE 冷却水泵采用无刷电机技术，可实现 3 个功率范围（40W/60W/70W），以满足不同的冷却回路的要求。

图 5-20　PCE 冷却水泵

3. 冷却系统控制策略

（1）水泵控制　当点火开关置于"ON"档，仪表显示"READY"时，电动水泵由整车控制器控制开始工作，而有些纯电动汽车则是当电机控制器温度达到一定值时，电动水泵才开始工作。

（2）冷却风扇控制　冷却风扇分为高、低速两档，根据电机内温度传感器和电机控制器内温度传感器的信号通过整车控制器控制冷却风扇档位的切换。

二、驱动电机基本知识

（一）驱动电机的作用与特点

1. 驱动电机的作用

驱动电机是一种将电能转化成机械能，并可以再使机械能产生动能，用来驱动其他装置的电气设备。驱动电机是纯电动汽车的唯一动力源，可向外输出转矩，驱动汽车前进后退；同时也可以作为发电机发电（例如，在高坡下滑、高速滑行以及制动过程中把势能或者动能通过电机转化为电能）。图 5-21 所示是驱动电机示意图。

驱动电机负责给整车提供驱动的力量，是新能源汽车驱动系统的核心部件之一，驱动纯电动汽车和混合动力汽车的电机需要在各个转速下均能够产生转矩。图 5-22 所示是汽车驱动电机的转速与转矩之间的关系，这种曲线被称为转速-转矩曲线。汽车用驱动电机在中速以下时要求恒定功率输出，转矩与速度组合决定电机的运转情况，根据坡道起步、急加速、行驶区域、高速巡航等不同的行驶状态，会发生很大的变化。

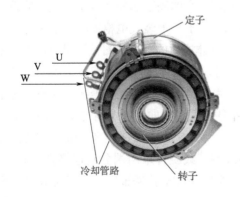

图 5-21　驱动电机示意图

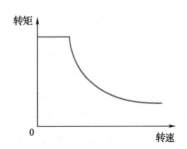

图 5-22　转速-转矩曲线

2. 新能源汽车对电机的要求

新能源汽车采用的驱动电机有以下特点：

（1）体积小、功率密度大　由于新能源汽车的整车空间有限，因此要求驱动电机的结构紧凑、尺寸要小。这就意味着电机系统（驱动电机+电机控制器）的尺寸将受到很大的限制，电机设计厂家必须想尽办法缩小驱动电机的体积，即提高电机的功率密度和转矩密度。尤其是民用的乘用车，对电机的体积限制要求很高，因此业内一般选用高功率密度的永磁同步电机作为驱动电机的解决方案。

（2）效率高、高效区广、质量小　新能源汽车驱动电机的第二个特点就是效率要高、高效区要广、质量要小。续驶里程一直是新能源汽车的短板，而提升续驶里程的方法就是提升驱动电机的效率。驱动电机的高效工况区要够广，保证汽车在大部分工况下都是处于高效状态下。减小电机质量，也能间接降低整车的功耗，实现续驶里程提升，提升续驶里程的方法如图 5-23 所示。

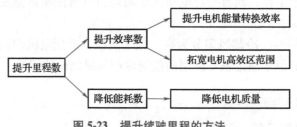

图 5-23　提升续驶里程的方法

（3）安全性与舒适度　基于汽车用户的体验，新能源汽车驱动电机还需关注电机自身的安全性和舒适度。安全性可以理解成电机的可靠性，即电机在恶劣环境下能否正常工作。可通过高低温箱试验来进行安全性能检测。舒适度，即电机在运行时是否会对驾驶人产生体验上的不适，关注的是电机运行时的振动和噪声情况。

（二）驱动电机的类型

电机从很早以前就已经实用化，并且产品种类、形式也越来越丰富。按照电机电源供给进行分类，电机主要包括以下几种类型。

1. 直流电机

直流电机是输出或输入为直流电能的旋转电机，它是能实现直流电能和机械能互相转换的电机。图 5-24 所示为直流电机基本结构示意图，它的固定部分（定子）上，装设了一对直流励磁的静止的主磁极 N 和 S，在旋转部分（转子）上装设电枢铁心。定子与转子之间有一气隙。在电枢铁心上放置了由 A 和 X 两根导体连成的电枢线圈，线圈的首端和末端分别连到两个圆弧形的铜片上，此铜片称为换向片。换向片之间互相绝缘，由换向片构成的整体称为换向器。换向器固定在转轴上，换向片与转轴之间亦互相绝缘。在换向片上放置着一对固定不动的电刷，当电枢旋转时，电枢线圈通过换向片和电刷与外电路接通。

直流电机的工作原理示意图如图 5-25 所示，N、S 为定子固定不动的两个主磁极，在两个主磁极 N、S 之间装有一个可以转动的线圈，线圈首末两端分别连接到换向器上。线圈与换向器固定在一起随电枢轴转动，换向器中间分成了两部分，分别与电刷 A 和 B 滑动接触。

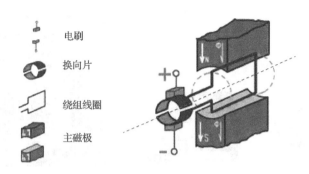

图 5-24 直流电机基本结构示意图

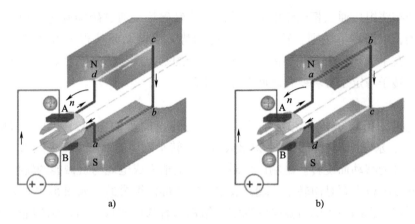

图 5-25 直流电机的工作原理示意图

电刷 A 与电源正极连接，电刷 B 与电源负极连接。线圈位于图 5-25a 中位置时，线圈瞬时电流的流向为电源正极→电刷 A→换向器→d→c→b→a→换向器→电刷 B→电源负极。

根据电磁力定律，载流导体 ab、cd 都受到电磁力的作用。导体受电磁力的方向用左手定则确定，在此瞬间时，cd 受力方向向左，ab 受力方向向右，电磁力对电枢轴和线圈形成了电磁转矩，线圈与电枢轴将按逆时针转动。

线圈位于图 5-25b 中位置时，线圈瞬时电流的流向为电源正极→电刷 A→换向器→a→b→c→d→换向器→电刷 B→电源负极。在此瞬间时，ab 受力方向向左，cd 受力方向向右，电磁力对电枢轴和线圈形成了电磁转矩，线圈与电枢轴将继续按逆时针转动。

2. 交流异步电机

交流异步电机，又称"感应电机"，即转子置于旋转磁场中，在旋转磁场的作用下，获得一个转动力矩，因而转子转动。转子是可转动的导体，通常多呈笼形，异步电机如图 5-26 所示。

异步电机的笼形导体是将棒状的导体排布在圆周上，在端部通过圆环短路。异步电机的内侧为线槽，在其内部缠绕绕组，绕组由 U、V、W 三组构成。图 5-27 所示为感应电机绕组。

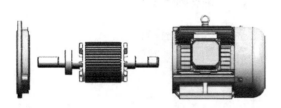

图 5-26 异步电机　　　　　图 5-27 感应电机绕组

三相分布绕组接通三相交流电流以后产生旋转磁场,通过磁场旋转移动,转子导体棒横穿磁场,根据右手法则,转子内产生电动势,该电动势使得电流在转子导体内流动,再按照左手法则,由转子导体的电流与定子的励磁产生力,产生转矩。异步电机的主要特点是转子与定子磁场变化之间存在转速差。

3. 永磁同步电机

同步电机是指转子转速与定子旋转磁场的转速同步的电机,同步电机的结构如图 5-28 所示。永磁同步电机的转子为永久磁铁,转子磁体的 N 极、S 极随着定子绕组的旋转磁场磁极的移动而旋转。磁场产生磁通量,电枢完成电能与机械能的转换。

永磁同步电机主要是由转子、端盖及定子等各部件组成的,如图 5-29 所示。一般来说,永磁同步电机的最大的特点是它的定子结构与普通的感应电机的结构非常相似,主要区别在于转子的独特结构与其他电机不同。与普通电机相比,永磁同步电机还必须装有转子永磁体位置检测器,用来检测磁极位置,并以此对电枢电流进行控制,达到对永磁同步电机驱动控制的目的。

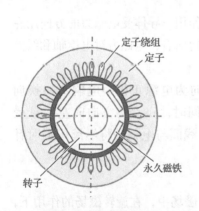

图 5-28 同步电机的结构　　　　　图 5-29 永磁同步电机的组成

4. 磁阻电机

为了提高弱磁能力,针对永磁同步电机提出了改进电机本体结构的方案,从电机结构的角度来研究弱磁能力,出现了采用凸极式转子结构的永磁同步电机。凸极式转子结构就是转子的直轴磁阻大于交轴磁阻,表现为凸极电机的性质。这样,电机电磁转矩的组成就类似于普通的凸极永磁同步电机，由永磁转矩和磁阻转矩组成。然而，永磁磁阻式同步电机的电磁转矩又和普通凸极永磁同步电机有所不同，普通的凸极永磁同步电机的永磁磁场非常强，占转矩的主要成分，但同时也造成了高速弱磁的困难。而在永磁磁阻式同步电机中，永磁含有量较小，永磁的主要作用是励磁、提高功率因数、提高效率和减小逆变器的容量。由于永磁磁通量较小，因此弱磁容易，有很高的恒功率比范围，磁阻电机的结构如图 5-30 所示。

永磁磁阻式同步电机永磁含有量较小，因此弱磁容易，可以很方便地解决永磁电机的恒功率调节问题。

（三）常见车型驱动电机的类型

1. 特斯拉驱动电机

特斯拉纯电动汽车的驱动电机为自主研发的三相交流感应电机（图 5-31），它拥有最优的缠绕线性，能极大减少阻力和能量损耗。同时，相对整车，其电机体积非常小。

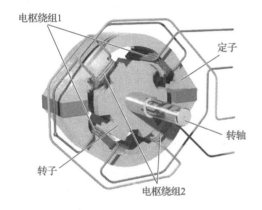

图 5-30 磁阻电机的结构

图 5-31 特斯拉驱动电机

它通过高性能信号处理器能将制动、加速、减速等需求转换为数字信号，控制转动变频器将蓄电池组的直流电与交流电相互转换，以带动三相感应电机为汽车提供动力。

2. 北汽新能源汽车驱动电机

图 5-32 所示是北汽新能源汽车 E150EV 驱动电机，图 5-33 所示是 E150EV 驱动电机控制器。驱动电机控制方式如下：

图 5-32 E150EV 驱动电机

图 5-33 E150EV 驱动电机控制器

电机控制器将动力蓄电池提供的直流电转化为交流电,然后输出给电机;通过电机的正转来实现整车加速、减速;通过电机的反转来实现倒车。电机控制器通过有效的控制策略,控制动力总成以最佳方式协调工作。

3. 比亚迪驱动电机

比亚迪的纯电动汽车使用的驱动电机为交流无刷永磁同步电机,比亚迪 e6 驱动电机如图 5-34 所示,其具有高密度、小型轻量化、高效率、高可靠性、高耐久性、强适应性等优点。其驱动电机通过采集电机旋变信号进行工作。当车辆要行驶时,电机通过旋转变压器检测到电机的位置,位置信号通过控制器的处理,发送相关信号给控制器 IGBT,逻辑信号控制 IGBT 开断,控制器输出近似正弦波的交流电。

图 5-34 比亚迪 e6 驱动电机

任务实施

本任务我们以 EV300 为例,来学习驱动电机的检测方法。

一、吉利帝豪 EV300 驱动电机

1. 驱动电机的主要组成

图 5-35 所示为吉利帝豪 EV300 驱动电机的组成,表 5-2 为驱动电机的主要组成部件名称。

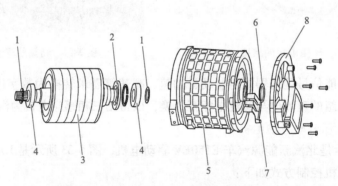

图 5-35 吉利帝豪 EV300 驱动电机的组成

表 5-2 驱动电机的主要组成部件名称

数字符号	名 称	数字符号	名 称
1	轴用弹性挡圈	5	定子壳体总成
2	旋变转子	6	波形弹簧
3	转子总成	7	圆柱销
4	深沟球轴承	8	后端盖总成

2. 驱动电机规格

吉利帝豪 EV300 驱动电机的具体规格见表 5-3。

表 5-3　吉利帝豪 EV300 驱动电机的具体规格

项目	参数	单位
额定功率	42	kW
峰值功率	95	kW
额定转矩	105	N·m
峰值转矩	240	N·m
额定转速	4000	r/min
峰值转速	11000	r/min
电机旋转方向	从轴伸端看电机逆时针旋转	—
温度传感器类型	NTC	—
温度传感器型号	SEMITEC 103NT-4(11-C041-4)	—
冷却液类型	50%水+50%乙二醇	—
冷却液流量要求	8L/min	—

3. 驱动电机的工作原理

当三相交流电被接入定子线圈中，即产生了旋转的磁场，这个旋转的磁场牵引转子内部的永磁体，产生和旋转磁场同步的旋转转矩。使用旋转变压器检测转子的位置并使用电流传感器检测线圈的电流，从而控制驱动电机的转矩输出，驱动电机的工作原理如图 5-36 所示。

旋变信号的作用是反映驱动电机转子当前的旋转相位，电机控制器再通过旋变信号计算当前的驱动电机转速。吉利帝豪 EV300 的旋转变压器采用磁阻式，结构如图 5-37 所示。旋变转子与驱动电机转子同轴连接，随电机转轴旋转。旋变定子内侧有感应线圈，安装在驱动电机定子上。驱动电机旋转时，带动旋变转子旋转。旋转变压器与电机控制器中间通过 6 根低压线束连接，2 根是电机控制器激励信号，另外 4 根分别是旋转变压器输出的正弦信号和余弦信号。6 根线当中任何一根出现故障都会导致驱动电机无法正常工作。

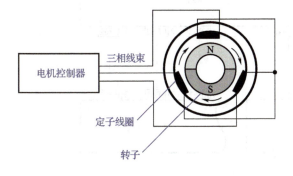

图 5-36　驱动电机的工作原理

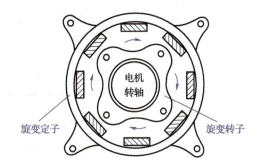

图 5-37　磁阻式旋转变压器结构

4. 驱动电机端子

图 5-38 所示为 EP13 驱动电机线束插接器的端口，端口针脚各编号的含义见表 5-4。

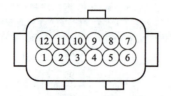

图 5-38　EP13 驱动电机线束插接器的端口

表 5-4　端口针脚各编号的含义

端子号	端子定义	线径（mm²）颜色	端子状态
1	R1+	0.5 L/R	NTC 温度传感器 1
2	R1-	0.5 R	
3	R2+	0.5 Br/W	NTC 温度传感器 2
4	R2-	0.5 W/G	
5	GND	0.5 B	屏蔽
6	GND	0.5 B	
7	COSL	0.5 P	旋变余弦
8	COS	0.5 L	
9	SINL	0.5 W	旋变正弦
10	SIN	0.5 Y	
11	REFL	0.5 O	旋变励磁
12	REF	0.5 G	

二、电机的检测

1. 电机绝缘电阻值检测

图 5-39 所示为驱动电机的相关电路。

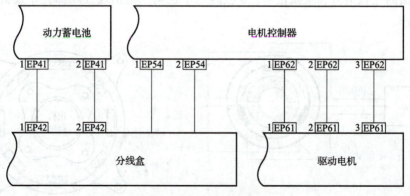

图 5-39　驱动电机的相关电路

检测具体步骤如下：

1）步骤 1：确认高压电路切断。

①操作点火开关使电源模式处于 OFF 状态。

②断开蓄电池负极电缆。
③拆卸维修开关。
④断开电机控制器高压线束插接器 EP54（图 5-40）。
⑤等待 5min。
⑥用万用表检测电机控制器正负极电压，标准电压≤5V。

2）步骤 2：检测电机绝缘电阻值。
①操作点火开关使电源模式处于 OFF 状态。
②断开蓄电池负极电缆。
③拆卸维修开关。
④拆卸电机三相线束插接器 EP62（图 5-41）。
⑤将高压绝缘检测仪的档位调至 1000V。
⑥用高压绝缘检测仪测量三相线束线束插接器 EP62 的 1 号端子与电机壳体之间的电阻。标准电阻大于或等于 20MΩ。
⑦用高压绝缘检测仪测量三相线束线束插接器 EP62 的 2 号端子与电机壳体之间的电阻。标准电阻大于或等于 20MΩ。
⑧用高压绝缘检测仪测量三相线束线束插接器 EP62 的 3 号端子与电机壳体之间的电阻。标准电阻大于或等于 20MΩ。
⑨确认测量值是否符合标准。不合标准要修理或更换线束。

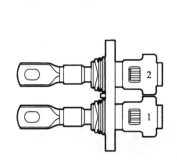
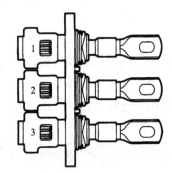

图 5-40　EP54 接 PEU 线束插接器　　　　图 5-41　EP62 接 PEU 线束插接器

2. 电机异响、强烈振动或转速和输出功率低故障排除

注意：驱动电机的电磁噪声在极低速输出大转矩时会变得更加明显。当遇此工况时，电机控制器就会降低 IGBT 的变换频率，这时就会出现上述状况。这并不意味着电机控制器的特性或控制存在问题。

具体诊断步骤如下：

1）步骤 1：紧固电机固定螺栓。
①操作点火开关使电源模式处于 OFF 状态。
②检查电机后端盖与悬架支架连接螺栓是否紧固。
③检查电机前端盖与减速器壳体连接螺栓是否紧固，若不紧固，则紧固电机固定螺栓。

2）步骤 2：检查电机冷却系统。
①操作点火开关使电源模式处于 ON 状态。

②检查冷却管路有无老化、变形、渗漏。

③确认散热器、管路有无水垢、堵塞现象。

④确认水泵是否工作正常。优先排除冷却系统故障。

3）步骤3：检查电机线束插接器。

①操作点火开关使电源模式处于OFF状态。

②检查电机低压线束插接器是否插接牢固、无松脱

③检查电机高压线束插接器是否插接牢固、无松脱，若有松动，则重新固定插接器。

4）步骤4：检查驱动电机三相线束紧固力矩。

①操作点火开关使电源模式处于OFF状态。

②断开蓄电池负极电缆。

③拆卸维修开关。

④检查三相线并检查固定螺栓的紧固力矩（电机控制器侧）是否符合标准。

⑤检查三相线并检查固定螺栓的紧固力矩（电机侧）是否符合标准。若不符合，则紧固电机三相线束。

5）步骤5：检测驱动电机三相线束是否相互短路。

①操作点火开关使电源模式处于OFF状态。

②断开蓄电池负极电缆。

③拆卸维修开关。

④断开驱动电机三相线束插接器EP61（图5-42）。

⑤断开驱动电机三相线束插接器EP62。

⑥用万用表进行测量，标准电阻值见表5-5。

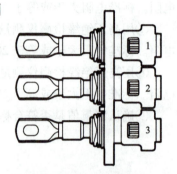

图5-42　EP61接电机总成线束插接器

表5-5　标准电阻值

测量位置A	测量位置B	测量标准值
EP61-1	EP61-2	20kΩ 或更高
EP61-1	EP61-3	
EP61-2	EP61-3	

⑦确认测量值是否符合标准。若不符合标准，则更换线束。

6）步骤6：检测驱动电机三相线绝缘电阻。

①操作点火开关使电源模式处于OFF状态。

②拆卸维修开关。

③断开驱动电机三相线束插接器EP61（图5-42）。

④断开驱动电机三相线束插接器EP62。

⑤用万用表进行测量，标准电阻值见表5-6。

表 5-6 标准电阻值

测量位置 A	测量位置 B	测量标准值
EP61-1	车身搭铁	20kΩ 或更高
EP61-2	车身搭铁	
EP61-3	车身搭铁	

⑥确认测量值是否符合标准。若不符合,则更换线束。

7) 步骤 7:进行前后端盖清理检查。

①拆卸电机。

②用除锈清洗剂清洗端盖,确认端盖无灰尘、无杂物,止口无破损,无碰伤。

③用内径千分尺测量轴承室无磨损、甩圈、轴承室尺寸合格。若不合格,则修理或更换后端盖。

8) 步骤 8:清理检查水套壳体。

①拆卸电机。

②用除锈清洗剂清洗,水套端面要求无灰尘、无杂物,止口无破损、无碰伤。

③用密封检测工装,检测壳体有无漏气现象。

④用水道检测工装,检测水道是否有堵塞、水道流量是否满足冷却要求。

⑤复测转子动平衡,超出规定数值后,需重新标定动平衡量。

⑥确认故障是否排除。

9) 步骤 9:转子清理检查。

①拆卸电机。

②用电机专用拆装机拆出转子。

③用胶带清理转子灰尘、杂物,用除锈剂清除转子锈迹。

④检测转子,要求铁心外径无鼓起、无破损、无剐蹭。

⑤复测转子动平衡,超出规定数值后,需重新标定动平衡量。

⑥确认故障是否排除。

10) 步骤 10:定子检测清理检查。

①拆卸电机。

②用吸尘器清理定子灰尘,用除锈剂清除定子铁心的锈迹,要求定子表面无灰尘、定子内圆无剐蹭、无杂物,定子线包无损伤,定子绝缘漆无脆裂等。

③用耐压绝缘表测试耐压、绝缘。

④定子综合测试仪测试电性能。

⑤出线端子更换。

⑥温度传感器绝缘检测。

⑦重新更换三相出线和温度传感器出线的绝缘管、热缩管。

⑧确认故障是否排除。

11）步骤11：检测旋变定子。

①拆卸电机。

②用电阻计检测旋变定子电阻值。

③用耐压绝缘表测试耐压、绝缘。

④重新更换旋变信号线出线绝缘管、端子。

⑤确认故障是否排除。

12）步骤12：前、后轴承更换。

①拆卸电机。

②用拉马拆除旧轴承，用专用压装工具压轴承内圈，更换新轴承，轴承须装配到位。

③轴用轴承挡圈安装到位。

④确认故障是否排除。

13）步骤13：更换驱动电机。

①操作点火开关使电源模式处于OFF状态。

②断开蓄电池负极电缆。

③拆卸维修开关。

④更换驱动电机。

⑤确认电动座椅工作正常。

14）步骤14：诊断结束。

任务 2　电机控制器故障检修

📖 任务解析

通过本任务的学习，要求学生能够能了解电机控制器的相关知识，包括电机控制器的作用、结构和工作原理以及应用在不同车型上的电机控制器，并且会使用诊断仪、万用表解码器等进行驱动电机系统常见故障诊断。

📚 知识链接

一、电机控制器的作用

电机控制器根据整车控制器发送过来的反映驾驶人意图的相关指令，做出响应及反馈，实时调整驱动电机输出，以实现整车的怠速、前进、倒车、停车、能量回收及驻坡等功能。同时电机控制器还有另外一个重要的作用是通信和保护，实时进行状态和故障检测，保护驱动电机系统和整车安全可靠地运行。图 5-43 所示为电机控制器在车上的位置。

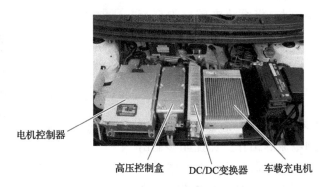

图 5-43　电机控制器在车上的位置

目前使用在纯电动汽车上的电机控制器主要有两种类型，一种是仅用于控制驱动电机的，即 MCU；另一种是具有集成控制功能的驱动电机管理模块，即 MCU 与 DC/DC 变换器功能，这类驱动电机管理模块也被称为 PCU，如图 5-44 所示。例如，在吉利帝豪 EV300 上的电机控制器，如图 5-45 所示。

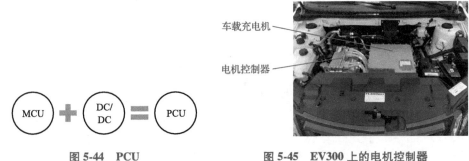

图 5-44　PCU　　　　图 5-45　EV300 上的电机控制器

将 MCU 与 DC/DC 变换器集成化是目前纯电动汽车与混合动力汽车驱动电机管理模块发展的一个趋势，集成度更高的系统既节省了成本，也利于系统之间信息的共享与车辆部件位置的布置设计。

二、电机控制器的结构

下面介绍具有代表性的比亚迪 e6、比亚迪秦（混动）和北汽 E150 EV 电机控制器和 DC/DC 变换器的安装位置、结构与特点。

1. 比亚迪 e6 电机控制器

（1）电机控制器的功能和安装位置　　比亚迪 e6 的电机控制器，是纯电动汽车整车驱动控制系统的核心，电机控制器接收加速踏板、制动踏板、电机转速、车速、电机电枢电压、电流、冷却液温度等信号，对这些信号进行分析，并对电机进行精确控制，同时将这些信号的数值显示在外接显示屏上，以供驾驶人随时掌握车辆状况。此外，电机控制器在电机发生过电流、过电压以及过热情况时都会自动切断主电路以保护汽车以及乘员的安全。图 5-46 所示为比亚迪 e6 电机控制器，安装在前机舱右侧，靠近 DC/DC 变换器的位置。

电机控制器类型为电压型逆变器，利用绝缘栅双极型晶体管（IGBT）将直流电转换为交流电，其额定电压为 318V，主要功能是根据不同工况控制电机的正反转、功率、转矩、转速等，即控制电机的前进、倒退、维持电动汽车的正常运转。

其关键零部件为 IGBT，IGBT 实际为大电容，目的是为了控制电流的工作，保证能够输出合适的电流参数。电机控制器总成包含上中下三

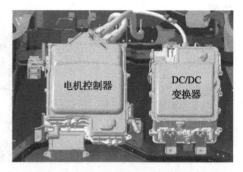

图 5-46　比亚迪 e6 电机控制器

层，上下层为电机控制单元，中层为水道冷却单元，总成还包括信号插接器（包含 12V 电源/CAN 线/档位/加速踏板/制动踏板/旋转变压器/电机过温信号线/预充满信号线等）、2 根动力蓄电池正负极插接器、3 根电机三相线插接器、2 个水套接头及其他周边附件，如图 5-47 所示。

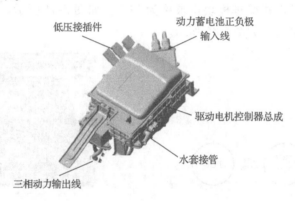

图 5-47　电机控制器主要接口

电机控制器的主要功能有：
①控制电机正向驱动、反向驱动、正转发电、反转发电。
②控制电机的动力输出，同时对电机进行保护。
③通过 CAN 与其他控制模块通信，接收并发送相关的信号，间接地控制车上相关系统正常运行。
④制动能量回馈控制。
⑤自身内部故障的检测和处理。

（2）驱动电机控制系统工作原理　驱动电机控制系统主要是由高压配电、电机控制器、驱动电机及相关的传感器组成，该系统核心为电机控制器。

电机控制器接收档位开关信号、加速踏板深度、制动踏板深度、旋变信号等，经过一系列的逻辑处理和判断，来控制电机正、反转和转速等。

其控制策略采用了经典的电机控制理论，并注入了先进的控制算法，驱动永磁同步电机以最佳方式协调工作，核心 ECU 是电机控制器上层软件所依赖的下层硬件电路，包

括控制电路板和驱动电路板两块电路板。它们的分工有所不同：控制电路板又分为模拟通道采样单元、模数转换单元、DSP 处理单元、旋变解码单元、CAN 通信单元、档位处理单元。驱动电路板包括信号隔离单元、保护信号选择单元、电源单元。控制电路板对采样的数据进行处理，计算出所需占空比，产生正弦脉宽调制（PWM），通过驱动板传递给 IGBT，供驱动电机工作。驱动电机控制系统元件位置和框图分别如图 5-48 和图 5-49 所示。

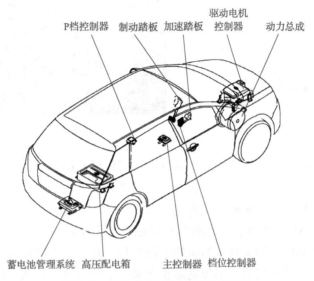

图 5-48　驱动电机控制系统元件位置

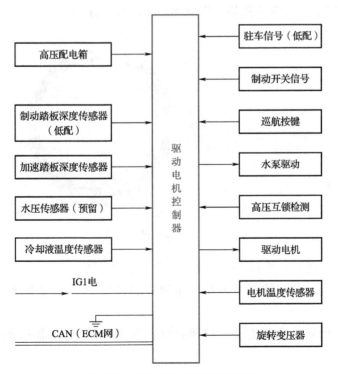

图 5-49　驱动电机控制系统框图

（3）旋转变压器　旋转变压器（简称旋变）也称角度传感器，是一种输出电压随转子转角变化的信号元件。电机转速由角度传感器进行控制和监测。

图 5-50 和图 5-51 所示分别为旋转变压器结构和安装位置。

图 5-50　旋转变压器结构

图 5-51　旋转变压器安装位置

旋转变压器由电机控制器监测，根据这些位置传感器的信号，电机控制器监测电机的角位置、转速和方向。旋转变压器包含一个励磁线圈、两个驱动线圈和一个不规则形状的金属转子。金属转子以机械方式固定在电机轴上。将点火开关置于 ON 位置时，电机控制器输出一个 5V 交流电、一定频率的励磁信号至驱动线圈。驱动线圈励磁信号生成一个环绕两个从动线圈和不规则形状转子的磁场。然后，电机控制器监测两个从动线圈电路，以获得一个返回信号。不规则形状金属转子的位置引起从动线圈的磁感应返回信号发生大小和形状的变化。通过比较两个从动线圈信号，电机控制器能确定电机的确切角度、转速和方向，旋转变压器工作原理如图 5-52 所示。

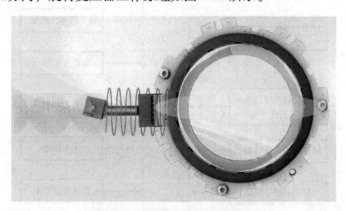

图 5-52　旋转变压器工作原理

2. 比亚迪秦（混动）电机控制器与 DC/DC 变换器总成

（1）安装位置　比亚迪秦（混动）电机控制器与 DC/DC 变换器总成安装位置如图 5-53 所示。

（2）结构　比亚迪秦（混动）电机控制器与 DC/DC 变换器总成结构如图 5-54 ~ 图 5-56 所示。

图 5-53　比亚迪秦（混动）电机控制器与 DC/DC 变换器总成安装位置

图 5-54　电机控制器与 DC/DC 变换器总成结构（1）

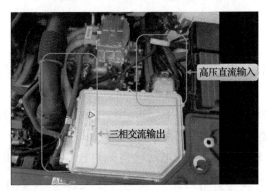

图 5-55　电机控制器与 DC/DC 变换器总成结构（2）

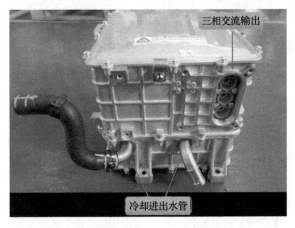

图 5-56　电机控制器与 DC/DC 变换器总成结构（3）

1) 电机控制器的功用如下：

①作为动力系统的总控中心，电机控制器根据工况控制电机的正反转、功率、转矩、转速等；协调发动机管理系统工作（图5-57）。

图5-57　比亚迪秦（混动）档位控制器、驱动电机控制器与电机控制示意图

②硬件采集电机的旋变、温度，制动、加速踏板开关信号。

③通过CAN通信采集制动踏板深度（制动踏板位置）、档位信号、驻车开关信号、起动命令、蓄电池管理系统相关数据、控制器的故障信息。

④内部处理的信号有直流侧母线电压、交流侧三相电流、IGBT温度、电机的三相绕组电阻值。

2) DC/DC变换器的功用如下：

①纯电模式下，DC/DC变换器的功能替代了传统燃油汽车挂接在发动机上的12V发电机，和蓄电池并联给各用电器提供低压电源。DC/DC变换器在高压（500V）输入端接触器吸合后便开始工作，输出标称电压为13.5V。

②发动机原地起动发电机发13.5V直流电，经过DC/DC变换器升压转换为500V直流给蓄电池包充电。

3) DC/DC变换器具有降压和升压功能：

①降压：负责将动力蓄电池480V的高压电转换成12V电源。DC/DC变换器在主接触器吸合时工作，输出的12V电源供给整车用电器工作，并且在低压蓄电池亏电时给低压蓄电池充电。

②升压：当动力蓄电池电量不足时，DC/DC变换器将发电机发出的电，供整车低压用电器用电后多余的量升压后给动力蓄电池充电及供空调（AC）用电。比亚迪秦（混动）动力蓄电池、DC/DC变换器与用电器（空调）控制示意图如图5-58所示。

图5-58　比亚迪秦（混动）动力蓄电池、DC/DC变换器与用电器（空调）控制示意图

比亚迪秦（混动）DC/DC变换器系统框图如图5-59所示。

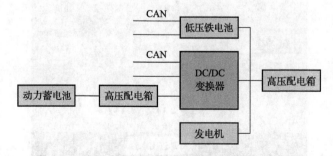

图5-59　比亚迪秦（混动）DC/DC变换器系统框图

3. 北汽 E150EV 电机控制器与 DC/DC 变换器总成

（1）整车安装位置　图 5-60 所示是北汽 E150EV 电机控制器与 DC/DC 变换器在整车上的位置。

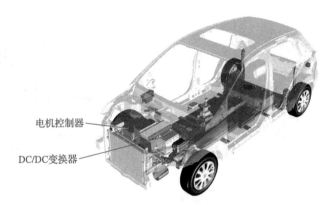

图 5-60　北汽 E150EV 电机控制器与 DC/DC 变换器在整车上的位置

图 5-61 所示是北汽 E150EV 前机舱部件位置。

图 5-61　北汽 E150EV 前机舱部件位置

图 5-62 所示为北汽 EV200 前机舱部件位置，DC/DC 变换器集成在 PDU 内部。

图 5-62　北汽 EV200 前机舱部件位置

（2）结构　北汽 EV 电机控制器（MCU）结构如图 5-63 所示，它内部采用三相两电平电压源型逆变器，这是驱动电机系统的控制核心，称为智能功率模块，它以绝缘栅双极型晶体管（IGBT）为核心，辅以驱动集成电路、主控集成电路，IGBT 模块及驱动板如图 5-64 所示。MCU 对所有的输入信号进行处理，并将驱动电机控制系统运行状态信息通过 CAN2.0 网络发送给整车控制器（VCU）。电机控制器内含故障诊断电路，当电机出现异常时，达到一定条件后，它将会激活一个故障码并发送给整车控制器 VCU，同时也会储存该故障码和相关数据。

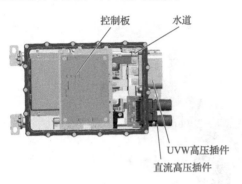 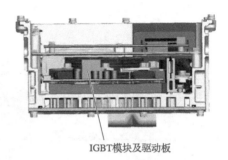

图 5-63　北汽 EV 电机控制器（MCU）结构　　　图 5-64　IGBT 模块及驱动板

电机控制器主要依靠电流传感器、电压传感器、温度传感器来进行电机运行状态的监测，根据相应参数完成电压、电流的调整控制以及其他控制功能。电流传感器用于检测电机工作实际电流，包括母线电流、三相交流电流。电压传感器用于检测供给电机控制器工作的实际电压，包括动力蓄电池电压、12V 蓄电池电压。温度传感器用于检测电机控制系统的工作温度，包括 IGBT 模块的温度，北汽 EV 电机控制器、IGBT 模块、电流传感器如图 5-65 所示。

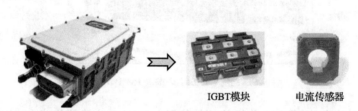

图 5-65　北汽 EV 电机控制器、IGBT 模块、电流传感器

DC/DC 变换器安装于前机舱位置，其主要功能是在车辆起动后将动力蓄电池输入的高压电转变成低压 12V 向蓄电池充电，以保证行车时低压用电设备正常工作。

三、电机控制器自检

电机控制器在控制驱动电机的同时，还会对驱动电机、相关的传感器以及自身控制模块进行实时自检。大多数混合动力汽车或纯电动汽车的电机控制器主要在以下方面实施自检。

1. 供电和程序检测

（1）供电检测　电机控制器内部会有来自车辆蓄电池的 12V 参考电源，以运行驱动电机传感器及其他处理器。当连接的参考电源电压过低或过高时，电机控制器将会实行自我关闭，并对外输出故障码。

（2）程序检测　电机控制器内部包括有电机控制单元、逆变器控制单元等，这些部件都有集成电路及 CPU 单元，在正常运行过程中，系统会对其自身读、写存储器的能力进行监测，这属于电机控制器的内部故障检测，一般不能进行维修处理。

2. IGBT 性能检测

电机控制器（MCU）会根据整车控制器（VCU）的指令，控制 IGBT 的接通和断开，从而实现驱动电机输出或使其作为发电机工作。在对电机逆变的过程中，MCU 通过顺序启动 IGBT 的高电流开关晶体管，控制电机相应的速度、方向和输出转矩。同时，电机控制器会检测每个 IGBT 的故障情况，当发现相应故障后，会关闭逆变器功能。

3. 驱动电机 U-V-W 相电流检测

驱动电机或发电机使用三相交流电运行，且 IGBT 通常会对应控制驱动电机或发电机的其中一个相，各相分别标识为 U、V、W。控制器通过监测连接到各驱动电机或发电机相的电流传感器，检测逆变器是否存在电流过大故障。

大多数电流传感器是电机控制器总成内部的一部分，无法单独维修。

另外，所有的驱动电机或发电机相电路是通过电气方式连接的，其电流总量应相同。电机控制器执行一次计算，可以确认相电流传感器的精确性。如果 U-V-W 相电流传感器的相电流总量大致相同，则计算结果应接近零。如果 U-V-W 相电流相差较大，则可判定是故障。

4. 电机温度检测

在大多数的电机控制器模块内部会设置有温度传感器，用于检测连接电机电缆的温度，以及模块自身集成电路的温度。温度传感器是一个热敏电阻，它的电阻值随温度而改变，具有负温度系数。这表示随着温度升高，电阻减小；随着温度降低，电阻增大。

电机控制器通常向温度传感器提供一个 5V 参考电压信号，并测量电路中的电压降。当被检测的电缆或集成电路温度低时，传感器电阻大，电机控制器模块检测到高电平信号电压。当温度升高时，传感器电阻减小，信号电压也降低。

5. 驱动电机位置传感器的检测

驱动电机位置传感器由电机控制器监测。根据旋转变压器型位置传感器信号，电机控制器监测驱动电机转子的角位置、转速和方向。

位置传感器包含一个主动线圈、两个从动线圈和一个不规则形状的金属转子。金属转子以机械方式固定在驱动电机轴上。车辆起动时，电机控制器输出一个 7V 交流电、10kHz 的励磁信号至驱动线圈。驱动线圈励磁信号生成一个环绕两个从动线圈和不规则形状转子的磁场。然后，电机控制模块监测两个从动线圈电路，以获得一个返回信号。不规则金属转子的位置不同，使得从动线圈磁导返回信号的尺寸和形状也不同。通过对比两个从动线圈信号，电机控制器能够确定驱动电机转子的精确位置、速度和方向。

6. 高压绝缘检测

电机控制器利用若干内部传感器测量混合动力汽车或纯电动汽车来自动力蓄电池的高电压。

电机控制器测试高电压正极电路或高电压负极电路和车辆底盘之间是否存在失去隔离的情况，当检测到电机控制器或者相关电路在动力蓄电池输出高电压后，存在对车辆底盘的电阻过低情况，系统会将这一情况反馈给整车控制器，并与整车控制器一起切断车辆的高电压，避免发生事故。

任务实施

一、驱动电机系统故障指示灯

与驱动电机系统直接相关的故障指示灯有电机系统过热指示灯、驱动电机故障指示灯、系统故障指示灯和 CAN 故障警告灯，常见故障指示灯见表 5-7。

表 5-7　常见故障指示灯

名称	图标	功能
电机系统过热指示灯		电机温度故障报警，灯亮
驱动电机故障指示灯		一般故障下红色点亮，严重故障下红色闪烁
系统故障指示灯		1）一般故障，灯亮 2）严重故障，灯闪 3）致命故障，灯闪+蜂鸣报警
CAN 故障警告灯	CAN	CAN 故障信号点亮

二、驱动电机系统常见故障诊断与维修思路

1. 故障现象一（表 5-8）

表 5-8　故障现象一列表

故障现象		原因分析	诊断与维修思路
电机系统过热指示灯、系统故障指示灯点亮	车辆行驶中限功率	驱动电机系统温度偏高	①检查车辆是否缺少冷却液，若缺少加注冷却液；若冷却液充足或加注后故障未消失，进行下一步检查 ②通过诊断仪读取车辆故障码，确定具体故障原因，若为制冷系统故障，维修排除相关故障；若为驱动电机系统故障，联系供应商解决
	车辆无法行驶	驱动电机系统温度过高或温度传感器检测失效	

2. 故障现象二（表 5-9）

表 5-9　故障现象二列表

故障现象		原因分析	诊断与维修思路
驱动电机故障指示灯、系统故障指示灯点亮	车辆行驶中限功率	电机轻微超速、母线轻度过电压与欠电压	通过诊断仪读取车辆故障码，确定具体故障原因，联系相应供应商解决
	车辆无法行驶	低压电源供电异常，相电流过流，母线过电流、过电压，旋变故障，电机超速等	

3. 故障现象三（表 5-10）

表 5-10 故障现象三列表

故障现象	原因分析	诊断与维修思路
驱动电机故障指示灯、系统故障指示灯、CAN故障警告灯CAN点亮	① 车辆无法上高压 ② 车辆行驶中无转矩输出	电机控制单元 CAN 通信模块出现问题	通过诊断仪读取车辆故障码，确定具体故障原因，联系相应供应商解决

三、吉利帝豪 EV300 DC/DC 变换器故障排除

1. 故障现象

车辆可以正常上 READY，仪表蓄电池充电指示灯频繁闪烁或者蓄电池充电指示灯常亮。

2. 故障解析

蓄电池充电指示灯常亮，引起该故障主要原因可能有 PEU（MCU+DC/DC 变换器）内部、DC/DC 变换器内部故障无输出，PEU 低压输出正负极固定螺栓虚接，PEU 低压输出至蓄电池 150A 熔丝熔断、动力蓄电池电量过低。

3. 故障排查思路

1）检查动力蓄电池电量，若 SOC 为 0，需要进行充电后再次检查。
2）读取故障码，借助故障码帮助排除故障。
3）测量蓄电池电压和 DC/DC 变换器输出电压。
4）检查 DC/DC 变换器输出端至蓄电池电路。
5）以上检查均正常则应更换电机控制器进行验证。

4. 故障断诊与排除

1）动力蓄电池电量充足。
2）读取故障码，如图 5-66 和图 5-67 所示。故障码显示高压端欠电压检测，可初步判断 PEU 内部高压检测电阻损坏，需要测量 DC/DC 变换器实际输出电压值进行验证。

图 5-66 读取故障码（1）

图 5-67 读取故障码（2）

3）检查蓄电池电压和 DC/DC 变换器输出电压，若测量结果 DC/DC 变换器输出电压与蓄电池电压一致（12.12V）（图 5-68、图 5-69），可判定相关电路及熔丝正常，结合故障码可初步判定 DC/DC 变换器不工作，更换 PEU 后故障就会消失。

图 5-68 检测 DC/DC 变换器输出电压（一致）

图 5-69 检查蓄电池电压（一致）

若测量结果 DC/DC 变换器输出电压为 0V，与蓄电池电压不一致（图 5-70、图 5-71），可判定相关电路断路或熔丝熔断，DC/DC 变换器不工作。

图 5-70 测量蓄电池电压（不一致）

图 5-71 测量 DC/DC 变换器输出电压（不一致）

4）检查 DC/DC 变换器至蓄电池熔丝。测量结果显示 DC/DC 变换器 150A 熔丝熔断，该熔丝熔断一般存在短路问题，不可盲目更换熔丝，应进一步检查相关线束、DC/DC 变换器是否存在短路问题，检查 DC/DC 变换器熔丝、DC/DC 变换器位置分别如图 5-72、图 5-73 所示。

5）检查 DC/DC 变换器至蓄电池间的线束，线束测量、DC/DC 变换器输出端子分别如图 5-74 和图 5-75 所示。根据测量结果分析：

①DC/DC 变换器无短路问题。

项目五 驱动电机控制系统故障检修

图 5-72　检查 DC/DC 变换器熔丝　　　　图 5-73　DC/DC 变换器熔丝位置

图 5-74　线束测量　　　　图 5-75　DC/DC 变换器输出端子

②线束无短路、断路、虚接问题。

③DC/DC 变换器输出正负极端子表面明显存在烧蚀痕迹，可初步判定因蓄电池负极未断开，拆卸过程中 DC/DC 变换器正极端子与负极端子短路导致 DC/DC 变换器熔丝烧蚀，更换熔丝后故障消失。

注意：拆卸 DC/DC 变换器正负极端子之前，一定要断开蓄电池负极！

● 项目总结 ●

本项目主要分为两个任务，分别是驱动电机的检修和电机控制器的检修。在任务1中，我们学习了驱动电机常见类型和检修方法与具体步骤，在任务2中，我们学习了电机控制器的不同种类以及常见故障的检修方法。

● 实训项目 ●

实训一　电机控制器总成的拆卸和安装

一、作业准备

1）防护装备：防护用品一套。
2）实训设备：北汽新能源 EV160 或其他纯电动汽车一辆。
3）专用工具：拆装专用工具。
4）手工工具：新能源汽车维修组合工具。

5）辅助材料：高压电维修警示牌和设备、绝缘地胶、二氧化碳型灭火器、清洁剂。

二、实训步骤

1. 电机控制器总成拆卸

1）断开蓄电池负极，并对负极端子做好防护，如图 5-76 所示。

注意事项：

①拆卸蓄电池负极前，必须确保点火开关处于关闭状态，并将车钥匙放在口袋。

②必须等待 15min 后方可进行下一步操作。

③拆卸高压零部件前，必须做好防护措施。

④拆卸高压零件时，必须使用绝缘工具。

2）拆卸永磁同步电机控制器低压线束端口。

注意事项：

①拆卸电机控制器低压线束端口，螺钉旋具头需要包裹电工胶布进行作业。

②取下低压插接器控制线束端口，并将低压插接器控制线束端口放在合适位置。

3）拆卸驱动电机插接器。

取出驱动电机三相插接器线束插头（图 5-77）。

图 5-76 负极端子防护

图 5-77 断开三相插接器线束插头

4）拆卸电机控制器正负极高压线缆。

5）使用合适的工具拧松电机控制器散热出水管卡箍，并拔出散热出水管（图 5-78）。

6）使用合适的工具拧松电机控制器散热进水管卡箍，并拔出散热进水管（图 5-79）。

图 5-78 拧松电机控制器出水管卡箍

图 5-79 拧松电机控制器进水管卡箍

7）使用绝缘工具拆卸电机控制器总成固定螺栓。

8）取下电机控制器单元总成，并放置于干净、干燥环境（图 5-80）。

9）使用电工胶布包裹驱动电机三相插接器线束插头。

10）使用电工胶布包裹电机控制器高压线束正负极端口（图 5-81）。

图 5-80　取下电机控制器单元总成　　　图 5-81　永磁同步电机控制器高压线束正极端口和负极端口保护

2. 电机控制器总成安装

1）取下驱动电机三相插接器线束插头和电机控制器插头上的电工胶布。
2）安放并固定电机控制器总成（图 5-82）。
3）安装电机控制器散热出水管，并安装卡箍。
4）安装电机控制器散热进水管，并安装卡箍。
5）安装电机控制器连接线束，并固定到位。
6）安装电机控制器正负极高压线束，并固定到位。
7）安装永磁同步电机控制器低压线束端口，并安装到位（图 5-83）。

图 5-82　安装电机控制器总成　　　图 5-83　安装完毕

实训二　电动汽车仪表显示电机控制器过热故障排除

一、故障现象

汽车行驶几千米以后，出现限速 9km/h 的现象，仪表显示电机控制器过热。

二、可能原因

水泵故障，散热风扇故障，缺少冷却液或冷却系统内部堵塞。

三、故障诊断与排除

用诊断仪读取数据流，显示电机控制器温度为 75℃，散热器风扇高速旋转，检查水泵工作正常，膨胀水箱冷却液也不缺少，在水泵工作过程中观察膨胀水箱发现冷却液循环不畅，进一步对冷却系统进行水道堵塞排查。采用压缩空气对散热器和管路及电机控制器进行疏通检查时发现电机控制器内部有阻塞，找到堵塞点，用高压空气将电机控制器内部异物吹出，恢复冷却系统管路，加注冷却液后进行试车，不再出现电机系统高温现象，故障排除。

四、故障小结

该车型电机系统冷却方式采用水冷式，电机控制器和电机是串联式循环，电机控制器的温度在 75~85℃ 时电机降功率，当电机控制器温度高于 85℃ 时电机将立即停止工作。

项目六　辅助控制系统故障检修

 项目导入

　　辅助控制系统是电动汽车中十分重要的组成部分，决定着汽车行驶的舒适性、安全性、稳定性。掌握新能源汽车各个辅助控制系统的工作原理，理解辅助控制系统相应控制策略，掌握辅助控制系统维修检测技能，结合维修手册及工具使用，才能对其进行维修。

学习目标

1) 能够识别空调暖风系统和制冷系统主要零部件并介绍各部件特点。
2) 能够正确使用空调暖风及制冷系统。
3) 能够正确地阐述空调系统控制策略和控制方式。
4) 能够正确描述制动系统的工作过程。
5) 能够准确阐述新能源汽车制动系统故障诊断的基本思路。
6) 能够准确阐述制动能量回收的工作原理。
7) 能够根据故障现象，参考维修手册，制订维修方案并进行故障排除。

项目六　辅助控制系统故障检修

暖风与空调系统故障检修

📖 | 任务解析

通过本任务的学习，要求能够描述新能源汽车和传统汽车暖风与空调系统的区别，熟悉面板的技术特征与操作，明确新能源汽车暖风与空调系统故障诊断的基本思路，熟悉故障现象，重点掌握故障产生原因。要求能够根据故障现象，参考维修手册制订维修方案排除故障，并且在不断的训练过程中树立高压安全防护意识。

📚 | 知识链接

一、新能源汽车暖风与空调系统认知

（一）相对于传统汽车暖风与空调系统的区别

1. 空调压缩机驱动方式不同

新能源汽车空调制冷系统的制冷原理与传统汽车相同，区别在于压缩机驱动方式发生了变化。图 6-1a 所示为绝大多数传统汽车采用的发动机传动带驱动，图 6-1b 所示为新能源汽车电动空调压缩机。

 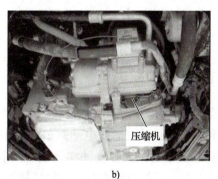

a)　　　　　　　　　　　　　　　b)

图 6-1　传统汽车与新能源汽车空调压缩机的区别

a）传统汽车传动带驱动空调压缩机　b）新能源汽车电动空调压缩机

2. 暖风实现形式不同

新能源汽车在暖风实现的形式上，通常是利用电加热的方式来产生暖风。电加热的方式有两种：一种是通过加热冷却液，再经过循环，为暖风水箱提供热量；另一种是直接加热经过蒸发箱的空气实现暖风。图 6-2 所示为用于暖风加热的 PTC 加热器（热交换器）。

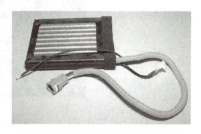

图 6-2　PTC 加热器（热交换器）

3. 送风系统不同

新能源汽车送风系统与传统汽车基本相似，其工作过程都是使空气通过蒸发器和热交换器形成冷风或暖风和风速，再根据用户的需要输送到指定的出风口，区别之处在于热交换器的不同。传统内燃机汽车的热交换器是散热器，其结构就是一个小型的金属水箱流通器，其工作原理是为高温冷却液提供一个物理流通散热媒介，然后通过与外部空气热交换使周围产生热量；而有些新能源汽车的热交换器采用的则是带有 PTC 加热电阻的加热器，其工作原理是利用通电使 PTC 陶瓷体温度升高，进而加热周围空气温度。

新能源汽车送风系统的组成如图 6-3 所示，其空气流通方向增加了用于暖风系统热交换器的通道。

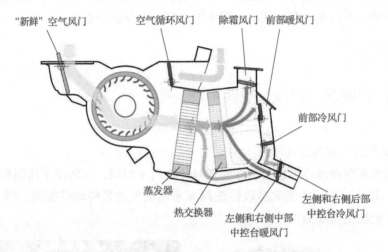

图 6-3 新能源汽车送风系统的组成

（二）暖风与空调控制面板技术特征

1. 空调面板外观对比

大多数纯电动汽车内饰的设计风格都是简约化、集成化、电子化，为了配合电动汽车环保和科技的设计理念，电动汽车内饰中我们很少能看到类似图 6-4 这种传统车辆的空调控制系统布置，除必要的实体按键外，很多控制功能都集中在了中央控制智慧屏内，图 6-5 展示了新能源汽车中央智慧屏外观。

图 6-4 传统车辆的空调控制系统布置

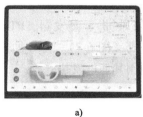  

a)　　　　　　　　　　　b)　　　　　　　　　　　c)

图 6-5　新能源汽车中央智慧屏外观

a）特斯拉中央智慧屏　b）吉利 EV 中央智慧屏　c）小鹏 p7 中央智慧屏

2. 典型车型空调控制面板的功能

图 6-6 所示为比亚迪秦 EV 空调控制面板布局。电动汽车空调控制面板功能与传统汽车空调控制面板功能几乎无异，只是开关的表现形式有所变化，具体包括：

（1）空调开关（A/C）　比亚迪秦 EV 纯电动汽车不再是空调机械按钮，取而代之的是整块触摸屏开启方式。根据液晶屏幕"空调开启"四个字的显示亮度区分空调是否开启，其他功能区也是如此。

（2）车辆空调模式选择开关　此部分区域显示除霜、前后风窗玻璃加热、内外循环、手自动切换、鼓风机开关以及通风模式选择几个虚拟按键。

（3）吹风模式选择开关　此部分使用比较大的虚拟图像显示吹风模式，便于驾驶人观察和选择，随机变动屏幕上的图案，进行手动切换。

图 6-6　比亚迪秦 EV 空调控制面板布局

（4）风量大小选择模式开关　此部分由左至右吹风速度依次增加，可用手从左至右按住屏幕滑动，即可选择风速。

（5）主、副驾驶分区温控开关　此部分可以手动分区调节主副驾驶区域温度，以实现不同需求。温度调节只需要用手指轻轻触摸上下箭头或者手指按住温度区域上下滑动即可。

二、新能源汽车暖风系统

（一）新能源汽车暖风系统的功能与组成

1. 新能源汽车暖风系统的功能

汽车暖风系统是将冷空气送入热交换器，吸收某种热源的热量，提高空气的温度，并将热空气送入车内。

汽车暖风系统的功能如下：

1）与蒸发器一起共同将空气调节到使人感到舒适的温度。

2）在寒冷的冬季向车内供暖，提高车内空气的温度。

3）当车窗结霜、影响驾驶人和乘客的视线、不利于行车安全时，可通过采暖装置吹出热风来除霜。

2. 新能源汽车暖风系统的组成

新能源汽车暖风系统由电子开关模块、空气净化风扇（鼓风机）、蒸发器、PTC加热器（热交换器）、温度传感器、出风风道、出风口等元件构成（图6-7）。PTC加热器作为加热元件，通过动力蓄电池为其供电，由电子开关模块控制其通电发热。

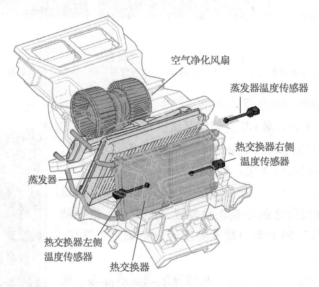

图6-7 新能源汽车暖风系统的结构

（二）新能源汽车暖风系统加热方式

新能源汽车暖风系统与传统汽车主要区别在于加热方式不同，表6-1介绍了几种暖风系统的加热方式，并表明了各自的优势与不足。

表6-1 新能源汽车暖风加热方式对比

加热方式	优势	不足
散热部件余温	无能源损失，不影响动力蓄电池	需散热部件工作后才能产生热量，电动汽车散热部件温度相对较低，不能满足制暖需求
燃油加热器	不影响动力蓄电池	由于消耗燃料，加热时间受限制，有燃烧废气排放。明火燃烧，安全防护措施需到位
PTC加热器（包括PTC加热水）	发热速度快，温度高（可控）	耗电功率大，需2kW以上，对车辆续驶能力有较大影响。PTC本体由于温度相对较高，需周边结构件配合为其提供空间，防止塑料件受热变形，同时HVAC内海绵及润滑脂易因高温产生异味

下面主要介绍目前主流的新能源汽车暖风加热方式。

1. PTC加热器的加热方式

电动汽车没有传统汽车的发动机，没有了热源，靠电加热器的热能来采暖。在空调的暖风部分，热源为PTC加热电阻。PTC是正温度系数（Positive Temperature Coefficient）的英文缩写。

目前，PTC技术已成为现代化工业的重要组成部分，作为一种新型热敏电阻材料，其主要用途可分为开关和发热两大类别。

利用 PTC 材料的热敏特性，它可制成热敏开关类产品。利用发热类 PTC 性能稳定、升温迅速、受电源电压波动影响小的特性，它可制成的各种加热器产品，这些产品已成为金属电阻丝类发热材料最理想的替代产品，目前已大量应用于电动汽车暖风系统、电动汽车除霜机等。

PTC 加热器（图 6-8）采用热敏陶瓷元件，由若干单片组合后与波纹散热铝条经高温胶黏结而成，具有热阻小、换热效率高的显著优点。它的最大特点在于其安全性，即遇风机故障时，PTC 加热器因得不到充分散热，功率会自动急剧下降，此时加热器的表面温度维持在限定温度（一般为 240℃ 左右），从而不致产生电热管类加热器表面的"发红"现象，排除了发生事故的隐患。

图 6-8　PTC 加热器

PTC 加热器外形尺寸与暖风芯体接近，布置于暖风芯体位置。在一定温度区间内电阻值会随着热敏电阻本体温度的变化呈现出阶跃性的变化，PTC 加热器电阻-温度特性曲线如图 6-9 所示。

PTC 加热器结构示意图如图 6-10 所示。

1）加热器：由 2 组热电阻丝并联组成，单独控制。
2）温度传感器：检测加热器本体的温度，控制加热器导通和切断。
3）熔断器：防止加热器失控发生火灾。

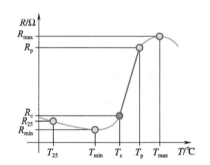

图 6-9　PCT 加热器电阻-温度特性曲线

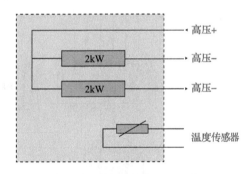

图 6-10　PTC 加热器结构示意图

PTC 加热器内部结构如图 6-11 所示。

PTC 加热器的控制原理如图 6-12 所示（以北汽 EV 系列电动汽车为例）。点火开关打开后，空调继电器为压缩机控制器、PTC 控制器和 PTC 提供电源。PTC 控制器根据来自空调面板的暖风请求信号（CAN-H 和 CAN-L）以及温度传感器信号，控制 PTC 加热器工作。

图 6-13 所示是 PTC 加热控制逻辑图和实物图，PTC 通过 PTC 控制模块采集加热请求，同时根据 VCU 控制信号、PTC 总成内部传感器温度反馈等信号综合控制 PTC 通断。PTC 控制模块采集信息内容包括风速、冷暖程度设置、出风模式、加热器起动请求、环境温度。

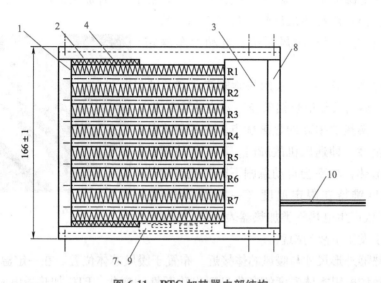

图 6-11 PTC 加热器内部结构

1—左基座 2—上、下基座 3—右基座 4—PTC 加热器 7、9—盖板 8—熔断器底座 10—导线

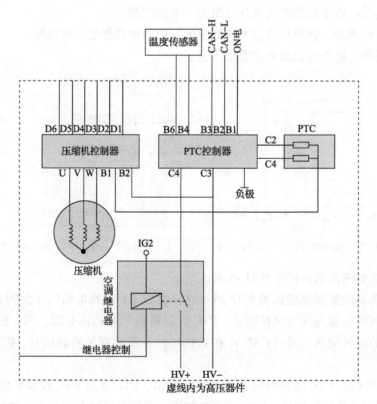

图 6-12 PTC 加热器的控制原理

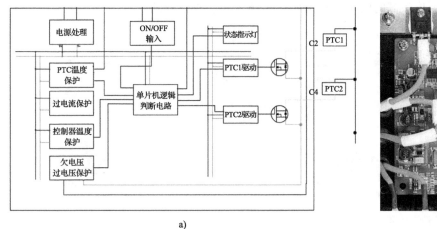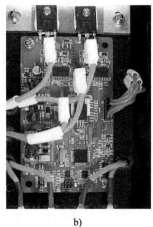

a)　　　　　　　　　　　　　　　　b)

图 6-13　PTC 加热控制逻辑图和实物图
a）逻辑图　　b）实物图

2. 加热丝加热冷却液的方式

新能源汽车冷却液的作用一方面是给汽车上的容易发热的元件（如电机等）散热，另一方面在温度较低的情况下需要提供热能来供驾驶室采暖。纯电动汽车没有传统汽车的发动机，没有了足够的热源，这样一来在温度较低的情况下仅靠电动汽车上的电器元件工作的热量来加热冷却液是远远不够的，无法给驾驶室提供足够的热源。

为保证在温度较低的情况下，给车内提供足够的热源，新能源汽车在冷却液循环系统上安装了一个冷却液加热装置，如图 6-14 所示，它串联在冷却液循环系统中，用来加热冷却液，使冷却液的温度达到合适的温度给车内提供足够的热源，加热器上有控温器和限温器。控温器一般都设置在插入冷却液中的金属管内，其最高控制温度一般都设定合适的温度区域，这样就可保证加热器有较大的蓄热量，为了防止控温器失灵时加热冷却液温度过高，影响车辆的工作性能，还在热水器上安装了限温器，其限温值略高于控温器的最高控制温度，一旦加热温度达到设定值，限温器便立即切断电源，避免了加热失控，影响整车性能。

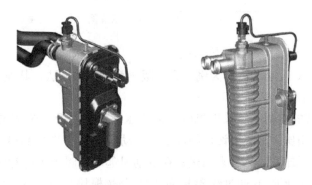

图 6-14　冷却液加热装置

加热装置的工作状态如下：

1）冷却液温度较低时的工作状态如图 6-15 所示，加热丝导通。

2）冷却液温度较高时的工作状态如图 6-16 所示，加热丝断开。

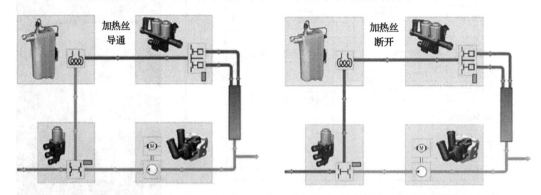

图 6-15　冷却液温度较低时的工作状态　　　图 6-16　冷却液温度较高时的工作状态

3. 暖风系统的热泵实现方式

暖风加热系统的另一种实现方式是热泵，它是一种由传动带驱动的直流无刷电机的电容式汽车热泵，热泵式空调示意图如图 6-17 所示。空调系统的制冷/制热模式由四通换向阀转换，实线箭头表示制冷工况，虚线箭头表示制热工况。从原理上讲，该系统与普通的热泵空调并无区别，但是用于电动汽车上，其专门开发了双工作腔滑片压缩机、直流无刷电机和逆变器控制系统。在热泵工况下，系统从融霜模式转为制热模式时，风道内换热器上的冷凝水将迅速蒸发，在风窗玻璃上结霜，影响驾驶的安全性。

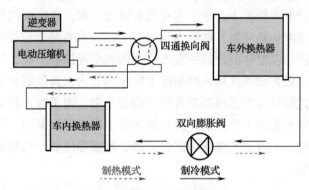

图 6-17　热泵式空调示意图

（三）新能源汽车暖风系统检修流程

下面以比亚迪 e6 纯电动汽车为例，介绍暖风系统检修方法，其他车型可以参考。

1. 比亚迪 e6 暖风系统的特点

比亚迪 e6 车型的空调系统采用机电一体化压缩机制冷及 PTC 制热模块采暖。与传统车型的空调系统相比，其主要设计的区别是电动压缩机及 PTC 制热。制热方面，传统的车型通过发动机冷却液的热量来制热，在发动机起动、暖机等冷却液温度较低的阶段制热效果不好。而比亚迪 e6 通过约 3kW 的 PTC 制热模块制热，制热效果好，同时可以调节制热量。

2. 比亚迪 e6 暖风系统原理

比亚迪 e6 暖风系统采用空调控制器驱动 PTC 加热器制热，其原理如图 6-18 所示，通过鼓风机吹出的空气将 PTC 散发出的热量送到车厢内或风窗玻璃上，用以提高车厢内温度和除霜。PTC 加热器实物如图 6-19 所示。

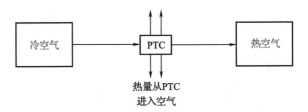

图 6-18　比亚迪 e6 暖风系统原理

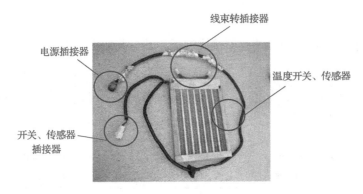

图 6-19　PTC 加热器实物

3. 比亚迪 e6 暖风系统检修

（1）比亚迪 e6 暖风系统故障检修流程分析　比亚迪 e6 暖风系统故障检修的流程如图 6-20 所示。

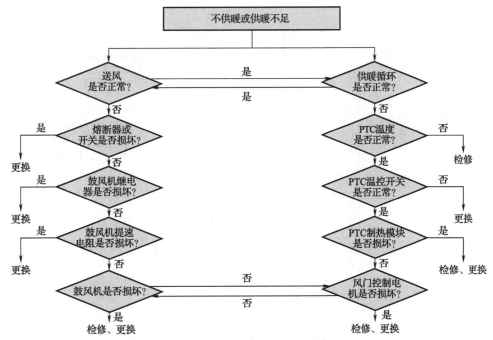

图 6-20　暖风系统故障检修的流程

(2) PTC 温度传感器的检查 比亚迪 e6 暖风系统的 PTC 温度传感器电路如图 6-21 所示。

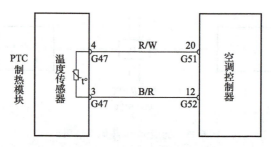

图 6-21 PTC 温度传感器电路

利用万用表检测 PTC 温度传感器接线端子，其检测数据见表 6-2。

表 6-2 PTC 温度传感器接线端子检测数据

端子	正常值
G47-4-G51-20	小于 10Ω
G47-3-G52-12	小于 1Ω
G47-4-车身搭铁	大于 10kΩ
G47-3-车身搭铁	大于 10kΩ

(3) PTC 制热模块的检查 比亚迪 e6 暖风系统 PTC 制热模块电路如图 6-22 所示。利用万用表检测 PTC 制热模块的电源、搭铁以及与各控制器之间的电路是否导通。

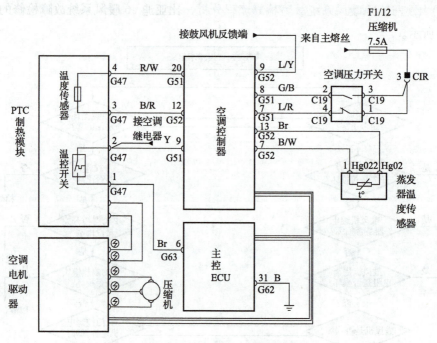

图 6-22 PTC 制热模块电路

(4) 温控开关的检查 比亚迪 e6 暖风系统温控开关电路如图 6-23 所示。

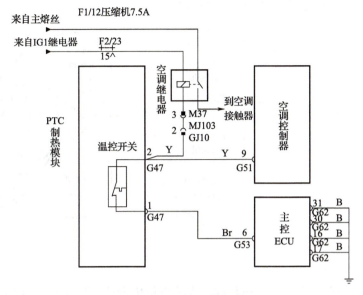

图 6-23 温控开关电路

利用万用表检测 PTC 温控开关接线端子，其检测数据见表 6-3。

表 6-3 PTC 温控开关接线端子检测数据

端子	条件	正常值
G47-1-G47-2	$T<80℃$	小于 1Ω
G47-1-G47-2	$T>85℃$	大于 $10k\Omega$

（5）PTC 加热器芯的拆装及更换　以下是更换比亚迪 e6 PTC 加热器芯的程序，但并不是针对所有的车型，具体参照车型的维修资料。

1）断掉电源，打开维修开关。
2）拆卸仪表板相关部件，以便接近加热器芯。
3）拆下加热器芯，并且固定支架卡箍。
4）从外壳上取出加热器芯。
5）按照维修手册的正确方法更换 PTC 加热器，然后装复。
6）恢复维修开关到通电位置，连接电源，起动车辆测试。

三、新能源汽车空调制冷系统

（一）新能源汽车空调系统的功能及特点

提高汽车的舒适性是各汽车制造商不断追求的目标，而汽车空调制冷系统就是汽车舒适性的重要标志之一。因此，汽车空调已成为现代汽车的标准配置。

汽车空调即车内空气调节，是指对车内的温度、湿度及空气的清洁度进行调节控制。汽车空调的基本功能是在任何气候条件下，将车内空气调整到对人体最适宜的状态，以改善驾驶人和乘员的舒适性，而舒适性是人对车内空气的温度、湿度、流速及清洁度等指标的综合感觉。因此，汽车空调的功能要包括调节车内空气的温度、湿度、流速及清洁度四个方面，汽车空调功能如图 6-24 所示。

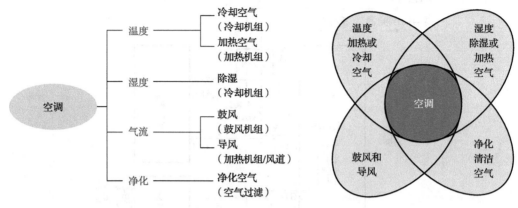

图 6-24　汽车空调功能

1. 调节车内温度

车内温度是指车内空气的冷热程度。为给乘员创造适宜的车内温度环境，在寒冷的冬季，一般利用采暖装置提高车内的温度；而在炎热的夏季，则利用制冷装置来降低车内温度。人感到最舒适的温度是 20～28℃。但应注意，车内外的温差不宜太大，否则也会使乘客感觉不舒适。为降低汽车空调系统的负荷，减少动力消耗，并为乘客创造一个适宜的温度环境，汽车空调车内推荐值：夏季一般应控制车内温度在 25～28℃，冬季应控制车内温度在 15～18℃；夏季车内外温差宜保持在 5～7℃，冬季车内外温差也不宜过大，应保持在 10～12℃，否则会使乘客感觉太冷或太热。

2. 调节车内湿度

车内湿度是指车内空气中所含水蒸气量的多少，车内湿度过小或过大会使乘员感觉干燥或闷热。人感觉最舒适的相对湿度为 30%～70%，所以汽车空调的湿度参数要求控制在此范围内。

3. 调节车内空气流速

空气的流速和方向对人体舒适性影响很大。气流速度稍大，有利于夏季人体散热，但冬季风速大了会影响人体保温，过大的风速直接吹到人体上也会使人感觉不舒服。车内空气流速以夏季不超过 0.5m/s、冬季不超过 0.3～0.35m/s 为宜。

此外，根据人体生理特点，头部对冷比较敏感，脚部对热比较敏感。为此，汽车空调系统不仅可利用控制装置来调节车内空气流速，而且可通过对汽车空调冷、热出风口的合理布置来调节车内空气流向，夏季让冷风吹到乘员头部，而冬季让暖风吹到乘员脚部。

4. 调节车内空气清洁度

由于车内空间小、乘员密度大，故极易出现缺氧和二氧化碳浓度过高的情况；发动机废气和道路上的粉尘等也会造成车内空气污浊，影响乘员的身体健康。因此，汽车空调装置上一般都设有进风门、排风门、空气过滤装置和空气净化装置。

新能源汽车空调制冷系统与传统汽车制冷原理大致相同，主要区别是压缩机的驱动方式，纯电动汽车的空调采用电动方式来驱动压缩机，传统汽车通过内燃机曲轴传动带驱动压缩机。图 6-25a 所示是传统汽车空调系统，其采用的是传动带驱动压缩机，图 6-25b 所示是比亚迪 e6 采用的机电一体化压缩机。

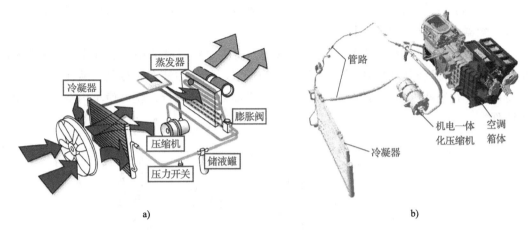

图 6-25 两种空调系统对比
a) 传统汽车空调系统传动带驱动压缩机 b) 比亚迪 e6 空调系统机电一体化压缩机

电动汽车空调系统是实现对车厢内空气进行制冷、加热、换气和空气净化的装置。制冷的功能是吸收进入车内的空气中所含的热量和水分。它可以为乘车人员提供舒适的乘车环境，缓解驾驶人的疲劳，提高行车安全。

（二）新能源汽车空调制冷系统的工作原理

汽车空调系统充分利用了液体的三态变化原理和热交换原理。液体可以通过压力或者温度的变化，在气态、液态之间互相变化，液态转变为气态释放热量，气态转变为液态需要加压。汽车空调制冷系统就是利用这个原理设计的，图 6-26 所示为汽车空调制冷循环工作过程。

汽车空调制冷系统采用蒸气压缩式制冷方式，即利用液态制冷剂蒸发时吸热来产生制冷效应。汽车制冷系统工作时，空调压缩机工作，在空调压缩机作用下，制冷剂在制冷系统内进行循环，空调制冷工作过程如图 6-27 所示，其工作过程如下：

1) 低温、低压的液态制冷剂在蒸发器内定压蒸发，由于制冷剂的蒸发吸热，使流经蒸发器外部的空气温度降低，低温空气通过鼓风机送入车内，从而使车内空气温度下降。

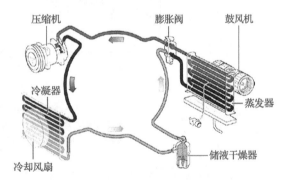

图 6-26 汽车空调制冷循环工作过程

2) 蒸发后的制冷剂蒸气被压缩机吸入并进行压缩，变成高温、高压的制冷剂蒸气，并送往冷凝器。

3) 由于进入冷凝器的高温、高压蒸气温度高于车外大气温度，故其部分热量可自发地传递给车外空气，并借助冷却风扇的作用，提高对制冷剂蒸气的冷却强度，以便使制冷剂温度降到其沸点以下,从而使高温、高压的制冷剂蒸气在冷凝器内变为中温、高压的液态制冷剂。

4)中温、高压的液态制冷剂流经储液干燥器时,杂质被过滤,水分被吸收,并在储液干燥器中储存少量制冷剂。

5)清洁、干燥的液态制冷剂流至膨胀阀,而流过膨胀阀的中温、高压液态制冷剂由于膨胀,其温度和压力迅速降低,重新变为低温、低压的液态制冷剂,从而完成一个制冷循环。在空调压缩机的作用下,制冷循环周而复始地进行,就可使车内空气温度逐渐降低。

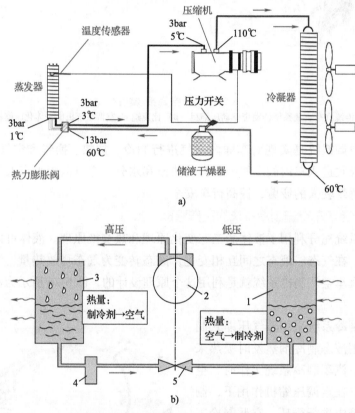

图 6-27 空调制冷工作过程
a)汽车空调系统制冷剂压力变化 b)空调热交换过程
1—蒸发器 2—压缩机 3—冷凝器 4—干燥器 5—膨胀阀

(三)新能源汽车空调制冷系统的组成

传统汽车的空调制冷系统是由空调压缩机、冷凝器、膨胀阀、蒸发器及管路组成。电动汽车的空调制冷系统与之相类似,只是空调压缩机为电动式压缩机。

以比亚迪 e6 车型为例,其空调系统主要由空调系统总成 HVAC(空调箱体)、空调管路、电动压缩机、冷凝器、空调控制面板及相关传感器、空调驱动器等组成(图 6-28)。其中空调驱动器与 DC/DC 变换器布置于同一壳体中,位于前机舱左侧。电加热模块(PTC)取代了暖风芯体,不在 HVAC 总成中。

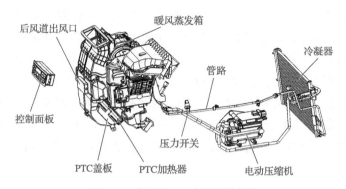

图 6-28 比亚迪 e6 空调系统结构

1. 电动压缩机

（1）比亚迪 e6 压缩机的作用　压缩机是汽车空调制冷装置的心脏，其作用是将低压低温的气态制冷剂压缩成高压高温的气态制冷剂，并推动制冷剂在系统中循环流动。比亚迪 e6 电动压缩机如图 6-29 所示。

（2）比亚迪 e6 压缩机的结构　比亚迪 e6 采用的电动涡流式压缩机属于第 3 代压缩机。电动压缩机采用螺旋式的压缩盘，如图 6-30 所示。

图 6-29　比亚迪 e6 电动压缩机

图 6-30　电动压缩机的压缩盘

涡流式压缩机结构主要分为动静式和双公转式两种。目前动静式应用最为普遍，它的工作部件主要由动涡轮（旋转涡管）与静涡轮（固定涡管）组成。动、静涡轮的结构十分相似，都是由端板和端板上伸出的渐开线形涡旋齿组成，涡流式压缩机的结构如图 6-31 所示。两者偏心配置且相互错开，静涡轮静止不动，而动涡轮在专门防转机构的约束下，由曲柄轴带动做偏心回转平动，即无自转，只有公转。

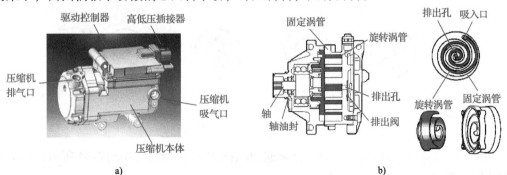

图 6-31　涡流式压缩机的结构
a）压缩机外部结构　b）压缩机内部结构

（3）比亚迪 e6 压缩机的工作过程 涡流式压缩机的工作原理如图 6-32 所示，吸气口设在固定涡旋盘外侧，由于曲柄的转动，气体由边缘吸入，并被封闭在月牙形容积内，随着接触线沿涡旋面向中心推进，月牙形容积逐渐缩小而压缩气体。高压气体则通过固定涡旋盘上的轴向中心孔排出。图 6-32a 表示正好吸气完了的位置，图 6-32b 表示涡旋外围为吸气过程，中间为压缩过程，中心处为排气过程。图 6-32c、图 6-32d 表示连续而同时进行着吸气和压缩过程。在曲轴的每一转中，都形成一个新的吸气容积，所以上述过程不断重复，按顺序完成。电动压缩机工作过程如图 6-33 所示。

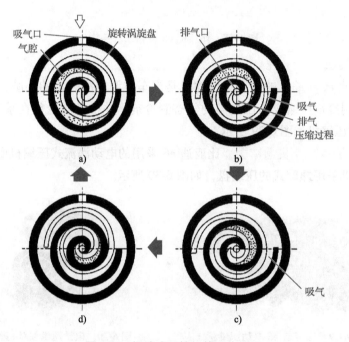

图 6-32 涡流式压缩机的工作原理

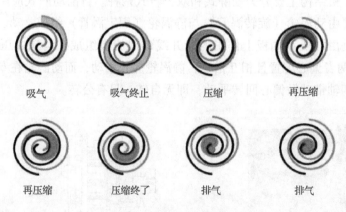

图 6-33 电动压缩机工作过程

（4）比亚迪 e6 压缩机的电路 比亚迪 e6 电动压缩机的接线如图 6-34 所示，其电路如图 6-35 所示。

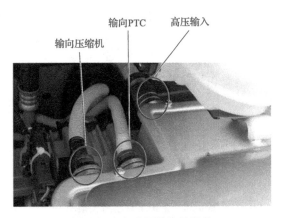

图 6-34 电动压缩机的接线

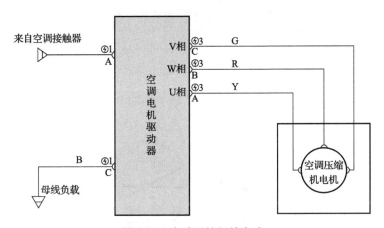

图 6-35 电动压缩机的电路

（5）比亚迪 e6 压缩机的工作参数　比亚迪 e6 电动压缩机的工作参数见表 6-4。

表 6-4　电动压缩机的工作参数

名　称	参　数
工作电压	320V
制冷剂型号和加注量	R134a 550g
压缩机油型号和加注量	POE68 120mL

（6）比亚迪 e6 压缩机故障诊断　电动压缩机的故障一般通过检查系统压力进行诊断。

1）压力测量。满足下列条件后读取歧管压力表压力。

测试条件：

①起动车辆。

②鼓风机转速控制开关置于"HI"位置。

③温度调节旋钮置于"COOL"位置。

④空调开关打开。

⑤车门全开。

⑥点火开关置于可使空调压缩机运转的位置。

系统正常压力表指示如图 6-36 所示，系统正常压力表读数见表 6-5。

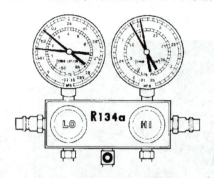

图 6-36　系统正常压力表指示

表 6-5　系统正常压力表读数

压力表	读　数
低压压力	0.15~0.25MPa
高压压力	1.37~1.57MPa

当压缩机压缩量不足时，系统故障压力表指示如图 6-37 所示，系统故障压力表读数见表 6-6。

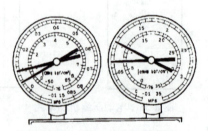

图 6-37　系统故障压力表指示

表 6-6　系统故障压力表读数

压力表	读数	可能原因	诊　断	纠正措施
低压压力	高	压缩机内部泄漏	压缩能力过低，阀门损坏引起泄漏，或零件可能断裂	更换压缩机
高压压力	低			

导致汽车空调制冷不足的故障原因很多，在诊断时应熟练掌握制冷系统的工作原理，利用系统的高、低压压力，并配合着各部位的温度变化，根据不同元件故障的特征，进行确认与排除。

2) 检查比亚迪 e6 空调电动压缩机不转的原因。空调制冷请求信号发送的条件有：
①A/C 按键有效。
②空调系统压力非高压、非低压。
③压缩机起停时间间隔大于等于 10s。
④蒸发器温度大于等于 4℃。
⑤鼓风机运转。
在满足空调制冷的条件下，如果压缩机不运转，检查压缩机电路及压缩机本体。

2. 冷凝器

汽车空调系统冷凝器外观结构如图 6-38 所示，按照工作原理不同，可以分为管片式、管带式和平行流式 3 种。冷凝器的作用是对压缩机排出的高温高压制冷剂蒸气进行冷却，使之凝结成高温高压液体。制冷剂蒸气放出的热量排到大气中。

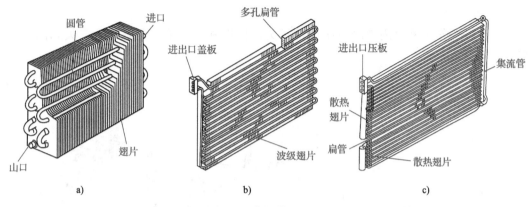

图 6-38　冷凝器外观结构
a）管片式　b）管带式　c）平行流式

3. 储液干燥器

储液干燥器具有储存制冷剂、过滤和吸收系统中的湿气的作用，如图 6-39 所示。

1）储存制冷剂：接收从冷凝器来的液体并加以储存，根据蒸发器的需要提供所需的制冷剂量。

2）过滤：将系统中经常会出现的杂质和其他脏物，如锈蚀、污垢、金属微粒等过滤掉，这些杂质会损伤压缩机轴承，还会堵塞过滤网和膨胀阀。

3）吸收系统中的湿气：汽车空调系统中要求湿气越少越好，因为湿气会造成"冰塞"并腐蚀系统管道等，使制冷系统不能正常工作。

图 6-39　储液干燥器

4. 膨胀阀

膨胀阀的主要作用是节流降压和自动调节制冷剂流量，膨胀阀如图 6-40 所示。

1）节流降压：使从冷凝器过来的高温高压液体制冷剂节流降压成为容易蒸发的低温低压雾状制冷剂进入蒸发器，即分开了制冷剂的高压侧和低压侧。

2）自动调节制冷剂流量：根据制冷负荷的改变和压缩机转速的变化，自动调节制冷剂进入蒸发器的流量以满足制冷循环的需要。

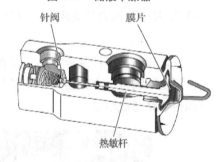

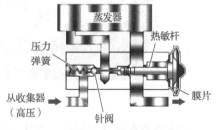

图 6-40　膨胀阀

5. 蒸发器

蒸发器是汽车空调制冷系统中的另一个热交换器,作用与冷凝器相反,它是将经过节流降压后的液态制冷剂在蒸发器内沸腾汽化,吸收蒸发器表面周围空气的热量而使之降温,风机将冷风吹到车室内达到降温的目的,如图 6-41 所示。

6. 压力开关

压力开关作用是检测制冷系统内部压力,保护制冷系统,空调压力开关如图 6-42 所示。

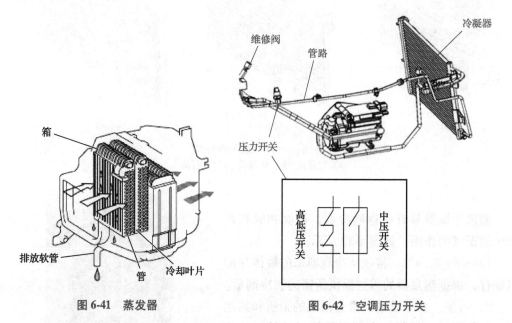

图 6-41 蒸发器　　　　图 6-42 空调压力开关

新能源汽车空调系统采用三位开关,即低压、中压、高压;压力低于 0.18MPa 时低压压力开关断开;压力高于 3.14MPa 时高压压力开关断开,压缩机停止工作;压力高于 1.5MPa 时中压压力开关闭合,冷却风扇高速旋转。

7. 空调管路

空调管路把各种制冷零件连接在一起构成一个循环系统,空调管路如图 6-43 所示。它主要由压缩机至冷凝器、冷凝器至储液干燥器、储液干燥器至蒸发器、蒸发器至压缩机四根管路总成组成。

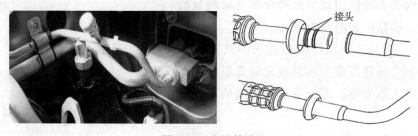

图 6-43 空调管路

连接管的直径是不同的:蒸发器与压缩机间的连接管直径最大;压缩机与冷凝管间

的连接管直径居中;冷凝器、储液干燥器、膨胀阀间的连接管直径最小。压缩机的"吸入和压出"管都是软管,以便减少发动机和压缩机产生的振动。

(四) 新能源汽车空调制冷系统的工作参数及特性

新能源汽车制冷系统的主要工作参数如下:低压一般在 $0.25\sim 0.3$ MPa;高压一般在 $1.3\sim 1.5$ MPa。平衡压力一般为 0.6 MPa 左右,因受环境温度及加注量同时影响,不可作为主要依据,为参考数值。其工作特性与传统车辆相同:高压液态散热,低压气态吸热,如图 6-44 所示。

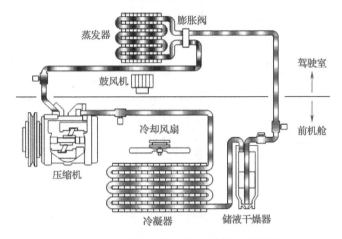

图 6-44 新能源汽车制冷系统的工作特性

(五) 新能源汽车空调制冷系统的控制方式及原理

汽车空调控制系统有整车控制器(VCU)控制形式和空调控制器(ECC)控制形式两种控制方式。图 6-45 所示是 VCU 控制的空调系统工作形式逻辑图。整车控制器(VCU)控制空调制冷功能的开启与关闭。

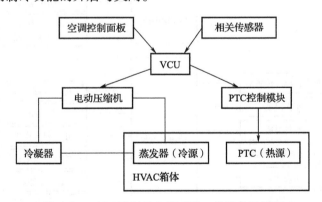

图 6-45 VCU 控制的空调系统工作形式逻辑图

点火开关旋至 ON 档后,按下 A/C 按钮,表示空调制冷功能请求输出。此时,VCU 会接到 A/C 请求信号,同时开关上的工作状态指示灯点亮,VCU 根据内部程序控制制冷系统。

空调控制面板根据用户的操作需求,发送 A/C 信号、冷暖选择信号、鼓风机信号到整车控制器,整车控制器同时接收空调压力开关、温度信号,通过 CAN 传输系统指令压缩机控制器驱动压缩机工作,同时整车控制器也控制冷却风扇运转。图 6-46 所示是北汽新能源汽车制冷系统控制原理示意图,从图中可以看出其是由整车控制器控制空调系统工作的形式。另外一种是以空调控制器进行控制的制冷系统。

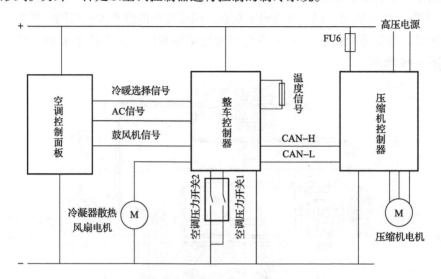

图 6-46　北汽新能源汽车制冷系统控制原理示意图

空调控制器接收空调面板开关、各种相关传感器、冷媒压力开关信号,直接控制鼓风机及各风门电机动作,同时通过 CAN 信号指令,空调驱动器驱动电动压缩机和 PTC 加热器,主控 ECU 控制冷却风扇动作,ECC 控制的空调系统工作形式逻辑图如图 6-47 所示。

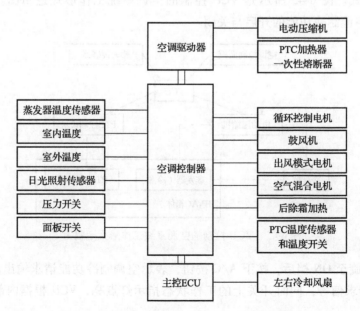

图 6-47　ECC 控制的空调系统工作形式逻辑图

（六）新能源汽车空调制冷系统的控制策略

1. 风速、风量、出风模式控制策略

（1）风速、风量控制策略　设置 1~8 档风量，最小风速为 1 档，每次空调功能唤醒后，风速为风扇旋钮指示状态，待机状态操作此虚拟旋钮按键可唤醒空调，同时风速逐级调整，汽车空调出风口控制面板如图 6-48 所示。

（2）出风模式控制器策略　循环调节吹面、吹足、吹面吹足、吹足除霜四个状态，待机状态操作此按键可唤醒空调，并恢复上次关机前所在位置。

2. 冷暖调节控制策略

根据最冷至最热需求变化，共 9 种过程状态，左侧极限位置为最大制冷，右侧极限位置为最大制热。

在偏向制冷的四种过程状态下，可起动电动压缩机，并根据制冷程度调节分别对应电动压缩机不同目标转速。

图 6-48　汽车空调出风口控制面板

中间状态（第 5 档）不可起动电动压缩机及 PTC 加热器。

在偏向制暖的四种过程状态下，起动 PTC 加热器，并将冷暖风门转动至最大制暖位置，但制暖程度输出信号（CAN 报文）与旋钮角度、屏幕显示均对应保持四档可调状态。

图 6-49　空调冷暖调节控制面板

待机状态操作此旋钮可唤醒空调，同时冷暖选择调整为旋钮对应设置及功能，如图 6-49 所示。

3. 管路压力控制策略

空调管路压力与冷却风扇请求命令相关情况，见表 6-7。

表 6-7　空调管路压力与冷却风扇请求命令相关情况

序号	系统压力工况	系统高低压触发状态	系统中压触发状态	冷却风扇请求状态
1	压力过低	触发	未触发	停机
2	压力正常	未触发	未触发	低速
3	压力偏高	未触发	触发	高速
4	压力过高	触发	触发	高速

4. 冷却风扇的控制

1）开启条件：高低压压力开关闭合并且有 A/C 请求信号开启或蓄电池制冷请求信号开启。

2）关闭条件：高低压压力开关断开或 A/C 请求关闭。

3）关闭延时控制。

①待机模式下，高低压压力开关断开请求关闭，冷却风扇延时 5s 关闭。
②开机模式下，高低压压力开关断开时，冷却风扇延时 5s 关闭。
③若高低压压力开关闭合，关闭 AC 请求，则冷却风扇延时 5s 关闭。
冷却风扇安装位置如图 6-50 所示。

图 6-50　冷却风扇安装位置

5. 压力保护的策略

当系统压力过高时，其保护策略是：
①高低压压力开关断开，压缩机停止工作。
②中压压力开关闭合，冷却风扇高速运转。
空调压力开关工作原理与实物如图 6-51 所示。

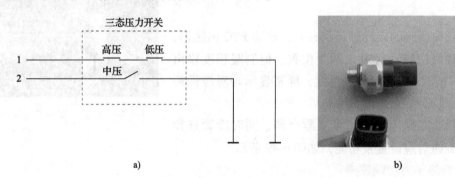

图 6-51　空调压力开关工作原理与实物
a）工作原理　b）实物

6. 控制器之间的通信

根据 CAN 报文协议，控制电动压缩机需同时发出使能、目标转速两项命令。

1）目标转速根据制冷程度选择分别对应 3500r/min（最冷）、2500r/min、2000r/min、1500r/min，冷暖调节为中间状态或制暖状态时压缩机停机。

2）在调试过程中考虑加入以蒸发温度为目标量的实时调速功能。

3）蒸发温度目标值上下限分别为 1℃、4℃。

4）环境温度低于 5℃时不允许电动压缩机工作。

5）收到 VCU 停机命令后不允许起动电动压缩机，若已经起动应即时停止电动压缩机工作。

（七）比亚迪 e6 空调制冷系统电路图、控制器端子检修

比亚迪 e6 空调系统电路如图 6-52 所示。

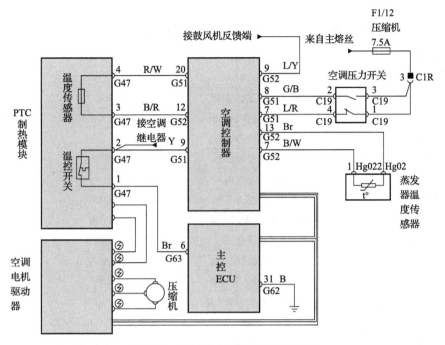

图 6-52 比亚迪 e6 空调系统电路图

比亚迪 e6 电动空调控制器端子如图 6-53 所示。

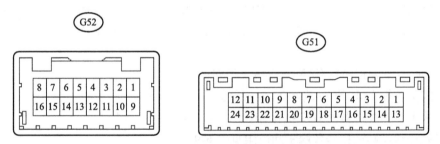

图 6-53 比亚迪 e6 电动空调控制器端子

比亚迪 e6 电动空调控制器端子定义见表 6-8。

表 6-8 比亚迪 e6 电动空调控制器端子定义

端子号	线色	端子描述	条　件	正常值
G51-7~车身搭铁	R	高/低压压力开关信号输入端	0.196MPa≤冷媒压力≤3.14MPa	11~14V
G51-8~车身搭铁	R	中压压力开关信号输入端	冷媒压力≥1.47MPa	11~14V
G51-24~车身搭铁	B/Y-B	ON 档电源输入端	电源档位上到 ON 档	11~14V
G51-23~车身搭铁	B/Y-B	ON 档电源输入端	电源档位上到 ON 档	11~14V
G51-17~车身搭铁	B	搭铁	始终	小于 1Ω
G51-18~车身搭铁	B	搭铁	始终	小于 1Ω
G51-22~车身搭铁	B	搭铁	始终	小于 1Ω
G51-13~车身搭铁	Lg/R	循环电机内循环端	将内外循环模式调至内循环	电压信号
G51-14~车身搭铁	G/W	循环电机外循环端	将内外循环模式调至外循环	

（续）

端子号	线色	端子描述	条件	正常值
G52-9～车身搭铁	L/Y	鼓风机反馈端	开空调	反馈信号
G51-4～车身搭铁	L/B	鼓风机速度调整端	开空调	速度信号
G51-20～车身搭铁	R/W	PTC 温度传感器搭铁	始终	小于1Ω
G52-12～车身搭铁	B/R	PTC 温度传感器输入端	开空调（制热模式）	温度信号
G51-9～车身搭铁	Y	空调继电器吸合信号	开空调	小于1Ω
G52-5～车身搭铁	B/W	室内温度传感器搭铁	始终	小于1Ω
G52-15～G52-5	Sb-B/W	室内温度传感器输入		
G51-19～车身搭铁	B/W	日光照射传感器搭铁	始终	小于1Ω
G52-14～G51-19	O-B/W	日光照射传感器输入端	开空调	光照信号
G52-6～车身搭铁	B	室外温度传感器搭铁	始终	小于1Ω
G52-16～G52-6	P-B	室外温度传感器输入端	开空调	温度信号
G52-7～车身搭铁	B/W	蒸发器温度传感器搭铁	始终	小于1Ω
G52-13～G52-7	Br-B/W	蒸发器温度传感器输入端	开空调	温度信号
G51-2～G51-1	Y/G-W/L	出风模式风门控制电机电源输入端	开空调，调节出风模式	11～14V
G51-11～车身搭铁	R/L	出风模式风门位置反馈端	开空调，调节出风模式	风门位置信号
G51-1～6G51-15	G-P/L	用户侧空气混合电机电源输入端	开空调，调节出风温度	11～14V
G52-10～车身搭铁	P/B	冷暖风门位置反馈端	开空调，调节出风温度	风门位置信号
G52-8～车身搭铁	R/Y	冷暖风门电机及模式电机高电位端	开空调	约5V

注：线色缩写含义如下：R-红色，B-黑色，Br-棕色，Y-黄色，W-白色，O-橙黄色，P-粉色，L-蓝色，G-绿色，Lg-浅绿色，Sb-天蓝色。

比亚迪 e6 空调控制器 CAN 的检测流程如下。

1）拔下主控 ECU 的 G63、G72 插接器。

2）拔下空调控制器的 G52 插接器。

3）测量线束端插接器各端子间电阻见表 6-9。

表 6-9 各端子间电阻

端 子	正常值	端 子	正常值
G52-2～G15-3	小于1Ω	G52-3～G63-1	小于1Ω
G52-3～G15-1	小于1Ω	G52-2～G72-24	小于1Ω
G52-2～G63-9	小于1Ω	G52-3～G72-12	小于1Ω

比亚迪 e6 空调系统常见的故障及可能的故障部位见表 6-10。

表 6-10 比亚迪 e6 空调系统常见的故障及可能的故障部位

故障症状	可能发生部位
制冷系统工作不正常（实际温度与设定温度有偏差，风速档位异常）	1）各传感器 2）前调速模块 3）AC 鼓风机 4）空调控制面板总成 5）线束和插接器

(续)

故障症状	可能发生部位
出风模式调节不正常	1）前出风模式风门控制电机 2）空调控制器 3）线束和插接器
驾驶人侧冷暖调节不正常	1）驾驶人侧空气混合控制电机 2）空调控制器 3）线束和插接器
前排乘员侧冷暖调节不正常	1）前排乘员侧空气混合控制电机 2）空调控制器 3）线束和插接器
内外循环调节不正常	1）循环控制电机 2）空调控制器 3）线束插接器
空调系统所有功能失效	1）高压配电 2）空调电机驱动器 3）空调控制器电源电路 4）空调控制器 5）CAN 传输系统 6）线束和插接器
仅制冷系统失效（鼓风机工作正常）	1）压缩机 2）空调电机驱动器 3）压力开关
鼓风机不工作	1）鼓风机回路 2）空调控制器
后除霜失效	1）后除霜回路 2）主控 ECU 3）线束和插接器
仅暖风系统失效	1）PTC 制热模块 2）空调电机驱动器

任务实施

本任务主要进行新能源汽车暖风及空调制冷系统零部件功能的学习。

一、认知暖风及空调制冷系统零部件

请同学们认真观察图 6-54，并在实车上指出它们所在的位置，说出其名称，阐述其作用。

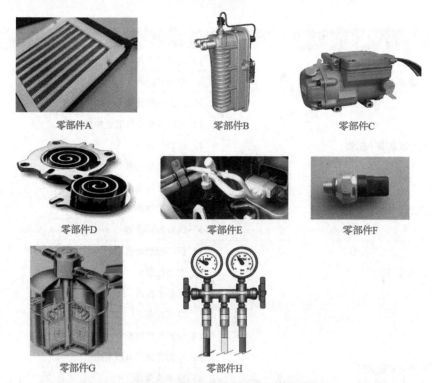

图6-54 暖风及空调制冷系统零部件

二、认知暖风及空调系统各部件组成及相关结构

1）请同学们认真观察图6-55，指出各数字所代表位置的压力值，并在实车上找到相应的位置。

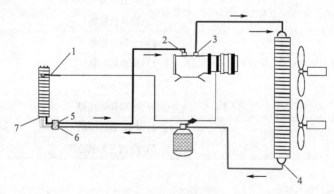

图6-55 系统组成图1

2）请同学们认真观察图6-56，指出各数字所代表部件的名称和管路的名称，并在实车上找到相应的位置。

3）请同学们认真观察图6-57，指出各数字所代表部件的名称，并在实车上找到相应的位置。

4）请同学们认真观察图6-58，准确写出A、B、C、D各个接口应该接哪段空调管路，并在实车上找到相应的位置。

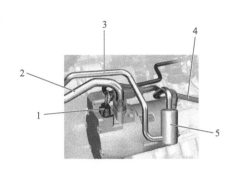
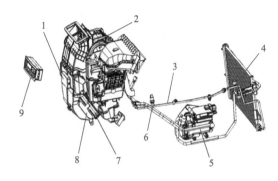

图 6-56 系统组成图 2　　　　　图 6-57 系统组成图 3

5）请同学们认真观察图 6-59，写出测量表各个位置的名称、指出正常压力表的读数并在实车上找到其相应的接入位置。

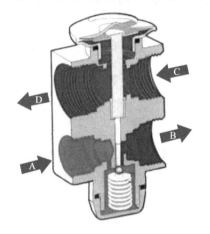
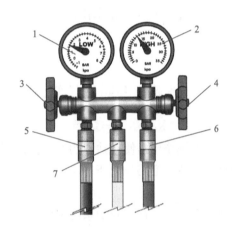

图 6-58 系统组成图 4　　　　　图 6-59 测量表

6）请同学们仔细观察图 6-60，详细写出各数字代表区域按键功能，并且能够在实车上进行操作。

图 6-60 操作面板

任务 2　制动系统故障检修

📖 | 任务解析

通过本任务的学习，要求学生明确新能源汽车制动系统故障诊断的基本思路，了解常见制动系统组成及工作原理，重点掌握制动系统电子设备出现故障的原因及相关部件检修方法。要求学生能够根据故障现象，参考维修手册制订维修方案排除故障，并且在不断的训练过程中养成精益求精的工匠精神。

📚 | 知识链接

一、新能源汽车制动系统认知

（一）制动系统组成与功用

制动系统作用是使行驶中的汽车按照驾驶人的要求进行强制减速甚至停车；使已停驶的汽车在各种道路条件下（包括在坡道上）稳定驻车；使下坡行驶的汽车速度保持稳定。

制动系统分为行车制动系统和驻车制动系统。

制动系统主要由供能装置、传动装置、制动器、控制装置组成（图6-61）。

供能装置：供给、调节制动所需能量以及改善传动介质状态的各种部件。

传动装置：将制动能量传输到制动器的各个部件，如制动主缸、轮缸。

制动器：产生阻碍车辆运动或运动趋势的部件。

控制装置：产生制动动作和控制制动效果的各种部件，如制动踏板。

大部分制动系统的组成部件与传统汽车制动系统几乎无异，只是因为没有发动机，原有的利用发动机进气道产生的真空助力的方式，只能采取电动机驱动产生真空助力，因而在新能源汽车，尤其是纯电动汽车中，采用的是电动真空助力泵产生助力。

电动真空助力系统由真空泵、真空罐、真空泵控制器（后期车型集成在VCU里）以及与传统汽车相同的真空助力器、12V电源组成（图6-62）。

电动真空助力系统的工作过程：当用户起动汽车时，车辆电源接通，真空泵控制器开始进行系统自检，如果真空罐内的真空度小于设定值，真空罐内的真空压力传感器输出相应电压信号至真空泵控制器，此时真空泵控制器控制电动真空泵开始工作，当真空度达到设定值后，真空压力传感器输出相应电压信号至真空泵控制器，此时真空泵控制器控制真空泵停止工作。当真空罐内的真空度因制动消耗，真空度小于设定值时，电动真空泵再次开始工作，如此循环。

项目六 辅助控制系统故障检修

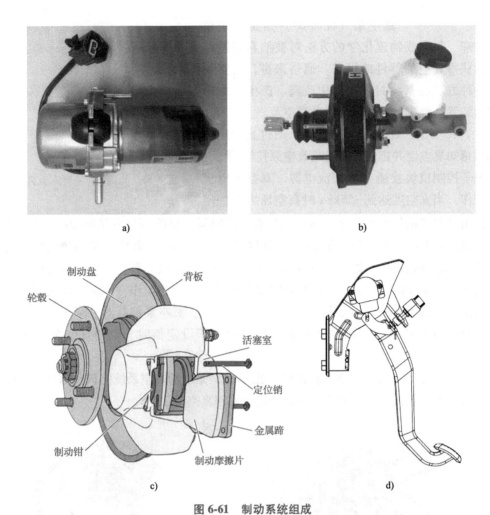

图 6-61 制动系统组成
a) 供能装置——真空泵 b) 传动装置——助力器带主缸总成 c) 制动器 d) 控制装置——制动踏板

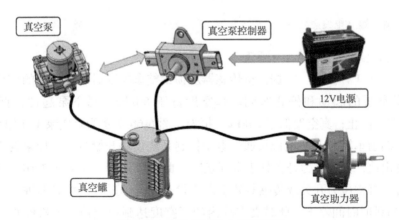

图 6-62 电动真空助力系统组成

1. 电动真空助力系统的主要组成元件

（1）真空泵　真空泵（图 6-63）是指利用机械、物理、化学或物理化学的方法对被抽容器进行抽气而获得真空的器件或设备。通俗来讲，真空泵是用各种方法在某一封闭空间中改善、产生和维持真空的装置。汽车上通常采用电动真空泵。

（2）真空罐　真空罐（图 6-64）通过真空压力传感器感知真空度并把信号发送给真空泵控制器。

图 6-63　北汽 EV 系列车型真空泵

电子控制模块接通 12V 直流电源，真空泵电机开始工作，当真空度达到 -55kPa 时真空压力开关闭合，输出高电平信号给真空泵控制器，真空泵控制器在接收信号后延时 10s，电机停止工作。电动真空助力系统的工作过程：当驾驶人起动汽车时，低压 12V 电源接通，电子控制系统模块开始自检，如果真空罐内的真空度小于设定值，真空压力传感器输出相应电压值至真空泵控制器，真空泵控制器控制电动真空泵开始工作，当真空度达到设定值后，真空压力传感器输出相应电压值至真空泵控制器，真空泵控制器控制真空泵停止工作，当真空罐内的真空度因制动消耗，真空度小于设定值时，电动真空泵再次开始工作。

（3）真空泵控制器　真空泵控制器（图 6-65）是电动真空系统的核心部件。真空泵控制器根据真空罐真空压力传感器发送的信号控制真空泵工作。

图 6-64　真空罐（电线插接器位置为真空压力传感器）

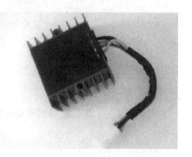

图 6-65　真空泵控制器

2. 电动真空助力系统的工作原理

（1）真空泵工作原理　根据真空传感器反馈给整车控制器（VCU）的信号，整车控制器确定真空泵的起动和停止时间。真空度低于 50kPa，真空泵起动；真空度高于 75kPa，真空泵停止；真空度低于 34kPa，报警。图 6-66 所示为真空泵工作原理。

当用户起动车辆时 12V 电源接通，电子控制系统模块开始自检，如果真空罐内的真空度小于设定值，真空压力开关处于常开状态，此时电动真空泵开始工作，当真空度大于设定值时，真空压力开关或传感器处于常闭状态，电子延时模块立即进入延时工作模式，15s 左右延时时间停止，此时真空罐内的真空度达到设定值，电机停止工作，当真空罐内的真空度因制动消耗，真空度小于设定值时，真空压力开关或传感器再次处于常开状态，电动真空泵再次开始工作，如此循环。

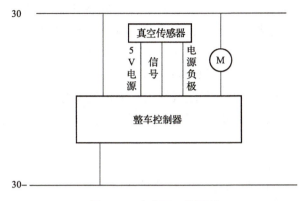

图 6-66　真空泵工作原理

(2) 电动真空助力系统性能参数　电动真空助力系统性能参数见表 6-11。

表 6-11　电动真空助力系统性能参数

性能参数	参数值
电动真空泵尺寸	214.5mm×95mm×114mm
真空罐尺寸	$\phi 120×226$mm
工作电流	不大于 15A
最大工作电流	不大于 25A
额定电压	12V DC
最大真空度	大于 85kPa
测试容积	2L
抽至真空度 55kPa，压力形成时间	不大于 4s
抽至真空度 70kPa，压力形成时间	不大于 7s
真空度从 40kPa 抽至 85kPa，压力形成时间	不大于 4s
延时模块接通闭合的真空度	55kPa
延时时间	15s
使用寿命	30 万次
工作环境温度范围	−20~100℃
起动温度	−30℃
噪声	75dB
真空罐密封性	15s 在 (66.7±5)kPa 真空度下，真空压力降 $\Delta p \leqslant 3$

二、防抱死制动系统（ABS）

汽车在制动时，车速与轮速之间产生速度差，车轮发生滑移现象。滑移率 λ 的定义如下：

$$\lambda = \frac{车速-轮速}{车速} \times 100\%$$

轮速 = 车轮转速 × 车轮半径

在非制动状态（滑移率为0）下，制动附着系数等于0；在制动状态下，滑移率达到最优滑移率时，制动附着系数最大，在此之前的区域为稳定区域；之后，随着滑移率的增大制动附着系数反而减小，侧向附着系数也下降很快，汽车进入不稳定区域，特别是当滑移率为100%时，侧向附着系数接近于0，也就是汽车不能承受侧向力，这是很危险的。所以应将制动滑移率控制在稳定区域内。附着系数的大小取决于道路的材料、状况以及轮胎的结构、胎面花纹和车速等因素，干燥硬实路面附着系数与滑移率关系如图6-67所示。

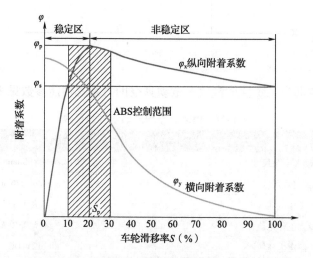

图6-67　干燥硬实路面附着系数与滑移率关系

在常见的ABS中，每个车轮上各安装一个转速传感器，将有关各车轮转速的信号输入电子控制装置。电子控制装置根据各车轮转速传感器输入的信号对各个车轮的运动状态进行监测和判定，并形成相应的控制指令。制动压力调节装置主要由调压电磁阀组成，电动泵和储液器等组成一个独立的整体，通过制动管路与制动主缸、各制动轮缸相连。制动压力调节装置受电子控制装置的控制，对各制动轮缸的制动压力进行调节，ABS组成如图6-68所示。

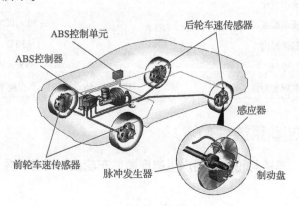

图6-68　ABS组成

1. 工作原理

防抱死制动系统由汽车微机控制，当车辆制动时，它能使车轮保持转动，从而帮助驾驶人控制车辆安全地停车。这种防抱死制动系统是用速度传感器检测车轮速度，然后把车轮速度信号传送到微机里，微机根据输入车轮速度，通过重复地减少或增加在车轮上的制动压力来控制车轮的滑移率，保持车轮转动。在制动过程中保持车轮转动，不但可保证驾驶人控制行驶方向，而且在大部分路面情况下，与抱死（锁死）车轮相比，转动的车轮能提供更大的制动力量，ABS 连接如图 6-69 所示。

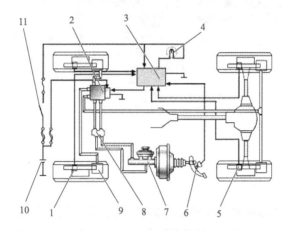

图 6-69　ABS 连接

1—前轮速度传感器　2—制动压力调节装置　3—ABS 电子控制单元　4—ABS 警告灯　5—后轮速度传感器
6—停车灯开关　7—制动主缸　8—比例分配阀　9—制动轮缸　10—蓄电池　11—点火开关

2. 工作过程

ABS 的工作过程可以分为常规制动、制动压力保持、制动压力减小和制动压力增大等阶段。

（1）常规制动　开始制动时，驾驶人踩制动踏板，制动压力由制动主缸产生，经常开的不带电压的进油阀作用到车轮制动轮缸上，此时，不带电压的出油阀依然关闭，ABS 没有参与控制，整个过程和常规液压制动系统相同，制动压力不断上升。调压电磁阀总成中的各进液电磁阀均不通电而处于开启状态，各出液电磁阀均不通电而处于关闭状态，电动泵也不通电运转，制动主缸至各制动轮缸的制动管路均处于连通状态，而各制动轮缸至储液器的制动管路均处于封闭状态，各制动轮缸的制动压力将随制动主缸的输出压力而变化，此时的制动过程与常规制动系统的制动过程完全相同。

（2）制动压力保持　当驾驶人继续踩制动踏板，油压继续升高到车轮出现抱死趋势时，ABS 电子控制单元发出指令使进油阀通电并关闭阀门，出油阀依然不带电压，仍保持关闭，系统油压保持不变。

（3）制动压力减小　若制动压力保持不变，车轮有抱死趋势时，ABS ECU 给出油阀通电，打开出油阀，系统油压通过低压储液罐，油压降低，此时进油阀继续通电保持关闭状态，有抱死趋势的车轮被释放，车轮转速开始上升。与此同时，电动液压泵开始起动，将制动液由低压储液罐送至制动主缸。

（4）制动压力增大　为了使制动最优化，当车轮转速增加到一定值后，电子控制单元给出油阀断电,关闭此阀门,进油阀同样也不带电而打开,电动液压泵继续工作,从低压储液罐中吸取制动液泵入液压制动系统,随着制动压力的增加,车轮转速又降低。这样反复循环地控制(工作频率为5~6次/s),将车轮的滑移率始终控制在20%左右。

上述工作过程的阐述可以结合图6-70进行分析。

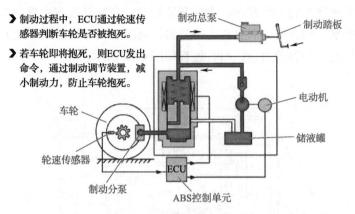

图6-70 制动压力增加原理

3. ABS制动压力调节器

ABS制动压力调节器通常由电动泵(回流泵)、储能器(储压器)、主控制阀、电磁控制阀(输入阀、输出阀)和一些控制开关等组成(图6-71)。实质上,ABS就是通过电磁控制阀控制分泵上的油压迅速变大或变小,从而实现防抱死制动功能。

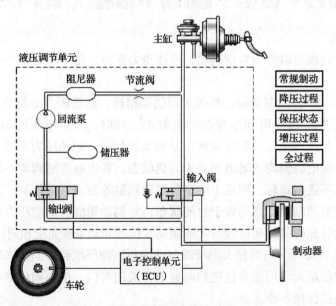

图6-71 ABS制动压力调节器组成

4. ABS泵体

ABS泵(图6-72)由电动机、阀体、电磁阀、泵(往复柱塞式)、低压蓄油器、电控单元(ECU)等组成,完成ABS的控制功能。

 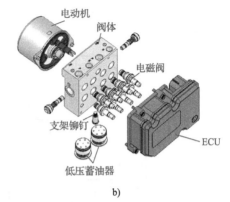

a)　　　　　　　　　　　　　　b)

图 6-72　ABS 泵体分解图
a) 实物分解图　b) 分解示意图

三、制动能量回收

（一）制动能量回收发展历程

电动汽车诞生以来，其续驶性能一直是人们关注的重点。除了改进蓄能和驱动方式外，制动能量回收是现代电动汽车以及混合动力汽车的重要技术之一，也是它们的重要特点。

制动能量回收就是把电动汽车电机无用的、不需要的或有害的惯性转动产生的动能转化为电能，并回馈蓄电池，同时产生制动力矩，使电动机快速停止惯性转动，这个总过程也称为再生制动。

现在大部分电动汽车都已安装了类似的装置以节约制动动能，并回收部分制动动能，为驾驶人提供常规制动性能。研究表明，在行驶工况变化比较频繁的路段，采用制动能量回收可增加续驶里程约 20%。

（二）制动能量回收方法

再生制动是指电动汽车在减速制动（制动或者下坡）时将汽车的部分动能转化为电能，转化的电能储存在储存装置中，如各种蓄电池、超级电容器和超高速飞轮，最终增加电动汽车的续驶里程，电动汽车的制动系统结构如图 6-73 所示。

制动能量回收的基本原理是先将汽车制动或减速时的一部分机械能（动能）经再生系统转换（或转移）为其他形式的能量（旋转动能、液压能、化学能等），并储存在储能器中，同时产生一定的负荷阻力使汽车减速制动；当汽车再次起动或加速时，再生系统又将储存在储能器中的能量再转换为汽车行驶所需要的动能（驱动力）。

根据储能机理不同，电动汽车制动能量回收的方法也不同，主要有飞轮储能、液压储能和电化学储能三种形式。

1. 飞轮储能

飞轮储能是利用高速旋转的飞轮来储存和释放能量，飞轮能量转换过程如图 6-74 所示。当汽车制动或减速时，先将汽车在制动或减速过程中的动能转换成飞轮高速旋转的动能；当汽车再次起动或加速时，高速旋转的飞轮又将存储的动能通过传动装置转化为汽车行驶的驱动力。

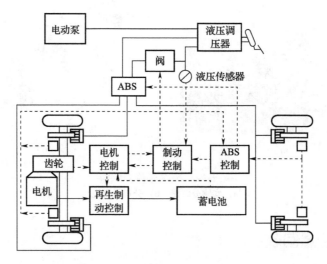

图 6-73 电动汽车的制动系统结构

图 6-74 飞轮能量转换过程

图 6-75 所示是一种飞轮储能式制动能量回收系统示意图。该系统主要由发动机、高速储能飞轮、增速齿轮、主离合器和驱动桥等组成。发动机用来提供驱动汽车的主要动力，高速储能飞轮用来回收制动能量以及作为负荷平衡装置，为发动机提供辅助的功率以满足峰值功率的要求。

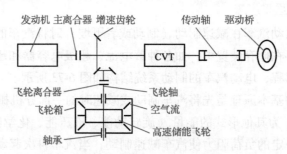

图 6-75 飞轮储能式制动能量回收系统示意图

2. 液压储能

液压储能工作过程如图 6-76 所示。它是先将汽车在制动或减速过程中的动能转换成液压能，并将液压能储存在液压储能器中；当汽车再次起动或加速时，储能系统又将储能器中的液压能以机械能的形式反作用于汽车，以增加汽车的驱动力。

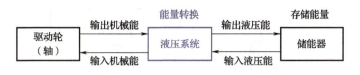

图 6-76　液压储能工作过程

图 6-77 所示是液压储能式制动能量回收系统示意图。该系统由发动机、液压泵、液压储能器、连动变速器、驱动桥、液控离合器和液压控制系统组成。

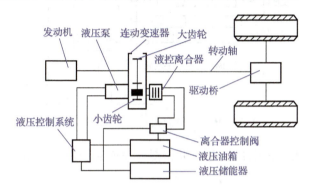

图 6-77　液压储能式制动能量回收系统示意图

3. 电化学储能

电化学储能工作原理如图 6-78 所示。它是先将汽车在制动或减速过程中的动能，通过发电机转化为电能并以化学能的形式储存在储能器中；当汽车再次起动或加速时，再将储能器中的化学能通过电动机转化为汽车行驶的动能。储能器可采用蓄电池或超级电容器，由发电机/电动机实现机械能和电能之间的转换。系统还包括一个控制单元，用来控制蓄电池或超级电容器的充放电状态，并保证蓄电池的剩余电量在规定的范围内。

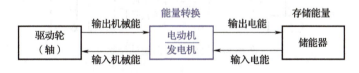

图 6-78　电化学储能工作原理

图 6-79 所示是一种用于前轮驱动汽车的电化学储能式制动能量回收示意图。当汽车以恒定速度或加速度行驶时，电磁离合器脱开。当汽车制动时，行车制动系统开始工作，汽车减速制动，电磁离合器接合，从而接通驱动轴和变速器的输出轴。这样，汽车的动能由输出轴、离合器、驱动轴、驱动轮和从动轮传到发动机和飞轮上。制动时的机械能由发电机转换为电能，存入蓄电池。

（三）制动能量回收系统构成及分类

制动能量回收系统的类型因储能方法不同而不同，主要有电能式、动能式和液压式。

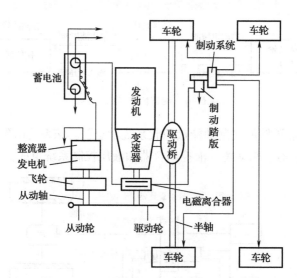

图 6-79 电化学储能式制动能量回收示意图

1）电能式：主要由发电机、电动机和蓄电池或超级电容器组成，一般在电动汽车上使用。

2）动能式：主要由飞轮、无级变速器构成，一般在公交汽车上使用。

3）液压式：主要由液压泵、储能器组成，一般在工程机械或大型车辆上使用。

制动能量回收系统又称再生制动系统，其结构如图 6-80 所示。

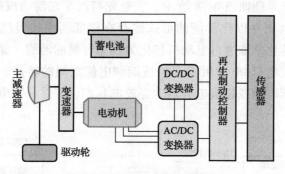

图 6-80 再生制动系统的结构

丰田 Prius 是丰田汽车公司研制的一款混合动力轿车，它的制动系统包括能量回收制动和液压制动，能量回收制动由整车 ECU 控制，液压制动则是由制动控制器控制，能量回收制动和液压制动系统如图 6-81 所示。

图 6-82 所示是某电动汽车的再生液压混合制动系统，它只在前轮上进行制动能量回收，前轮上的总制动力矩大小等于电机产生的再生制动力矩与机械制动系统产生的摩擦制动力矩的和。

在目前电动汽车的储能元件没有大的突破与发展的实际情况下，制动能量回收装置可以提高电动汽车的能量利用率，延长电动汽车的行驶里程；电制动与传统制动相结合，可以减轻传统制动器的磨损，增长其使用寿命，达到降低成本的目的；可以减少汽车制动器在制动，尤其是缓速下长坡以及滑行过程中产生的热量，降低汽车制动器的热衰退，提高汽车的安全性和可靠性。

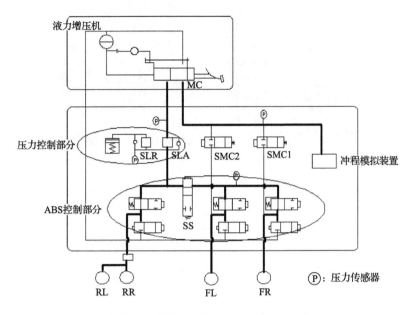

图 6-81 能量回收制动和液压制动系统

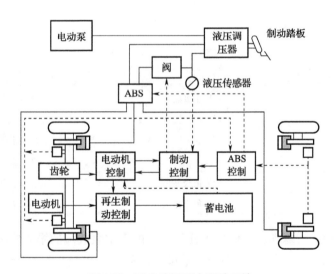

图 6-82 再生液压混合制动系统

四、真空制动系统故障诊断

当制动系统出现某些故障时，仪表板上的警告灯会点亮警告并使车辆限速，常见故障有制动真空压力低于规定值并在一定时间内不恢复，真空泵熔丝熔断，制动液油位低于要求值，制动真空泵常转等。图 6-83 所示的 20、25、36 三个警告灯都是表示车辆制动系统发生故障了。

图 6-84 所示是某车型真空泵控制器端子，表 6-12 所示为其端子含义说明。

图 6-83 制动系统故障警告灯

1—ABS 警告灯　2—ESP 功能开启/关闭　3—驻车制动警告灯

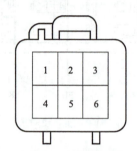

图 6-84 真空泵控制器端子

表 6-12 真空泵控制器端子含义说明

针　脚	针脚功能	线束走向
1	12V 正极输入	低压电器盒熔丝
2	12V 负极输入	负极搭铁
3	触点 1	真空罐压力开关
4	触点 2	真空罐压力开关
5	12V 正极输出	电动真空泵输入正极
6	12V 负极输出	电动真空泵输入负极

下面根据不同的故障现象，给出了几种常见的真空泵故障的维修检测方法。

1) 连接电源后电机不转。针对此类故障，首先检查熔丝是否熔断，如果熔丝熔断，则故障可能为电路短路，控制器损坏，电机烧毁短路；如果未熔断，则故障可能为蓄电池亏电，电路发生断路，控制器损坏故障。

2) 接通电源后，真空度抽至上限设定值电机不停转。对于此类故障，可能是开关触头短路常开或者电子延时模块损坏，应更换模块。

3) 压力开关不能正常开启和断开。这类故障，首先检查压力开关触头，如果是有明显污损、锈蚀、接触不良，应清洁触头或更换。然后对管路密封性进行测试，检查管路密封是否良好，必要时更换管路。如果以上两个方面均进行过检查，且无故障，此时需要考虑可能是压力开关损坏或者连接压力开关至接线端子间的导线插接器脱焊，如果是导线问题就更换连接导线，如果不是则更换压力开关。

4）设备外壳带电。设备外壳带电很有可能是电源线接错，第一种可能是壳体与电源的正极连接，此时应先检查连接错误的电路，并纠正错误的连接。第二种可能是电源插座的地线未与地连接，应把电源插座中的地线连接好。

5）真空泵喷油。部分新装车的真空泵在工作时会出现从排气孔带出润滑油的现象。此种情况为真空泵自身缺陷，此时可以向厂家申请索赔更换新的真空泵。如果是人为使用或超过索赔期限发生此类故障，则需更换新的真空泵。

此外，当出现 ABS 故障时，可根据故障码的提示，对 ABS 进行维修。ABS 故障码对照表见表 6-13。

表 6-13 ABS 故障码对照表

序 号	故障码	故 障
1	C0031	左前轮速传感器电路故障-信号故障
2	C0032	左前轮速传感器电路故障
3	C0034	右前轮速传感器电路故障-信号故障
4	C0035	右前轮速传感器电路故障
5	C0037	左后轮速传感器电路故障-信号故障
6	C0038	左后轮速传感器电路故障
7	C003A	右后轮速传感器电路故障-信号故障
8	C003B	右后轮速传感器电路故障
9	C0010	左前 ABS 进油口电磁阀或者 1 号电机电路故障
10	C0011	左前 ABS 出油口电磁阀或者 2 号电机电路故障
11	C0014	右前 ABS 进油口电磁阀或者 1 号电机电路故障
12	C0015	右前 ABS 出油口电磁阀或者 2 号电机电路故障
13	C0018	左后 ABS 进油口电磁阀或者 1 号电机电路故障
14	C0019	左后 ABS 出油口电磁阀或者 2 号电机电路故障
15	C001C	右后 ABS 进油口电磁阀或者 1 号电机电路故障
16	C001D	右后 ABS 出油口电磁阀或者 2 号电机电路故障
17	C0020	泵电机控制故障
18	C0121	阀继电器电路故障
19	C0245	轮速传感器频率错误
20	C0800	01 高压故障过电压；02 低压故障欠电压
21	C1001	CAN 硬件故障
22	U1000	CAN 总线关闭故障

五、故障案例分析

（一）故障案例 1：故障车辆被限速

（1）故障现象 客户描述车辆在行驶过程中制动踏板重、仪表显示制动故障、车辆被限速，整车故障灯亮。

（2）诊断思路　可能原因有真空泵或电路故障、真空系统漏气、真空度传感器故障。

（3）故障诊断与排除

1）经检查制动踏板确实沉重，且真空泵常转，初步判断真空系统有漏气的地方。

2）用真空表检测真空罐处真空度小于 30kPa，确定真空系统漏气。

3）在真空助力器接口处连接真空表检测，真空泵工作 5s 显示真空度 60kPa。通过以上检测判断为真空助力器内部漏气，更换真空助力器，故障排除。

（4）限速故障原因分析　纯电动汽车传动系统没有离合器，是由电机通过减速器直接驱动车轮。在制动性能下降的情况下，VCU 检测到制动系统真空度过低，从而 VCU 向 MCU 下达限速的指令，将车辆行驶速度控制在 9km/h。

（二）故障案例 2：ABS 故障

（1）故障现象　车辆行驶中踩制动踏板右前轮有异响，仪表显示 ABS 故障。

（2）诊断思路　可能原因：车轮轴承损坏、ABS 控制系统故障。

（3）故障诊断与排除　经过试车此故障再现，用诊断仪读出故障码 C0034（右前轮速传感器电路故障），将车辆升起检查制动异响的原因，转动车轮发现右前轮轴承松旷，更换右前轮轴承故障排除。

（4）故障分析　现在有很多车型的 ABS 轮速传感器和轮毂轴承集成在一起，轴承过度磨损会产生异响，同时也会使传感器与齿圈的间隙发生变化导致传感器信号失真或无信号输出，轮速传感器如图 6-85 所示。

图 6-85　轮速传感器
a）实车上轮速传感器间隙脏污　b）轮速传感器安装位置

（三）故障案例 3：踩制动踏板时制动故障灯亮

（1）故障现象　车辆行驶中踩制动踏板以后偶尔报出了故障，制动故障灯如图 6-86 所示，仪表显示制动故障灯亮、整车故障灯亮，停车后仪表故障灯熄灭。

（2）诊断思路　用诊断仪读取信息、检查与制动系统相关的部件和电路。

（3）故障诊断与排除　试车过程中此故障再

图 6-86　制动故障灯

现，用诊断仪读出故障码 P0784（制动系统真空泵压力故障），点火开关置于 ON 档，持续踩制动踏板，真空泵开始工作，可以排除电路和控制器的故障；怀疑是真空度传感器故障或真空罐、真空管路系统漏气，通过用真空表检测发现在真空泵工作约 15s 后，真空度为 50kPa，关闭点火开关持续 20min，真空表显示真空度依然是 50kPa，此现象说明真空系统无漏气现象。电动汽车电动真空泵设计标准：在正常大气压力下，真空度最大强度为 70kPa。通过检测真空度的数据可以确定为真空泵达不到设计标准的真空强度，更换真空泵故障排除。

（4）故障分析　踩制动踏板时故障灯点亮，停车后仪表故障灯熄灭。通过查阅资料真空度的正常值应为 50~70kPa。当真空度小于 50kPa 时真空泵开始工作，真空度达到 70kPa 时真空泵停止工作；而此车的真空度只有 50kPa，按理论来说真空泵会一直工作，但是设计的时候还有一个策略是真空泵在持续工作 15s 后会自动停止。正常行车的真空度 50kPa 正好在临界状态，只要踩制动踏板，真空度瞬间下降，仪表故障灯点亮，当真空泵起动后真空度又恢复正常，仪表故障灯熄灭。

（四）故障案例 4：仪表显示制动故障

（1）故障现象　车辆点火开关置于 ON 档，仪表显示制动故障灯亮、报系统故障。

（2）诊断思路　可能原因有真空度传感器故障、制动液面开关故障。

（3）故障诊断与排除　经过试车此故障存在，使用诊断仪检测出故障码 P0784（制动系统真空泵压力故障），踩制动踏板真空泵正常工作，检查真空度也正常，可以排除真空系统故障。根据故障码解释真空系统故障属误报故障码。接下来检查制动液位传感器，发现其损坏，更换制动液位传感器，故障排除。

（4）故障分析　制动液位传感器故障时，仪表显示"制动故障"，根据结构分析，仪表显示"制动故障"基本是真空压力过低和制动液位过低导致，但是故障码为 P0784（制动系统真空泵压力故障），与常规不同。查阅资料显示制动液位故障信号是并联输入给仪表和 VCU，可能是 VCU 内部激活了故障码 P0784，此案例可为今后遇到类似问题时提供思路，制动液位故障如图 6-87 所示。

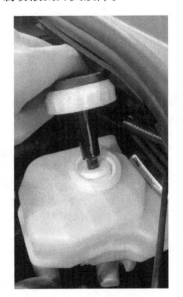

图 6-87　制动液位故障

任务实施

本任务主要进行制动系统零部件功能学习。

一、认知制动系统零部件

请同学们在实训车辆上找到图 6-88 所示制动系统各零部件，并指出零部件名称、安装位置和具体作用。

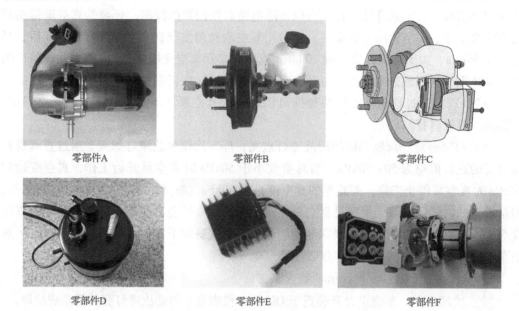

图 6-88 制动系统各零部件

二、认知制动系统各部件组成及相关结构

1）请同学们认真观察图 6-89，说出各数字标号代表的部件名称，在实车上指出相应实物，并且能够阐述常规制动阶段、自动压力保持阶段、制动压力降低阶段和制动压力升高阶段的工作原理。

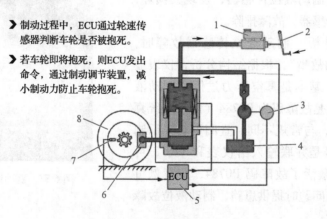

▶ 制动过程中，ECU通过轮速传感器判断车轮是否被抱死。
▶ 若车轮即将抱死，则ECU发出命令，通过制动调节装置，减小制动力防止车轮抱死。

图 6-89 制动系统结构图 1

2）请同学们认真观察图 6-90，说出各数字标号代表的部件名称，在实车上指出相应实物，并阐述制动能量回收系统按储能方式如何分类以及各自的特点和工作原理。

3）请同学们认真观察图 6-91，说出各数字标号代表的部件名称，在实车上指出相应实物。

项目六 辅助控制系统故障检修

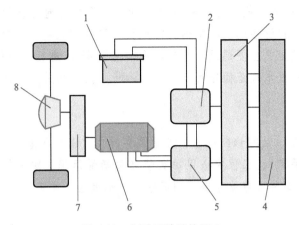

图 6-90 制动系统结构图 2

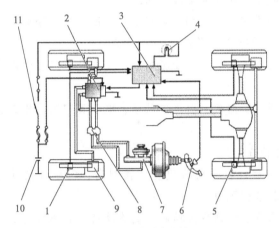

图 6-91 制动系统结构图 3

● 项目总结 ●

本项目包括两个学习任务，分别是暖风与空调系统故障检修和制动系统故障检修。任务 1 详细讲解了新能源汽车空调暖风系统组成，各零部件的名称和作用，以及空调制冷系统的功能与控制策略和相关测量，特别对空调制冷系统进行了详尽的讲述。任务 2 重点介绍新能源汽车制动系统的工作原理和真空助力控制方法，以及对常见故障的排除思路，同时还对 ABS 制动工作原理、工作过程以及制动能量回收进行了讲解。通过本项目的学习，学生应具备新能源汽车辅助系统中暖风、空调、制动相关系统的基本故障排除思路。

● 实训项目 ●

实训 空调不凉故障诊断与排除

王先生有一辆吉利 EV300，车辆经过一个冬季，夏季开空调发现空调不凉，于是王先生咨询4S店，被告知可能是空调缺少制冷剂了。王先生通过预约准备去店内进行检查，车辆刚开出家门口没多远发现车辆的行车制动警告灯亮起，同时制动时感觉没有以往那么轻快了。于是王先生便通过救援公司将车拖至4S店进行全面检查。作为4S店维修人员，你能否按照技术规范操作对车辆进行诊断，获取相关的故障信息，并对故障原因进行分析判断。

一、工具准备

吉利EV300车辆、故障诊断仪器、工量具套装、维修工具套装、检测工具套装（包括万用表、扭力扳手等）、工位安全保护套装（包括警示牌、隔离带套装、绝缘防护垫等）、人员安全防护套装（绝缘手套、耐磨手套、绝缘鞋、护目镜、安全帽等）等。

二、车辆初步检查

1. 试车

进行试车，确认故障现象是否与客户描述一致。

初步分析导致空调不凉的原因和导致车辆行车制动故障警告灯亮起的原因。

2. 检查空调系统是否存在泄漏点

检查冷凝器、机电一体压缩机、膨胀阀和蒸发器是否存在泄漏点。

3. 车辆功能检查

检查鼓风机、空调控制面板、出风口风速、电动真空泵工作是否正常。

三、故障排除

1) 空调管路压力检查。

①待关闭点火开关后，打开前机舱盖，找到高、低压管路检修口，接入空调压力表，检查静态空调控制系统压力。

②起动车辆，空调风速调到最大档时，制冷状态为最冷状态，轻踩加速踏板，转速在1500~2500r/min区间，观察空调系统动态压力。

③确认空调系统是缺少制冷剂还是有泄漏的地方，检查制动液液面和制动液含水量。

2) 连接故障诊断仪读取故障码。观察ABS控制单元可否访问；如果可访问，检查有、无故障码存在；如果存在故障码，请做好记录。

3) 查阅电路图，分析故障范围。

4) 给出诊断结论。

综合以上检查与分析，确定故障点。

四、故障排除后验证

故障排除后，用故障诊断仪消除故障码，并进行如下检查：

1) 检查仪表及中控是否还有故障提示。

2) 检查高压上电是否正常。

3) 检查车辆行驶是否正常。

五、故障小结

（一）空调不凉的故障

1. 故障原因

1) 空调制冷剂存量不足。

2）空调压力开关故障，导致空调间歇工作，不能连续制冷，需更换压力开关。

2. 故障排除思路

首先通过起动车辆检查空调冷风情况，根据实际温度初步断定空调系统工作效率很低，导致这种现象可能是制冷剂量缺少很多，或者是空调压缩机工作效率差；然后通过测量系统管路压力，发现冷车静态压力正常，但热车后动态压力不稳定，高压显示较高，然后逐渐降低，说明压缩机是间歇工作或者压缩机进出口窜气。通过诊断仪读取数据，发现压缩机大部分时间不工作，说明有外在因素控制压缩机停止工作，并非压缩机自身因素。根据压缩机控制策略，发现压力开关工作异常，再次通过压力检测将故障范围缩小至空调压力开关故障，更换压力开关后再次测试空调，结果制冷效果正常。

（二）制动警告灯报警故障

1. 故障原因

一侧车轮轮速传感器损坏。

2. 故障排除思路

首先对车辆进行试车，正常车速下制动情况良好，但高速行车紧急制动时 ABS 不介入工作，同时，检查制动液面正常，含水量检测正常，无管路泄漏问题；连接诊断仪，读取 ABS 控制单元，发现无通信，无法读取故障码，此时可以基本断定是 ABS 控制单元通信故障，经检测 ABS 控制单元 CAN 网络搭铁短路，显示低电平信号，经排查发现线束插接器连接处有松动锈蚀痕迹，说明插接器插拔过并且插拔前后没有做好防护导致插接器处有水存留，具体原因不明，使用专业工具将线束清理后重新接入新针脚，故障排除。

参 考 文 献

［1］弋国鹏，魏建平. 电动汽车控制系统及检修［M］. 北京：机械工业出版社，2020.
［2］李仕生. 新能源汽车维护与故障诊断（微课版）［M］. 北京：北京出版社，2020.
［3］许云，赵良红. 新能源汽车动力电池及充电系统检修［M］. 北京：机械工业出版社，2018.
［4］王毅，巩航军. 新能源汽车电机驱动系统检修［M］. 北京：机械工业出版社，2019.
［5］任春辉，李颖. 新能源汽车辅助系统检修［M］. 北京：机械工业出版社，2018.
［6］包丕利. 纯电动汽车辅助系统检测与修复［M］. 北京：机械工业出版社，2018.